ATRIUM

D1932536

»Großer Scharfsinn, Menschenkenntnis und eine Komposition, die ihres Gleichen sucht.«

Neue Zürcher Zeitung

»P. D. James ist es gelungen, den Kriminalroman in den Bereich der hohen Literatur zu führen.«

Süddeutsche Zeitung

»P. D. James ist die erfolgreichste Krimiautorin, die England je hatte.«

Die Welt

»P. D. James ist die Königin der Kriminalliteratur.«

n-tv

»Die Neuauflage dieses Klassikers bringt etwas, das moderne Spannungsliteratur nicht selten vermissen lässt: einen sorgsam aufgebauten Kriminalfall, der ohne blutige Schockelemente unglaubliche Spannung und ebenso überraschende Wendungen hervorbringt.«

dpa

»Ich würde gern einen so tollen Krimi schreiben können wie P. D. James. Aber das versuche ich gar nicht, weil sie dieses Genre zur Perfektion gebracht hat.«

Elfriede Jelinek, Nobelpreisträgerin

P. D. JAMES

EIN REIZENDER JOB FÜR EINE FRAU

KRIMINALROMAN

Aus dem Englischen von
Wolfdietrich Müller

Atrium Verlag · Zürich

FSC
www.fsc.org
MIX
Papier aus verantwortungsvollen Quellen
FSC® C014496

Ungekürzte Taschenbuchausgabe der überarbeiteten Neuausgabe
3. Auflage 2020
© Atrium Verlag AG, Zürich, 2020
Alle Rechte vorbehalten
Die Originalausgabe erschien 1972 unter dem Titel
An Unsuitable Job for a Woman bei Faber & Faber Limited, London.
© P. D. James 1972

Aus dem Englischen von Wolfdietrich Müller
Alle Rechte an der deutschen Übersetzung liegen bei der Rowohlt Verlag GmbH, Hamburg
Lektorat: Johanna Schwering, Berlin
Umschlaggestaltung: Hauptmann & Kompanie Werbeagentur, Zürich, unter Verwendung eines Fotos von © Paul Grand / Trevillion Images und © Joanna Czogala / Arcangel Images
Satz: Greiner & Reichel, Köln
Druck und Bindung: GGP Media GmbH, Pößneck
Printed in Germany
ISBN 978-3-03882-023-9

www.atrium-verlag.com

Für Jane und Peter,
die zwei meiner Figuren freundlicherweise erlaubten,
in der Norwich Street 57 zu wohnen.

VORBEMERKUNG DER VERFASSERIN

Ein Kriminalschriftsteller hat aufgrund seines unerfreulichen Handwerks die Pflicht, in jedem Buch wenigstens eine höchst verwerfliche Person zu schaffen, und es ist vielleicht unvermeidlich, dass ihre blutigen Verbrechen von Zeit zu Zeit in die Behausungen der Gerechten eindringen. Ein Autor, dessen handelnde Personen ihre Tragikomödie in einer alten Universitätsstadt aufzuführen belieben, steht vor einer besonderen Schwierigkeit. Er kann die Stadt natürlich Oxbridge nennen, kann nach unwahrscheinlichen Heiligen benannte Colleges erfinden und seine Personen auf den Camsis schicken, um Boot zu fahren, aber dieser scheue Kompromiss verwirrt nur gleichermaßen Akteure, Leser und den Autor selbst, mit dem Ergebnis, dass keiner mehr weiß, wo er sich befindet, und zwei Gemeinden eine Gelegenheit finden, gekränkt zu sein.

Den größten Teil dieser Geschichte habe ich ohne Bedenken in Cambridge angesiedelt, einer Stadt, in der unstreitig

Polizisten, Untersuchungsrichter, Ärzte, Studenten, Collegemitarbeiter, Blumenverkäufer, Universitätslehrer, Naturwissenschaftler und zweifellos sogar pensionierte Majore leben und arbeiten. Keiner von ihnen hat meines Wissens die geringste Ähnlichkeit mit seinem Pendant in diesem Buch. Alle Personen, auch die unerfreulichsten, sind frei erfunden; die Stadt ist es zum Glück für uns alle nicht.

P. D. J.

1. Kapitel

Am Morgen von Bernie Prydes Tod – oder vielleicht am Morgen danach, denn Bernie starb aus freien Stücken und hielt es nicht für wichtig, die mutmaßliche Zeit seines Hinscheidens mitzuteilen –, an jenem Morgen wurde Cordelia wegen einer Betriebsstörung der Bakerloo Line vor Lambeth North aufgehalten und kam eine halbe Stunde zu spät ins Büro. Sie kam aus dem U-Bahnhof Oxford Circus herauf in die strahlende Junisonne, eilte an den ersten Passanten vorbei, die bei Dickins & Jones die Auslage prüften, tauchte in den schrillen Lärm der Kingly Street und schlängelte sich zwischen dem überfüllten Bürgersteig und den zahllosen glänzenden Autos und Lieferwagen durch, die die schmale Straße verstopften. Die Eile, das wusste sie, war unsinnig, ein Symptom ihrer zwanghaften Vorstellung von Ordnung und Pünktlichkeit. Es waren keine Termine vorgemerkt, kein Klient wartete auf ein Gespräch, es gab keinen unerledigten Fall, nicht einmal ein Schlussbericht musste geschrieben werden. In der Hoffnung, Kundschaft zu gewinnen, waren sie selbst und Miss Sparshott, die Aushilfsschreibkraft, zurzeit damit beschäftigt, Informationen über das Büro an sämtliche Londoner Anwälte in Umlauf zu bringen; Miss Sparshott saß vermutlich jetzt über dieser Arbeit, ließ ihre Augen immer wieder zu ihrer Armbanduhr schweifen und hämmerte ihren Ärger über jede einzelne Minute, die Cordelia bereits zu spät war, aus sich heraus. Sie war eine reizlose Frau, mit Lippen, die sie stets zusammenpresste, als wolle sie ihre vorstehenden Zähne daran hindern, aus dem Mund zu springen, einem fliehenden Kinn mit einem einzelnen starken Haar, das genauso schnell wieder nachwuchs, wie es ausgezupft wurde, und blondem, in steife, enge Wellen gelegtem Haar. Dieses Kinn und dieser Mund erschienen Cordelia als die leibhaftige Widerlegung des Satzes, dass alle Menschen gleich geboren seien, und sie versuchte von Zeit zu Zeit, Miss Sparshott zu mögen und Mitleid mit ihrem Leben zu empfinden, das sie in einem Wohnschlafzimmer führte und das sich in Fünf-Penny-Stücken, mit denen der Gasofen gefüttert wurde, bemaß; ein Leben, umgrenzt von Kappnähten und Handgesäumtem. Denn Miss Sparshott war eine geschickte Schneiderin und eifrige Besucherin der von der Stadt veranstalteten Abendkurse. Ihre Kleider waren schön gearbeitet, aber so zeitlos, dass sie nie wirklich in Mode waren; Röcke in Grau und Schwarz, die so schlicht waren, dass sie wie Übungen zum Faltennähen oder Reißverschlusseinsetzen erschienen; Blusen mit Männerkragen und Umschlagmanschetten in faden Pastelltönen, auf denen sie ohne jeden Geschmack ihren Modeschmuck verteilte; knifflig geschnittene Kleider, die genau in der richtigen Länge umgenäht waren, um ihre unschönen Beine und plumpen Fesseln zu unterstreichen.

Cordelia hatte keine schlimme Vorahnung, als sie die Haustür aufstieß, die zur Bequemlichkeit der verschwiegenen und geheimnisvollen Mieter und ihrer ebenso geheimnisvollen Besucher immer nur eingeklinkt war. Die neue Bronzetafel links der Tür glänzte hell in der Sonne und hob sich ungehörig von dem verblassten, schmutzverschmierten Anstrich ab. Cordelia warf einen kurzen, stolzen Blick darauf.

Prydes Detektivbüro Inh.: Bernard G. Pryde – Cordelia Gray

Cordelia hatte ein paar Wochen lang ihre ganze Überredungskunst aufbringen müssen, bis sie Bernie geduldig und taktvoll davon überzeugt hatte, dass es unpassend wäre, seinem Namen den Titel »Kriminalbeamter a. D.« anzufügen oder ihrem ein »Miss« voranzustellen. Sonst hatte es wegen der Tafel keine Konflikte gegeben, da Cordelia keine besonderen Qualifikationen oder einschlägigen Erfahrungen in die Beteiligung eingebracht hatte und in der Tat auch kein anderes Kapital als ihre Jugend, eine beachtliche Intelligenz, die Bernie, wie sie glaubte, gelegentlich eher verwirrend als bewundernswert fand, und eine ebenso kritische wie mitleidige Zuneigung zu Bernie selbst.

Es war Cordelia sehr früh klar geworden, dass sich das Leben irgendwie undramatisch, aber auch unumkehrbar gegen ihn gewandt hatte. Sie erkannte die Zeichen. Bernie erwischte nie den begehrten Platz links vorne im Bus; er konnte nie die Aussicht von einem Zugfenster aus genießen, ohne dass sie prompt von einem anderen Zug verdeckt wurde; das Brot, das er fallen ließ, landete stets mit der bestrichenen Seite auf dem Boden; der Mini, der bei ihr ziemlich zuverlässig fuhr, blieb bei Bernie auf den belebtesten und ungünstigsten Kreuzungen stehen. Manchmal fragte sie sich, ob sie sein ganzes Pech nicht zu bereitwillig akzeptiert hatte, als sie in einem Anfall von Depression oder perversem Masochismus auf sein Angebot eingegangen war. Gewiss hielt sie sich niemals für stark genug, ihm etwas entgegenzusetzen.

Das Treppenhaus roch wie immer nach abgestandenem Schweiß, nach Möbelpolitur und Desinfektionsmitteln. Die Wände waren dunkelgrün gestrichen und immer feucht, ganz gleich zu welcher Jahreszeit, als schieden sie einen Gifthauch verzweifelter Ehrbarkeit und Resignation aus. Die Treppe mit ihrem reich verzierten schmiedeeisernen Geländer war mit rissigem und fleckigem Linoleum belegt, das von dem Hausbesitzer nur dann, wenn sich ein Mieter beklagte, in den verschiedensten unpassenden Farben geflickt wurde. Das Büro befand sich im dritten Stock. Cordelia hörte kein Schreibmaschinengeklapper, als sie eintrat, und sah, dass Miss Sparshott gerade ihre Maschine reinigte, eine altertümliche Imperial, die ein ständiger Anlass zu berechtigter Klage war. Als Miss Sparshott aufsah, war ihr Gesicht vor Groll rot gefleckt, ihr Rücken steif wie die Leertaste.

»Ich war schon gespannt, wann Sie wohl aufkreuzen, Miss Gray. Ich mache mir Gedanken wegen Mr. Pryde. Ich meine, er muss im hinteren Büro sein, aber man hört nichts von ihm, überhaupt nichts, und die Tür ist abgeschlossen.«

Cordelia überkam ein Kältegefühl, als sie am Türgriff rüttelte.

»Warum haben Sie nichts unternommen?«

»*Was* hätte ich unternehmen sollen, Miss Gray? Ich habe an die Tür geklopft und laut gerufen. Ich bin hier nur die Aushilfsschreibkraft, ich habe keinerlei Vollmachten. Ich wäre in eine sehr peinliche Lage geraten, wenn er geantwortet hätte. Schließlich hat er das Recht, sich in seinem Büro aufzuhalten. Außerdem bin ich nicht einmal sicher, ob er da ist.«

»Er muss da sein. Die Tür ist abgeschlossen, und sein Hut ist hier.«

Bernies Schlapphut mit seinem ringsum aufgeschlagenen fleckigen Rand hing an dem gewundenen Hutständer, ein Symbol hoffnungsloser Hinfälligkeit. Cordelia suchte in ihrer Umhängetasche nach ihrem eigenen Schlüssel. Wie üblich war das, was sie am dringendsten brauchte, auf den Grund der Tasche gerutscht. Miss Sparshott begann auf die Tasten einzuhauen, als wollte sie sich vor einem bevorstehenden Schock schützen. Durch den Lärm hindurch sagte sie, wie zu ihrer Verteidigung: »Auf Ihrem Tisch liegt ein Brief.«

Cordelia riss ihn auf. Er war kurz und eindeutig. Bernie hatte sich immer knapp ausdrücken können, wenn er etwas zu sagen hatte:

Es tut mir leid, Partner, aber man hat mir Krebs diagnostiziert, und ich mache mich auf dem bequemeren Weg davon. Ich habe gesehen, was die Behandlung den Menschen antut, ich werde mich keiner unterziehen. Mein Testament liegt bei meinem Anwalt. Du findest seinen Namen in der Schreibtischschub-

lade. Ich habe Dir das Geschäft vermacht. Alles, einschließlich des ganzen Inventars. Viel Glück und danke.

Darunter hatte er mit der Unbesonnenheit des Verurteilten eine letzte rücksichtslose Bitte gekritzelt:

Wenn Du mich lebend findest, rufe um Himmels willen nicht gleich um Hilfe. Ich verlasse mich auf Dich, Partner. Bernie.

Sie schloss die Tür zum hinteren Büro auf, ging hinein und zog sie sorgfältig hinter sich zu. Mit Erleichterung sah sie, dass es nicht notwendig war zu warten. Bernie war tot. Er lag auf dem Schreibtisch, als sei er in äußerster Erschöpfung zusammengebrochen. Seine geballte rechte Hand hatte sich halb geöffnet, und ein aufgeklapptes scharfes Rasiermesser war über die Schreibtischplatte gerutscht, hatte einen dünnen Blutfaden hinterlassen, wie eine Schneckenspur, und war in unsicherem Gleichgewicht am äußeren Rand des Tisches liegen geblieben. Sein linkes Handgelenk lag, von zwei parallelen Schnitten geritzt, mit der Innenseite nach oben in der Emailschüssel, die Cordelia zum Geschirrabwaschen benutzte. Bernie hatte sie mit Wasser gefüllt, aber jetzt war sie bis an den Rand voll von einer blassen rötlichen Flüssigkeit, die widerlich süß roch und durch die seine Finger, die wie zum Gebet gebogen und weiß und zart wie die eines Kindes waren, wächsern schimmerten. Blut und Wasser waren auf Schreibtisch und Boden übergeschwappt und hatten den prunkvollen Teppich durchnässt, den Bernie vor Kurzem gekauft hatte in der Hoffnung, Klienten zu beeindrucken, der aber, wie Cordelia insgeheim meinte, nur auf die Armseligkeit aller anderen Dinge im Büro aufmerksam machte. Einer der Schnitte war zaghaft und oberflächlich, aber der andere war bis auf den Knochen gegangen, und die gespaltenen Ränder der Wunde, aus der alles Blut ausgetreten war, klafften säuberlich auseinander wie auf einer Illustration in einem anatomischen Lehrbuch. Cordelia erinnerte sich, wie ihr Bernie einmal die Entdeckung eines Selbstmordversuchs, als er zum ersten Mal als junger Polizist auf Streife ging, beschrieben hatte. Es war ein alter Mann gewesen, der im Eingang eines Warenhauses kauerte und sich das Handgelenk mit einer zerbrochenen Flasche zerfetzt hatte, später aber in ein unentschiedenes Halbleben zurückgeholt worden war, weil ein großer Blutpfropfen die durchschnittenen Venen blockiert hatte. Bernie hatte offenbar Vorsorge getroffen, um sicherzustellen, dass sein Blut nicht gerinnen würde. Und er hatte, wie Cordelia bemerkte, noch eine andere Vorsichtsmaßnahme ergriffen: Rechts auf dem Schreibtisch stand eine leere Teetasse, jene, in der sie ihm seinen Nachmittagstee brachte, und an ihrem Rand und an der Seite klebten Körnchen eines Pulvers, Aspirin vielleicht oder ein Beruhigungsmittel. Ein getrockneter Schleimtropfen von gleicher Farbe hing an Bernies Mundwinkel. Sein Mund war gespitzt und stand etwas offen wie bei einem schlafenden Kind, launisch und verletzlich. Sie streckte ihren Kopf durch die Bürotür und sagte ruhig:

»Mr. Pryde ist tot; kommen Sie nicht herein. Ich rufe die Polizei von hier aus an.«

Ihre telefonische Nachricht wurde gelassen entgegengenommen; jemand würde vorbeikommen. Als sie neben dem

Toten saß und wartete, fühlte Cordelia, dass sie irgendeine Geste des Bedauerns oder des Trostes machen musste, und legte ihre Hand auf Bernies Kopf. Der Tod hatte bis jetzt noch keine Macht, diese kalten und nervenlosen Zellen zu verändern, und das Haar fasste sich rau und unangenehm lebendig an wie das eines Tieres. Schnell zog sie ihre Hand wieder weg und berührte prüfend seine Schläfe. Die Haut war klebrig und sehr kalt. Das war der Tod; so hatte sich auch ihr Vater angefühlt. Wie schon bei ihm war die Geste des Bedauerns auch hier sinnlos und unwichtig. Es gab im Tod keine stärkere Verbindung als im Leben.

Sie fragte sich, wann Bernie genau gestorben war. Niemand würde es je erfahren. Vermutlich hatte auch Bernie es selbst nicht mehr wahrgenommen. Doch es musste, dachte sie, eine messbare Sekunde in der Zeit gegeben haben, in der er aufgehört hatte, Bernie zu sein, und diese unwesentliche, aber peinlich unhandliche Masse aus Fleisch und Knochen geworden war. Wie seltsam, dass ein Stückchen Zeit, das so wichtig für ihn war, ohne sein Wissen vorübergegangen war. Ihre zweite Pflegemutter, Mrs. Wilkes, hätte wohl gesagt, Bernie habe gewiss erfahren, dass es einen Augenblick unbeschreiblicher Herrlichkeit, leuchtender Türme, grenzenlosen Klingens, triumphierender Himmel gab. Arme Mrs. Wilkes! Als Witwe – ihr einziger Sohn war im Krieg gefallen, und ihr kleines Haus war ständig erfüllt vom Lärm der Pflegekinder, die ihr Lebensunterhalt waren – hatte sie ihre Träume gebraucht. Sie hatte ihr Leben nach tröstlichen Maximen gelebt, die sie hortete wie Kohlebrocken für den Winter. Cordelia dachte zum ersten Mal seit Jahren an sie und hörte wieder die müde, entschlossen heitere Stimme: »Wenn der Herr bei seinem Weggang nicht hereinschaut, wird Er auf seinem Rückweg hereinschauen.« Nun, bei Bernie hatte er weder beim Gehen noch beim Kommen einen Besuch gemacht.

Es war seltsam, aber irgendwie typisch für Bernie, dass er seinen hartnäckigen Optimismus bewahrt hatte, was das Geschäft anging, selbst wenn nichts in der Kasse war als ein paar Münzen für den Gaszähler, und doch die Hoffnung aufs Leben aufgegeben hatte, ohne sich auch nur zu wehren. Hatte er vielleicht im Unterbewusstsein erkannt, dass weder er noch das Büro eine wirkliche Zukunft hatten, und deshalb beschlossen, auf diese Art könne er Leben und Lebensunterhalt einigermaßen ehrenvoll aufgeben? Er hatte es wirksam, aber schmutzig getan, was bei einem ehemaligen Polizisten, der sich mit den Todesarten auskannte, umso mehr überraschte. Er hatte wirklich nicht den leichtesten Ausweg gewählt. Doch dann begriff sie, warum er das Rasiermesser und Tabletten gewählt hatte. Die Waffe. Er hätte die Waffe benutzen können, aber er hatte gewollt, dass Cordelia sie bekäme; er hatte sie ihr hinterlassen, zusammen mit den wackligen Aktenschränken, der antiquierten Schreibmaschine, dem kriminalistischen Handwerkszeug, dem Mini, seiner stoßfesten und wasserdichten Armbanduhr, dem blutgetränkten Teppich, dem peinlich großen Vorrat an Schreibpapier mit dem schmuckvollen Kopf *Prydes Detektivbüro – Wir bürgen für Qualität.* Das *ganze* Inventar; er hatte es unterstrichen. Bestimmt hatte er sie dadurch an die Waffe erinnern wollen.

Sie schloss die kleine Schublade unter der Schreibtischplatte auf, zu der nur sie und er einen Schlüssel hatten, und zog die Pistole heraus. Sie steckte immer noch in dem Beutel aus Wildleder mit dem Zugband, den sie dafür genäht hatte, mit drei extra verpackten Schuss Munition. Es war eine halbautomatische .38er; sie hatte nie erfahren, wie Bernie dazu gekommen war, aber sie war sicher, dass er keinen Waffenschein besaß. Sie hatte sie nie als tödliche Waffe angesehen, vielleicht weil Bernies jungenhafte naive Vernarrtheit in die Pistole sie zu einem wirkungslosen Kinderspielzeug degradiert hatte. Er hatte sie gelehrt, ein – wenigstens theoretisch – achtbarer Schütze zu werden. Sie waren zum Üben tief in den Epping Forest gefahren, und ihre Erinnerung an die Waffe verband sich mit gesprenkelten Schatten und dem schweren Geruch modernden Laubes. Sie hatte immer noch die aufgeregten, abgehackten Befehle im Ohr. »Beuge deine Knie ein wenig. Füße auseinander. Arm ausstrecken. Leg jetzt die linke Hand an die Trommel, so, dass du sie umschließt. Richte deine Augen aufs Ziel. Arm gerade, Partner, Arm gerade! Gut! Nicht schlecht, nicht schlecht, durchaus nicht schlecht.« – »Aber Bernie«, hatte sie gesagt, »wir können sie nie abfeuern! Wir haben keinen Waffenschein.« Er hatte gelächelt, das listige, selbstzufriedene Lächeln dessen, der es besser weiß. »Falls wir jemals schießen, dann nur, um unser Leben zu retten. In einem solchen Eventualfall ist die Frage des Scheines irrelevant.« Er war mit diesem hochtrabenden Satz zufrieden gewesen und hatte ihn wiederholt und dabei sein schweres Gesicht wie ein Hund zur Sonne erhoben. Sie hätte gern gewusst, was er in seiner Fantasie gesehen hatte. Sie beide, wie sie in einem einsamen Moor hinter einem Findling kauerten, während die Kugeln den Granit peitschten und die rauchende Waffe von Hand zu Hand ging?

Er hatte gesagt: »Wir müssen sorgfältig mit der Munition umgehen. Nicht dass ich keine bekommen kann ...« Das Lächeln war finster geworden bei der Erinnerung an jene geheimnisvollen Verbindungen, an jene allgegenwärtigen Bekannten, die er nur aus ihrer Schattenwelt herbeirufen musste.

Er hatte ihr also die Waffe hinterlassen. Sie war sein wertvollster Besitz gewesen. Cordelia ließ sie, immer noch in der Hülle, in die Tiefen ihrer Umhängetasche gleiten. Es war gewiss unwahrscheinlich, dass die Polizei bei einem eindeutigen Selbstmordfall die Schreibtischschubladen durchsuchte, aber es konnte nicht schaden, das Risiko zu vermeiden. Bernie hatte die Waffe für sie bestimmt, und sie würde sie nicht so einfach preisgeben. Mit der Tasche vor ihren Füßen setzte sie sich wieder neben die Leiche. Sie sprach ein kurzes, in der Klosterschule gelerntes Gebet an den Gott, von dem sie nicht wusste, ob er existierte, für die Seele, an die Bernie nie geglaubt hatte, und wartete ruhig auf die Polizei.

Der erste Polizist, der ankam, war tüchtig, aber jung, noch nicht erfahren genug, um seinen Schock und Ekel angesichts dieses gewaltsamen Todes und sein Missfallen über Cordelias Ruhe zu verbergen. Er blieb nicht lange im hinteren Büro. Als er herauskam, grübelte er über Bernies Nachricht, als könne eine sorgfältige Prüfung ihr einen verborgenen Sinn entlocken. Dann steckte er sie weg.

»Ich muss diese Nachricht vorerst behalten, Miss. Was hat er hier getrieben?«

»Er hat hier nichts getrieben. Das war sein Büro. Er war Privatdetektiv.«

»Und Sie haben für diesen Mr. Pryde gearbeitet? Sie waren seine Sekretärin?«

»Ich war seine Partnerin. So steht es auch in der Nachricht. Ich bin zweiundzwanzig. Er war der Seniorchef; er hat die Firma gegründet. Vorher hat er bei der Londoner Kriminalpolizei unter Superintendent Dalgliesh gedient.«

Kaum hatte sie diese Worte ausgesprochen, bedauerte sie es. Sie waren eine zu versöhnliche, zu naive Verteidigung des armen Bernie. Und der Name Dalgliesh sagte dem Beamten nichts, wie sie sah. Warum auch? Er war ein ganz gewöhnlicher uniformierter Streifenpolizist dieses Stadtbezirks. Man konnte nicht erwarten, dass er wusste, wie oft sie mit höflich verheimlichter Ungeduld Bernies wehmütigen Erinnerungen an seine Zeit bei der Kriminalpolizei, bis er als dienstuntauglich entlassen wurde, oder seinen Lobeshymnen auf Adam Dalglieshs Tugenden und Weisheit zugehört hatte. »Der Chef – das heißt, damals war er einfacher Kommissar – sagte uns immer … Der Chef beschrieb einmal einen Fall … Wenn es eines gab, was der Chef überhaupt nicht vertragen konnte …« Manchmal hatte sie sich gefragt, ob dieses Vorbild tatsächlich existierte oder ob es, unfehlbar und allmächtig, Bernies Hirn entsprungen war, ein notwendiger Held und Mentor. Es hatte sie wie ein Schock getroffen, als sie irgendwann ein Zeitungsbild von Superintendent Dalgliesh gesehen hatte, ein düsteres, zynisches Gesicht, das sich bei einem näheren, prüfenden Blick in die Vieldeutigkeit eines Musters aus winzigen Punkten aufgelöst und nichts preisgegeben hatte. Nicht alle Weisheit, an die sich Bernie so zungenfertig erinnerte, entstammte dem empfangenen Evangelium. Cordelia vermutete, dass vieles seiner eigenen Philosophie entsprungen war. Sie dagegen hatte sich eine persönliche Litanei der Verachtung ausgedacht: hochnäsig, überheblich, sarkastisch; was für eine Weisheit, überlegte sie, hätte Superintendent Dalgliesh parat, um Bernie jetzt zu trösten?

Der Polizist hatte diskret ein paar Telefongespräche geführt. Jetzt durchstöberte er das vordere Büro und bemühte sich kaum, ein erstauntes Naserümpfen über die schäbigen, gebraucht gekauften Möbel zu verbergen, über den ramponierten Aktenschrank, in dessen einem halb offenen Fach eine alte Teekanne und ein paar ungleiche Becher zu sehen waren, über das abgenutzte Linoleum. Miss Sparshott saß starr an der altmodischen Schreibmaschine und sah ihm mit fasziniertem Ekel zu. Schließlich sagte er: »Wie wärs, wenn Sie sich eine schöne Tasse Tee machen, während ich auf den Polizeiarzt warte? Man kann hier doch irgendwo Tee kochen, oder nicht?«

»Im Flur hinten ist eine kleine Teeküche, die wir uns mit den anderen Mietern auf dieser Etage teilen. Aber Sie brauchen doch gewiss keinen Arzt? Bernie ist tot!«

»Er ist amtlich nicht tot, bis ein approbierter praktischer Arzt es bestätigt.« Er machte eine Pause. »Es ist einfach eine Vorsichtsmaßnahme.«

Wogegen?, fragte sich Cordelia. Göttliches Gericht, Verdammnis, Verfall?

Der Polizist ging wieder in das hintere Büro. Sie folgte ihm und fragte leise: »Können Sie nicht Miss Sparshott gehen lassen? Sie kommt von einer Sekretärinnenvermittlung, und wir müssen sie stundenweise bezahlen. Sie hat noch nichts gearbeitet, seit ich hier bin, und ich glaube nicht, dass sie jetzt noch etwas tun wird.«

Ihre offensichtliche Gefühllosigkeit, an so eine Nebensache wie die Bezahlung der Sekretärin zu denken, während sie auf Armeslänge neben Bernies Leiche stand, schockierte ihn ein wenig, wie sie sah, aber er sagte ziemlich bereitwillig: »Ich will nur kurz mit ihr reden, dann kann sie gehen. Das ist kein angenehmer Ort für eine Frau.« Sein Ton deutete an, dass es das auch nie gewesen war.

Danach beantwortete Cordelia im vorderen Büro die unvermeidlichen Fragen.

»Nein, ich weiß nicht, ob er verheiratet war. Ich glaube, dass er geschieden war, aber er sprach nie von einer Frau. Er wohnte in der Cremona Road 15. Er hat mir dort ein Wohnschlafzimmer überlassen, aber wir haben nicht viel voneinander gesehen.«

»Ich kenne die Cremona Road; meine Tante hat dort gewohnt, als ich klein war. In der Nähe des Imperial War Museum, nicht wahr?«

Die Tatsache, dass er die Straße kannte, schien ihn zu beruhigen und menschlicher zu machen. Er sann glücklich einen Augenblick darüber nach. »Wann haben Sie Mr. Pryde zum letzten Mal lebend gesehen?«, fragte er dann.

»Gestern ungefähr um fünf Uhr, nachdem ich zeitig mit der Arbeit aufgehört hatte, um ein paar Einkäufe zu machen.«

»Ist er letzte Nacht nicht nach Hause gekommen?«

»Doch. Ich habe ihn gehört, aber gesehen habe ich ihn nicht. Ich habe einen Gaskocher in meinem Zimmer, und ich koche gewöhnlich da, es sei denn, ich weiß, dass er weg ist.

Heute Morgen habe ich ihn nicht gehört, was ungewöhnlich ist, aber ich dachte, er läge vielleicht noch im Bett. Das kommt manchmal vor, wenn es sein Krankenhausmorgen ist.«

»War heute sein Krankenhausmorgen?«

»Nein, er hatte letzten Mittwoch einen Termin, aber ich dachte, sie hätten ihn vielleicht gebeten, noch einmal hinzukommen. Er muss das Haus sehr spät gestern Abend oder heute ganz früh, bevor ich aufwachte, verlassen haben. Ich habe ihn nicht gehört.«

Es war unmöglich, das fast zur fixen Idee gewordene Feingefühl zu beschreiben, mit dem sie sich zu Hause aus dem Weg gingen, versuchten, sich nicht aufzudrängen, das Eigenleben des anderen achteten, auf das Geräusch des Spülkastens lauschten, auf Zehenspitzen gingen, um festzustellen, ob die Küche oder das Bad nicht besetzt war. Sie hatten sich eine unendliche Mühe gegeben, sich nicht gegenseitig lästig zu fallen. Obgleich sie im selben kleinen Reihenhaus wohnten, hatten sie sich kaum außerhalb des Büros gesehen. Sie fragte sich, ob Bernie beschlossen hatte, sich in seinem Büro umzubringen, damit das kleine Haus unbefleckt und ungestört bliebe.

Endlich war das Büro leer, und sie war allein. Der Polizeiarzt hatte seine Tasche geschlossen und war gegangen; Bernies Leiche war, von vielen Augen aus den halb geöffneten Türen anderer Büros beobachtet, die enge Treppe hinuntergeschafft worden; der letzte Polizist war fort. Miss Sparshott war für immer gegangen, da ein gewaltsamer Tod eine noch schlimmere Beleidigung war als eine Schreibmaschine, die für eine geschulte Stenotypistin eine Zumutung darstellte, oder eine

Waschgelegenheit, die ganz und gar nicht dem entsprach, was sie gewohnt war. Allein in der Leere und Stille, spürte Cordelia das Bedürfnis nach körperlicher Betätigung. Sie begann energisch das hintere Büro zu säubern, scheuerte die Blutflecken von Schreibtisch und Stuhl und rieb den feuchten Teppich trocken.

Um ein Uhr ging sie rasch in ihr Stammlokal. Auf dem Weg fiel ihr ein, dass es eigentlich keinen Grund mehr gab, im *Goldfasan* Stammgast zu bleiben, aber sie ging weiter, da sie es nicht fertigbrachte, jetzt schon Untreue zu zeigen. Sie hatte das Lokal und die Wirtin nie gemocht und sich oft gewünscht, Bernie würde ein anderes Lokal in der Nähe finden, vorzugsweise eines mit einer großen vollbusigen Kellnerin mit einem Herzen aus Gold. Das war jedoch vermutlich ein Typ Frau, der sich eher in Romanen als im wirklichen Leben bewegte.

Die um die Mittagszeit übliche Gesellschaft drängte sich an der Theke, und wie gewohnt führte Mavis mit ihrem leicht bedrohlichen Lächeln, ihrer Miene äußerster Autorität dahinter die Aufsicht. Mavis zog sich dreimal am Tag um und änderte einmal im Jahr die Frisur, aber ihr Lächeln blieb immer gleich. Die beiden Frauen hatten sich nie leiden können, obwohl Bernie wie ein liebevoller alter Hund zwischen ihnen hin- und hergetrottet war und es bequem gefunden hatte, sie für dicke Freundinnen zu halten und das fast hörbare Knistern der Feindschaft nicht zu bemerken oder bewusst zu übergehen. Mavis erinnerte Cordelia an eine ihr aus Kindertagen bekannte Bibliothekarin, die die neuen Bücher aus Angst, sie könnten entliehen und beschmutzt werden, unter dem Schalter versteckt hatte. Vielleicht rührte Mavis' kaum unterdrückter

Verdruss daher, dass sie gezwungen war, ihre Waren so auffällig auszustellen, dass sie ihre Gaben vor wachsamen Augen abmessen musste. Sie schob auf Cordelias Bestellung hin ein kleines Radler und Schottische Eier über die Theke und sagte: »Ich habe gehört, dass Sie die Polizei zu Besuch hatten.«

Cordelia betrachtete die neugierigen Gesichter und dachte: Dann wollt ihr also die schmutzigen Einzelheiten hören. Bitte schön.

Sie sagte: »Bernie hat sich zweimal ins Handgelenk geschnitten. Beim ersten Mal hat er die Pulsader nicht getroffen; beim zweiten Mal hat er es geschafft. Er hat seinen Arm in Wasser gelegt, damit es besser blutet. Er hatte erfahren, dass er Krebs hat, und konnte der Behandlung nicht ins Auge sehen.«

Der letzte Satz schien am meisten Eindruck zu machen. Die Männer am Tresen schauten einander an, dann wandten sie rasch die Augen ab. Gläser wurden auf dem Weg zum Mund plötzlich angehalten. Sich die Pulsader aufschneiden war etwas, was andere Leute eben taten, aber der drohende kleine Krebs mit seinen Scheren der Angst war in allen ihren Köpfen. Selbst Mavis blickte drein, als sähe sie ihn zwischen ihren Gläsern lauern. Sie sagte: »Sie werden sich wohl nach einer neuen Arbeit umsehen? Schließlich können Sie das Büro kaum auf eigene Faust weiterführen. Das ist doch kein Beruf für eine Frau.«

»Nicht anders, als hinter einer Theke zu arbeiten; man trifft alle möglichen Leute.«

Die zwei Frauen sahen sich an, und das Bruchstück eines lautlosen Zwiegesprächs fand zwischen ihnen statt, von beiden deutlich gehört und verstanden.

»Denken Sie bloß nicht, dass die Leute jetzt, wo er tot ist, weiter Nachrichten für das Büro hier abgeben können.«

»Ich hatte nicht die Absicht, darum zu bitten.«

Mavis begann energisch ein Glas zu polieren, ohne dabei ihre Augen von Cordelias Gesicht abzuwenden.

»Ich kann mir nicht vorstellen, dass Ihre Mutter es für gut hält, wenn Sie allein hier bleiben.«

»Ich hatte nur in der ersten Stunde meines Lebens eine Mutter, also brauche ich mir deswegen keine Sorgen zu machen.«

Cordelia sah sofort, dass die Bemerkung alle zutiefst bestürzte, und wunderte sich wieder einmal über die Fähigkeit älterer Menschen, von schlichten Tatsachen schockiert zu sein, wo sie doch fähig zu sein schienen, jede Menge boshafter oder anstößiger Ansichten hinzunehmen. Aber ihr Schweigen, so missbilligend es sein mochte, ließ sie wenigstens in Ruhe. Sie trug Teller und Glas zu einem Platz an der Wand und dachte ohne Rührseligkeit an ihre Mutter. Aus einer Kindheit voll Entbehrungen hatte sie nach und nach eine Philosophie der Kompensation entwickelt. In ihrer Vorstellung hatte sie die Liebe für ein ganzes Leben in einer Stunde ohne Enttäuschungen und ohne Bedauern genossen. Ihr Vater hatte nie vom Tod ihrer Mutter gesprochen, und Cordelia hatte vermieden, ihm Fragen zu stellen, weil sie fürchtete zu hören, ihre Mutter habe sie nie in den Armen gehalten, nie das Bewusstsein wiedererlangt, vielleicht sogar nicht einmal erfahren, dass sie eine Tochter hatte. Dieser Glaube an die Liebe ihrer Mutter war eine Fantasie, die zu verlieren sie immer noch nicht riskieren konnte, obgleich der daraus gewonnene Trost mit jedem Jahr weniger notwendig geworden war. Jetzt fragte sie im Geist ihre

Mutter um Rat. Es war genau so, wie sie erwartet hatte: Ihre Mutter fand den Beruf durchaus geeignet für eine Frau.

Die kleine Gruppe an der Theke hatte sich wieder den Getränken zugewandt. Zwischen ihren Schultern konnte Cordelia sich selbst in dem Spiegel über der Theke sehen. Das Gesicht von heute sah nicht anders aus als das Gesicht von gestern: Dichtes hellbraunes Haar umrahmte Züge, die aussahen, als habe ein Riese die eine Hand auf ihren Kopf und die andere unter ihr Kinn gelegt und das Gesicht ein wenig zusammengedrückt; große Augen, bräunlich grün, unter einem dichten Pony; breite Wangenknochen; ein weicher, kindlicher Mund. Ein Katzengesicht, dachte sie, aber auf eine leise Art hübsch zwischen den Spiegelbildern der bunten Flaschen und dem ganzen grellen Geglitzer von Mavis' Bar. Trotz seines jungen Aussehens konnte es ein geheimnisvolles, verschwiegenes Gesicht sein. Cordelia hatte frühzeitig Gelassenheit gelernt. Ihre diversen Pflegeeltern, alle freundlich und wohlmeinend auf unterschiedliche Art, hatten eines von ihr verlangt: Sie sollte glücklich sein. Sie hatte rasch gelernt, dass sie riskierte, ihre Liebe zu verlieren, wenn sie sich unglücklich zeigte. Verglichen mit dieser frühen Übung im Versteckspielen waren alle späteren Täuschungen leicht gewesen.

Der Schnüffler schob sich zu ihr durch. Er setzte sich auf die Bank, und sein fettes Hinterteil in dem scheußlichen Tweed drückte sich an sie. Sie konnte ihn nicht ausstehen, obwohl er Bernies einziger Freund gewesen war. Bernie hatte ihr erklärt, dass der Schnüffler ein Polizeispitzel war und als solcher ein recht gutes Auskommen hatte. Er hatte auch andere Einnahmequellen. Manchmal stahlen Freunde von ihm berühmte Bilder oder wertvollen Schmuck. Dann gab der Schnüffler, der entsprechend instruiert war, der Polizei einen Wink, wo die Beute zu finden war. Es gab eine Belohnung für den Schnüffler, die er natürlich später mit den Dieben teilen musste, und eine Zahlung an den Detektiv, der schließlich den größten Teil der Arbeit getan hatte. Wie Bernie erklärte, kam die Versicherungsgesellschaft glimpflich davon, die Eigentümer bekamen ihren Besitz unbeschädigt zurück, die Diebe hatten nichts von der Polizei zu befürchten, und der Schnüffler und der Detektiv bekamen ihren Lohn. Das war das System. Cordelia war bestürzt gewesen, hatte sich aber nicht zu stark empören wollen. Sie ahnte, dass auch Bernie früher einige Spitzeldienste geleistet hatte, wenn auch nie mit so viel Geschick oder so lukrativen Ergebnissen.

Die Augen des Schnüfflers waren feucht, seine Hand um das Whiskyglas zitterte.

»Der arme alte Bernie, ich habe es kommen sehen. Er hat im letzten Jahr abgenommen, und er hat so grau ausgesehen, die Krebsfarbe, hat mein Vater immer dazu gesagt.«

Der Schnüffler hatte es also bemerkt; sie nicht. Bernie war ihr schon immer grau und krank aussehend vorgekommen.

Ein feister, warmer Schenkel schob sich näher heran.

»Hat nie Glück gehabt, das arme Schwein. Bei der Kripo haben sie ihn gefeuert. Hat er Ihnen das gesagt? Superintendent Dalgliesh war es, damals noch Kommissar. Menschenskind, der konnte ein ganz schöner Schweinehund sein; keine Chance mehr für ihn, kann ich Ihnen sagen.«

»Ja, Bernie hat es mir erzählt«, log Cordelia und fügte hinzu: »Anscheinend war er nicht besonders verbittert darüber.«

»Hat ja wohl auch keinen Sinn, verbittert zu sein. Man muss das Leben nehmen, wie es kommt. Ich schätze, Sie sehen sich nach einer anderen Stelle um?«

Er sagte es sehnsüchtig, als würde ihr Auszug ihm Bernies Büro zur Ausbeutung sichern.

»Noch nicht sofort«, sagte Cordelia. »Ich will mir nicht gleich eine neue Stelle suchen.«

Sie hatte zwei Beschlüsse gefasst: Sie würde Bernies Geschäft weiterführen, bis nichts mehr da wäre, um die Miete zu bezahlen, und sie würde nie mehr, solange sie lebte, in den *Goldfasan* kommen.

Dieser Beschluss, das Geschäft weiterzuführen, überlebte die nächsten vier Tage. Er überlebte die Entdeckung des Mietvertrags, aus dem hervorging, dass das kleine Haus in der Cremona Road gar nicht Bernie gehört hatte und dass die Untervermietung ihres Wohnschlafzimmers gesetzwidrig war, überlebte die Mitteilung des Bankleiters, dass Bernies Kontostand kaum für die Bezahlung des Begräbnisses ausreichen würde, und die der Werkstatt, dass der Mini demnächst für eine Generalüberholung fällig war; überlebte das Aufräumen des Hauses in der Cremona Road. Überall stieß Cordelia auf die traurigen Überbleibsel eines einsiedlerischen und schlecht organisierten Lebens.

Dosen mit Eintopf und Bohnen – hatte er nie etwas anderes gegessen? – zu einer Pyramide übereinandergestapelt; große Dosen von Metall- und Bodenpolitur, angebrochen und mit eingetrocknetem Inhalt; eine Schublade mit alten Lumpen, als Staubtücher gebraucht, aber steif durch die Mischung von

Politur und Schmutz; ein voller Wäschekorb; dicke, wollene Hemdhosen, von der Maschinenwäsche verfilzt und am Zwickel braunfleckig – wie hatte er es ertragen können, sie der Entdeckung zu überlassen?

Sie ging täglich ins Büro, räumte auf, sortierte Akten und putzte. Es kamen keine Anrufe und keine Kunden, und doch war sie immer beschäftigt. Die gerichtliche Voruntersuchung stand an, bedrückend in ihrer unparteiischen, fast langweiligen Förmlichkeit, in ihrem unvermeidlichen Urteil. Dann musste sie Bernies Anwalt aufsuchen. Er war ein mutloser älterer Mann mit einem ungünstig gelegenen Büro nahe dem Bahnhof Mile End, der die Nachricht vom Tod seines Klienten mit so kummervoller Resignation aufnahm, als handle es sich um eine persönliche Beleidigung. Nach kurzem Suchen fand er Bernies Testament und starrte es verwirrt und misstrauisch an, als sei es nicht das Schriftstück, das er vor Kurzem aufgesetzt hatte. Er brachte es fertig, Cordelia den Eindruck zu vermitteln, dass er sie für Bernies Geliebte halte – warum sonst sollte er ihr das Geschäft hinterlassen haben? –, dass er aber ein Mann von Welt sei und sie trotz der Kenntnis dieses Umstands nicht tadle. Er beteiligte sich nicht an der Vorbereitung des Begräbnisses, sondern nannte Cordelia nur den Namen eines Bestattungsunternehmens; sie hatte den Verdacht, dass es ihm eine Provision zukommen ließ. Nach einer Woche in bedrückend gedämpfter Stimmung stellte sie allerdings erleichtert fest, dass der Bestattungsunternehmer nicht nur freundlich, sondern auch sachkundig war. Als er erst einmal entdeckt hatte, dass Cordelia nicht in Tränen aufgelöst zusammenbrechen oder in den theatralischeren Darbietungen trauernder Hinterbliebener schwelgen würde, freute er sich, ihr die relativen Kosten und Vorzüge von Beerdigung und Einäscherung unverstellt darzulegen.

»Ich empfehle unbedingt die Einäscherung. Es existiert keine private Versicherung, sagen Sie? Dann sollten Sie es so schnell, einfach und kostengünstig wie möglich hinter sich bringen. Glauben Sie mir, das wäre neun von zehn Verstorbenen am liebsten. Ein Grab ist heutzutage ein teurer Luxus – ohne Nutzen für ihn, ohne Nutzen für Sie. Staub zu Staub, Asche zu Asche, aber wie steht es mit der Prozedur dazwischen? Nicht schön, daran zu denken, nicht wahr? Warum soll man es also nicht mit den zuverlässigsten modernen Methoden möglichst schnell über die Bühne bringen? Sehen Sie, Miss, ich berate Sie gegen meine eigenen Interessen.«

Cordelia sagte: »Das ist sehr freundlich von Ihnen. Meinen Sie, wir sollten einen Kranz besorgen?«

»Warum nicht, das gibt dem Ganzen ein bisschen Stil. Überlassen Sie das nur mir.«

Also hatte es eine Einäscherung und einen einzigen Kranz gegeben. Der Kranz war ein sehr gewöhnliches, nichtssagendes Gebinde aus Lilien und Nelken mit bereits welkenden und nach Verfall riechenden Blüten gewesen. Die Einäscherungsliturgie war vom Pfarrer mit sorgfältig gesteuerter Geschwindigkeit gesprochen worden, und in seinem Ton war eine Entschuldigung angeklungen, als wolle er seine Zuhörer versichern, dass er, obwohl er selbst sich einer besonderen göttlichen Fügung erfreute, von ihnen nicht erwartete, das Unglaubhafte zu glauben. Bernie war unter den Klängen von Tonbandmusik zur Verbrennung gebracht worden, gerade noch rechtzeitig, wie aus dem ungeduldigen Geraschel der nächsten Trauergäste zu schließen war, die draußen bereits darauf warteten, die Kapelle zu betreten.

Danach stand Cordelia allein in der strahlenden Sonne und spürte die Wärme der Kieselsteine durch ihre Schuhsohlen. Die Luft war satt und schwer vom Duft der Blumen. Plötzlich von Traurigkeit und einem ohnmächtigen Zorn auf Bernie gepackt, suchte sie einen Sündenbock und fand ihn in einem gewissen Superintendenten vom Yard. Er hatte Bernie aus dem einzigen Beruf hinausgeworfen, an dem er jemals Freude gehabt hatte; er hatte sich nicht die Mühe gemacht herauszufinden, was später aus ihm geworden war; und – der unsinnigste Anklagepunkt von allen – er war nicht einmal zum Begräbnis gekommen. Detektiv zu sein war für Bernie eine Notwendigkeit gewesen, wie für andere Männer Malen, Schreiben, Trinken oder Huren. Das Team der Kriminalpolizei war doch gewiss groß genug, um die Schwärmerei und die Unzulänglichkeit eines einzigen Mannes auszugleichen? Zum ersten Mal weinte Cordelia um Bernie; heiße Tränen verwischten und vervielfältigten die langen Reihen wartender Leichenwagen mit ihren strahlenden Krönchen, sodass sie sich in eine Unendlichkeit aus schimmerndem Chrom und zitternden Blumen auszudehnen schienen. Cordelia zog den schwarzen Chiffonschal, ihr einziges Zugeständnis an die Trauer, vom Kopf und machte sich auf den Weg zur U-Bahn-Station.

Sie war durstig, als sie zum Oxford Circus kam, und beschloss, im Restaurant bei Dickins & Jones einen Tee zu trinken. Das war ungewöhnlich und ausschweifend, aber es war ein ungewöhnlicher und ausschweifender Tag gewesen. Sie blieb lange genug dort sitzen, um den vollen Gegenwert für ihre Rechnung zu bekommen, und Viertel nach vier war vorbei, als sie in das Büro zurückkam.

Sie hatte Besuch. Eine Frau wartete, die Schultern an die Tür gelehnt – eine Frau, die kühl aussah und fehl am Platz vor dem schmutzigen Anstrich und den schmierigen Wänden. Cordelia hielt vor Überraschung den Atem an und unterbrach ihren schnellen Lauf nach oben. Ihre leichten Schuhe hatten auf der Treppe kein Geräusch gemacht, und ein paar Sekunden lang betrachtete sie ihre Besucherin unbemerkt. Sie gewann einen unmittelbaren und lebendigen Eindruck von Kompetenz und Autorität und einschüchternd korrekter Kleidung. Die Frau trug ein graues Kostüm mit einem kleinen Stehkragen, der einen schmalen Streifen von weißem Baumwollstoff am Hals freigab. Ihren schwarzen Lackschuhen sah man den Preis an; eine große schwarze Tasche mit aufgesetzten Seitentaschen hing von ihrer linken Schulter. Sie war groß, und ihr Haar, weißer, als es ihr Alter erwarten ließ, war kurz geschnitten und lag, sorgfältig frisiert, wie eine Mütze um den Kopf. Ihr Gesicht war blass und schmal. Sie las die *Times*, die sie zusammengefaltet hatte, um sie in der rechten Hand halten zu können. Nach ein paar Sekunden bemerkte sie Cordelia, und ihre Blicke trafen sich. Die Frau sah auf ihre Armbanduhr.

»Wenn Sie Cordelia Gray sind, dann sind Sie achtzehn Minuten zu spät. Auf dem Zettel steht, dass Sie um vier Uhr zurückkommen würden.«

»Ich weiß, entschuldigen Sie.« Cordelia sprang die letzten paar Stufen hinauf und steckte den Sicherheitsschlüssel ins Schloss. Sie öffnete die Tür. »Kommen Sie herein.«

Die Frau trat vor ihr ins Büro und drehte sich zu ihr um, ohne auch nur einen Blick auf das Zimmer zu werfen.

»Ich hoffte, Mr. Pryde anzutreffen. Wird er lange fortbleiben?«

»Es tut mir leid; ich bin gerade von seiner Einäscherung zurückgekommen. Ich meine … Bernie ist tot.«

»Das liegt ja dann auf der Hand. Unseres Wissens war er vor zehn Tagen noch am Leben. Er muss auffallend schnell und diskret gestorben sein.«

»Diskret nicht gerade. Er hat sich das Leben genommen.«

»Wie außerordentlich!« Die Besucherin wirkte von der Außerordentlichkeit betroffen. Sie presste ihre Hände zusammen und ging ein paar Sekunden lang in seltsamer Gebärde des Schmerzes unruhig im Zimmer auf und ab.

»Wie außerordentlich!«, sagte sie noch einmal und lachte kurz auf. Cordelia sprach nicht, aber die beiden Frauen betrachteten einander ernst. Dann sagte die Besucherin: »Ja, dann habe ich anscheinend meine Reise vergebens gemacht.«

Cordelia hauchte ein kaum hörbares »O nein!« und widerstand der absurden Regung, mit ihrem Körper die Tür zu versperren.

»Bitte, gehen Sie nicht, bevor Sie mit mir gesprochen haben. Ich war Mr. Prydes Mitarbeiterin, und das Geschäft gehört jetzt mir. Ich bin sicher, dass ich helfen kann. Möchten Sie sich nicht setzen?«

Die Besucherin nahm keine Notiz von dem angebotenen Stuhl.

»Keiner kann helfen, keiner in der ganzen Welt. Das gehört jedoch nicht zur Sache. Es gibt da etwas, was mein Arbeitgeber wissen will – einige Aufschlüsse, die er braucht –, und er hatte entschieden, dass Mr. Pryde die Person sei, sie ihm zu beschaffen. Ich weiß nicht, ob er Sie für einen gleichwertigen Ersatz halten wird. Kann ich hier ungestört telefonieren?«

»Hier hinein, bitte.«

Die Frau ging in das hintere Büro, wieder ohne ein Anzeichen, dass dessen schäbiges Aussehen irgendeinen Eindruck auf sie machte. Sie wandte sich nach Cordelia um.

»Entschuldigen Sie, ich hätte mich vorstellen sollen. Mein Name ist Elizabeth Leaming, und mein Arbeitgeber ist Sir Ronald Callender.«

»Der Naturschützer?«

»Das würde er nicht gerne hören. Ihm ist es lieber, wenn man ihn als Mikrobiologen bezeichnet, was er tatsächlich ist. Bitte, entschuldigen Sie mich.«

Sie schloss die Tür fest. Cordelia fühlte sich plötzlich schwach und setzte sich vor die Schreibmaschine. Die Tasten, seltsam bekannte Symbole, in schwarze Medaillons eingeschlossen, verschoben ihr Muster vor ihren müden Augen, sprangen dann, als sie blinzelte, wieder in ihre normale Lage zurück. Sie packte die Seiten der Maschine, die sich kalt und klamm anfassten, und versuchte, sich zur Ruhe zu bringen. Ihr Herz klopfte.

Ich muss ruhig sein, muss ihr zeigen, dass ich stark bin. Diese Verdrehtheit kommt nur von der Anspannung bei Bernies Beerdigung und vom langen Stehen in der heißen Sonne.

Aber die Hoffnung brachte sie durcheinander; sie nahm es sich selbst übel, dass sie so aufgeregt war.

Das Telefongespräch war kurz. Die Tür des hinteren Büros wurde geöffnet; Miss Leaming zog ihre Handschuhe an.

»Sir Ronald bittet darum, Sie zu sehen. Können Sie gleich mitkommen?«

Wohin kommen?, dachte Cordelia, aber sie fragte nicht.

»Brauche ich meine Ausrüstung?«

Die Ausrüstung war Bernies sorgfältig angelegte und ausgestattete Polizeitasche mit ihren Pinzetten, Scheren, der Ausrüstung für Fingerabdrücke, den Gläsern zum Sammeln von Proben. Cordelia hatte noch nie Gelegenheit gehabt, sie zu benutzen.

»Das hängt davon ab, was Sie darunter verstehen, aber ich glaube nicht. Sir Ronald möchte Sie sehen, bevor er entscheidet, ob er Ihnen den Auftrag anbietet. Das bedeutet eine Zugfahrt nach Cambridge, aber Sie dürften heute Abend noch zurückkommen. Müssen Sie irgendwem Bescheid sagen?«

»Nein, ich bin allein.«

»Vielleicht sollte ich mich ausweisen.« Sie machte ihre Handtasche auf. »Hier ist ein adressierter Briefumschlag. Ich bin keine Mädchenhändlerin, falls es die gibt und falls Sie Angst haben.«

»Ich habe vor einer ganzen Menge von Dingen Angst, aber nicht vor Mädchenhändlern, und wenn doch, würde mich ein adressierter Briefumschlag kaum beruhigen. Ich würde darauf bestehen, Sir Ronald Callender anzurufen, um Ihre Identität zu überprüfen.«

»Vielleicht möchten Sie das tun?«, schlug Miss Leaming vor, ohne beleidigt zu sein.

»Nein.«

»Dann können wir also gehen?«

Miss Leaming ging zur Tür voran. Als sie in den Flur hinaustraten und Cordelia sich umdrehte, um das Büro hinter sich abzuschließen, deutete ihre Besucherin auf den Notizblock und den Bleistift, die zusammen an einem Nagel an der Wand hingen.

»Möchten Sie die Mitteilung noch ändern?«

Cordelia riss die alte Nachricht ab, dachte einen Augenblick nach und schrieb:

Ich bin in einem dringenden Fall abberufen worden. Alle Nachrichten, die unter der Tür durchgeschoben werden, finden bei meiner Rückkehr sofortige und persönliche Beachtung.

»Das«, erklärte Miss Leaming, »dürfte Ihre Klienten beruhigen.« Cordelia fragte sich, ob die Bemerkung spöttisch gemeint war, aber es war nicht möglich, das aus dem gleichgültigen Tonfall herauszuhören. Im Grunde hatte sie nicht das Gefühl, dass Miss Leaming sich über sie lustig machte, und sie war überrascht, über die Art, in der ihre Besucherin die Dinge in die Hand genommen hatte, nicht verstimmt zu sein. Bereitwillig folgte sie Miss Leaming die Treppe hinunter auf die Kingly Street.

Sie fuhren mit der Central Line bis Liverpool Street und erreichten den Zug um 17:36 Uhr nach Cambridge ganz bequem. Miss Leaming kaufte Cordelias Fahrkarte, holte eine Reiseschreibmaschine und eine Aktentasche bei der Gepäckaufbewahrung ab und ging zu einem Erster-Klasse-Wagen voran. Sie sagte: »Ich muss im Zug arbeiten. Haben Sie etwas zu lesen dabei?«

»Das ist mir ganz recht. Ich unterhalte mich auf Zugfahrten auch nicht gern. Ich habe Hardys *Stabstrompeter* dabei – in meiner Handtasche ist immer ein Taschenbuch.«

Hinter Bishop's Stortford hatten sie das Abteil für sich, aber nur einmal sah Miss Leaming von ihrer Arbeit auf, um Cordelia etwas zu fragen.

»Wie kamen Sie dazu, für Mr. Pryde zu arbeiten?«

»Nachdem ich mit der Schule fertig war, habe ich bei meinem Vater auf dem Kontinent gewohnt. Wir sind ziemlich viel herumgereist. Er starb im Mai letzten Jahres in Rom nach einem Herzanfall, und ich kam zurück. Ich hatte mir ein wenig Stenografie und Schreibmaschine beigebracht, deshalb bewarb ich mich um eine Stelle bei einer Vermittlung für Sekretärinnen. Sie schickten mich zu Bernie, und nach ein paar Wochen ließ er mich bei einem Fall helfen. Er beschloss, mich auszubilden, und ich willigte ein zu bleiben. Vor zwei Monaten hat er mich zur Teilhaberin gemacht.«

Das bedeutete nichts anderes, als dass Cordelia einen regelmäßigen Lohn eintauschte gegen die ungewissen Erfolgsprämien in Form eines gleichen Anteils am Verdienst zusammen mit einem mietfreien Wohnschlafzimmer in Bernies Haus. Er hatte ihr nichts vormachen wollen. Das Angebot der Teilhaberschaft hatte er ihr in dem aufrichtigen Glauben gemacht, dass sie es als das gelten ließe, was es war: keine Auszeichnung für gute Führung, sondern ein Vertrauensbeweis.

»Was machte Ihr Vater?«

»Er war ein marxistischer Wanderpoet und Amateurrevolutionär.«

»Sie müssen eine interessante Kindheit gehabt haben.«

Cordelia dachte an die Reihe von Pflegemüttern, die unerklärten, unverständlichen Umzüge, die Schulwechsel, die besorgten Gesichter von Beamten der örtlichen Wohlfahrtsbehörden und Schullehrern, die sich verzweifelt fragten, was sie in den Ferien mit ihr anfangen sollten, und sie antwortete, wie sie es immer auf diese Behauptung tat, ernst und ohne Ironie.

»Ja, durchaus interessant.«

»Und wie war die Ausbildung, die Sie von Mr. Pryde bekommen haben?«

»Bernie brachte mir ein paar Dinge bei, die er bei der Kriminalpolizei gelernt hatte: wie man einen Tatort ordnungsgemäß untersucht, wie man Beweisstücke sammelt, einige Grundzüge der Selbstverteidigung, wie man Fingerabdrücke entdeckt und aufnimmt – derartige Dinge.«

»Ich fürchte, das sind Fähigkeiten, die Sie in diesem Fall kaum brauchen werden.«

Miss Leaming beugte den Kopf über ihre Papiere und sprach nicht wieder, bis der Zug Cambridge erreichte.

Auf dem Bahnhofsvorplatz sah sich Miss Leaming um und ging dann auf einen kleinen schwarzen Lieferwagen zu. Daneben stand steif wie ein Chauffeur in Uniform ein stämmig gebauter junger Mann in einem weißen Hemd mit offenem Kragen, dunklen Reithosen und hohen Stiefeln, den Miss Leaming beiläufig und ohne weitere Erklärung als Lunn vorstellte. Er nickte Cordelia knapp zu, lächelte aber nicht. Cordelia streckte ihre Hand aus. Sein Händedruck war kurz, aber auffallend kräftig und zerquetschte ihr fast die Finger, sodass sie vor Schmerz beinahe das Gesicht verzogen hätte; dabei sah sie etwas in den großen erdbraunen Augen des Mannes aufflackern, und sie fragte sich, ob er ihr absichtlich wehgetan hatte. Seine Augen waren gewiss merkwürdig und schön, feuchte Kälberaugen unter dichten Wimpern mit einem Blick angstvollen Schmerzes über die Unvorhersehbarkeit der Schrecken der Welt. Aber ihre Schönheit unterstrich eher, wie wenig anziehend seine ganze Erscheinung war, als dass sie es vergessen ließ. Er war, dachte sie, eine finstere Schwarz-Weiß-Studie mit seinem dicken, kurzen Hals und den kräftigen Schultern, die die Nähte seines Hemdes spannten. Er hatte einen Helm aus kräftigem schwarzem Haar, ein schwammiges, etwas pockennarbiges Gesicht und einen launisch wirkenden Mund. Er war ein Mann, der offenbar stark zum Schwitzen neigte; sein Hemd war unter den Armen fleckig, und der Baumwollstoff klebte am Körper und betonte die starke Rückenlinie und die aufdringlich muskulösen Oberarme.

Cordelia sah, dass alle drei zusammengepfercht vorne im Lieferwagen sitzen müssten. Lunn hielt die Tür auf und erklärte als einzige Entschuldigung: »Der Rover ist immer noch in der Werkstatt.«

Miss Leaming wartete, sodass Cordelia gezwungen war, zuerst einzusteigen und sich neben ihn zu setzen. Sie dachte: Sie können sich nicht leiden, und ich bin ihm lästig.

Sie überlegte, welchen Platz er in Sir Ronald Callenders Haushalt haben mochte. Miss Leamings Stellung hatte sie bereits erraten; keine gewöhnliche Sekretärin, sei sie noch so lange im Dienst, noch so unentbehrlich, hatte dieses ausgesprochen selbstbewusste Auftreten oder sprach von »meinem Arbeitgeber« in diesem besitzergreifenden, ironischen Ton.

Aber bei Lunn war sie sich nicht sicher. Er benahm sich nicht wie ein Untergebener, wirkte aber auch nicht wie ein Wissenschaftler. Zugegeben, Naturwissenschaftler waren für Cordelia exotische Geschöpfe. Schwester Mary Magdalen war die Einzige, die sie gekannt hatte. Sie hatte unterrichtet, was der Lehrplan als allgemeine Naturwissenschaft bezeichnet hatte, einen Mischmasch aus elementarer Physik, Chemie und Biologie, der unfeierlich in einen Topf geworfen wurde. Naturwissenschaftliche Fächer wurden im Allgemeinen wenig geachtet im Kloster zur Unbefleckten Empfängnis, während der Unterricht in den Geisteswissenschaften gut war. Schwester Mary Magdalen war eine ältliche, schüchterne Nonne gewesen, mit verwunderten Augen hinter stahlumrandeten Brillengläsern und ungeschickten, ständig von Chemikalien beschmutzten Händen, die offenbar über die seltsamen Explosionen und Dämpfe, die ihr Umgang mit Reagenzgläsern und Kolben gelegentlich erzeugte, genauso überrascht war wie ihre Schülerinnen. Sie war mehr daran interessiert, die Unbegreiflichkeit des Universums und die Unergründlichkeit Gottes zu beweisen, als wissenschaftliche Prinzipien aufzudecken, und hierin hatte sie zweifellos Erfolg gehabt. Cordelia ahnte, dass Schwester Mary Magdalen ihr im Umgang mit Sir Ronald Callender keine Hilfe sein würde – Sir Ronald, der für die Sache des Naturschutzes geworben hatte, lange bevor das eine allgemein populäre Idee geworden war; der sein Land auf internationalen ökologischen Kongressen vertreten hatte und für seine Leistungen auf dem Gebiet des Naturschutzes geadelt worden war. Das alles wusste Cordelia, wie alle im Lande, durch seine Fernsehauftritte und die Sonntagsbeilagen. Er war der anerkannte

Wissenschaftler, der politisch sorgsam auf Parteilosigkeit bedacht war und zu jedermanns Beruhigung den armen Jungen personifizierte, der es zu etwas gebracht hatte und dabei gut geblieben war. Wie, fragte sich Cordelia, war er auf den Gedanken gekommen, Bernie Pryde anzustellen?

Nicht sicher, wie weit Lunn das Vertrauen seines Arbeitgebers oder Miss Leamings hatte, fragte sie vorsichtig: »Wie kam Sir Ronald auf Bernie?«

»John Bellinger hat ihn empfohlen.«

Also war der Bellinger-Bonus doch noch eingetroffen! Bernie hatte immer damit gerechnet. Der Fall Bellinger war sein einträglichster, vielleicht sein einziger Erfolg gewesen. John Bellinger war der Direktor eines kleinen Familienunternehmens, das hoch entwickelte wissenschaftliche Apparate herstellte. Im vorigen Jahr war sein Büro von einer Flut obszöner Briefe belästigt worden, und da er ungern die Polizei einschalten wollte, hatte er Bernie angerufen. Bernie, auf eigenen Vorschlag als Bote eingestellt, hatte das nicht sehr schwierige Problem schnell gelöst. Der Schreiber war Bellingers hochgeschätzte persönliche Sekretärin gewesen. Bellinger hatte sich dankbar gezeigt, woraufhin Bernie nach banger Erwägung und Beratung mit Cordelia eine Rechnung geschickt hatte, deren Höhe beide mit Schrecken erfüllte, aber die Rechnung war umgehend bezahlt worden. Sie hatte das Büro einen Monat lang über Wasser gehalten. Bernie hatte gesagt: »Der Fall Bellinger verschafft uns einen Bonus, warte nur ab. Alles ist möglich in diesem Beruf. Er hat sich zufällig für uns entschieden, indem er unseren Namen im Telefonbuch herausgegriffen hat, aber jetzt wird er uns seinen Freunden empfehlen. Dieser Fall könnte der

Anfang von etwas Großem werden.« Und jetzt, dachte Cordelia, am Tag von Bernies Begräbnis, war der Bonus eingetroffen.

Sie stellte keine weiteren Fragen, und die Fahrt, die weniger als dreißig Minuten dauerte, ging schweigsam vorüber. Die drei saßen Schenkel an Schenkel und dennoch auf Abstand. Cordelia sah nichts von der Stadt. Am Ende der Station Road bog das Auto am Kriegerdenkmal links ab, und bald waren sie auf dem Land. Dann kamen ausgedehnte Felder mit jungem Getreide, ab und zu ein Streifen gesprenkelten Schattens von den Alleebäumen, verstreut liegende Dörfer mit strohgedeckten Häusern und hingeduckte rote Cottages an der Straße aufgereiht, Hügel, von denen Cordelia die Türme und Spitzen der Stadt sehen konnte, die trügerisch nahe in der Abendsonne aufleuchteten. Zuletzt dann noch ein Dorf, eine lichte Reihe von Ulmen, die die Straße säumte, eine lange, geschwungene Ziegelmauer, und der Lieferwagen bog durch ein offenes schmiedeeisernes Tor ein. Sie waren am Ziel.

Das Haus war offensichtlich georgianisch, vielleicht nicht im besten Stil dieser Zeit, aber gediegen gebaut, gefällig in den Proportionen und schien, wie bei aller guten einheimischen Architektur, natürlich aus seiner Umgebung herausgewachsen zu sein. Der weiche Stein, von Glyziniengirlanden geschmückt, schimmerte satt in der tief stehenden Sonne, sodass das Grün der Kletterpflanze leuchtete und das ganze Haus plötzlich so künstlich und unwirklich wie eine Filmkulisse aussah. Es war eigentlich ein Familienheim, ein einladendes Haus. Aber jetzt lag eine drückende Stille über ihm, und die Reihen der schön geformten Fenster waren leere Augen.

Lunn, der schnell, aber sicher gefahren war, bremste vor dem Portal. Er blieb sitzen, während die beiden Frauen ausstiegen, dann fuhr er den Wagen um die Hausecke. Als sie von dem hohen Sitz rutschte, konnte Cordelia flüchtig eine Reihe von niedrigen Gebäuden sehen, alle von kleinen schmückenden Türmchen gekrönt, die sie für Ställe oder Garagen hielt. Durch den breiten Bogen der Einfahrt konnte sie erkennen, dass das Gelände einen weiten Ausblick auf die flache Landschaft von Cambridgeshire bot, gemustert mit den zarten Grün- und hellen Brauntönen des frühen Sommers.

Miss Leaming sagte: »Der Stalltrakt ist zum Laboratorium umgebaut worden. Fast die ganze Ostseite ist jetzt aus Glas. Eine tüchtige Arbeit von einem schwedischen Architekten, funktionell, aber reizvoll.«

Zum ersten Mal, seit sie sich begegnet waren, klang ihre Stimme interessiert, fast begeistert.

Die Eingangstür stand offen. Cordelia kam in eine geräumige getäfelte Halle mit einer Wendeltreppe links und einem gemauerten Kamin rechts. Sie nahm einen Duft von Rosen und Lavendel wahr, Teppiche, die sich in kräftigen Farben von den gebohnerten Holzdielen abhoben, das gedämpfte Ticken einer Uhr.

Miss Leaming ging durch die Halle voraus zu der Tür direkt gegenüber. Sie führte in ein Arbeitszimmer, einen geschmackvollen, von Bücherschränken gesäumten Raum mit Blick auf ausgedehnte Rasenflächen und einen Schirm aus Bäumen. Vor der Fensterfront stand ein King-George-Schreibtisch, und dahinter saß ein Mann.

Cordelia hatte Fotos von ihm in der Zeitung gesehen und

wusste, was sie erwartete. Aber er war kleiner und zugleich beeindruckender, als sie ihn sich vorgestellt hatte. Sie wusste, dass sie vor einem angesehenen und hochintelligenten Mann stand; sie spürte seine Stärke wie eine physische Kraft. Aber als er sich von seinem Platz erhob und ihr mit einer Handbewegung einen Stuhl anbot, sah sie, dass er schlanker war, als die Fotos vermuten ließen, und die kräftigen Schultern und der große Kopf ließen ihn gedrungen erscheinen. Er hatte ein zerfurchtes, sensibles Gesicht mit einer langen Nase, tief liegenden Augen mit schweren Lidern und einem perfekt geformten Mund. Sein schwarzes Haar, noch ohne graue Strähnen, lag dicht über der Stirn. Sein Gesicht war von Müdigkeit überschattet, und als Cordelia näher kam, konnte sie das Zucken eines Nervs an seiner linken Schläfe und die fast unmerkliche Färbung der Äderchen in seinen Augen sehen. Aber sein kompakter Körper, gespannt vor Energie und verborgener Vitalität, ließ keine Müdigkeit gelten. Der Kopf war arrogant erhoben, die Augen blickten scharf und wachsam unter den schweren Lidern. Vor allen Dingen sah er erfolgreich aus. Cordelia hatte diesen Ausdruck schon früher gesehen, wenn sie in Zuschauermengen stand, die staunend auf berühmt-berüchtigte Persönlichkeiten sahen, die an ihnen vorbeizogen – dieses fast körperliche, der Sexualität verwandte und nicht von Müdigkeit oder Kränklichkeit eingeschränkte Strahlen von Männern, die die Wirklichkeit der Macht kannten und genossen.

Miss Leaming sagte: »Das ist alles, was von Prydes Detektivbüro übrig ist – Miss Cordelia Gray.«

Die scharfen Augen fixierten Cordelia. »*Wir bürgen für Qualität*. Wirklich?«

Cordelia war nach der Fahrt am Ende eines folgenschweren Tages müde und nicht zu Scherzen über Bernies rührenden Spruch aufgelegt. Sie sagte: »Sir Ronald, ich bin hierhergekommen, weil Ihre Sekretärin sagte, Sie möchten mich vielleicht beschäftigen. Wenn sie sich geirrt hat, wüsste ich das gern, damit ich nach London zurückfahren kann.«

»Sie ist nicht meine Sekretärin, und sie irrt sich nicht. Sie müssen meine Unhöflichkeit entschuldigen; es ist ein wenig verwirrend, wenn man einen stämmigen Expolizisten erwartet und dann Sie vorgesetzt bekommt. Ich beklage mich nicht, Miss Gray; Sie sind vielleicht sehr gut für diesen Auftrag geeignet. Wie ist Ihr Honorar?«

Die Frage hätte beleidigend klingen können, aber sie war es nicht; er war völlig sachlich. Cordelia sagte es ihm, ein wenig zu schnell, ein wenig zu eifrig.

»Fünf Pfund am Tag und die Unkosten, aber wir versuchen, sie so niedrig wie möglich zu halten. Dafür bekommen Sie natürlich meine ausschließlichen Dienste. Ich meine, ich arbeite für keinen anderen Klienten, bis Ihr Fall erledigt ist.«

»Und gibt es einen anderen Klienten?«

»Na ja, zurzeit gerade nicht, aber es wäre sehr gut möglich.« Sie fuhr schnell fort: »Wir haben eine Fair-Play-Klausel. Wenn ich in irgendeinem Stadium der Untersuchung beschließe, dass ich sie lieber nicht fortführen möchte, haben Sie ein Recht auf sämtliche Erkenntnisse, die ich bis zu diesem Zeitpunkt gewonnen habe. Wenn ich beschließe, Ihnen diese vorzuenthalten, dann berechne ich die bereits getane Arbeit nicht.«

Das war eines von Bernies Prinzipien. In Prinzipien war er groß gewesen. Selbst wenn sie eine Woche lang keinen Fall hatten, konnte er zufrieden darüber diskutieren, bis zu welchem Grade sie berechtigt waren, einem Klienten weniger als die volle Wahrheit zu sagen, über den Punkt, an dem die Polizei in eine Untersuchung eingeschaltet werden sollte, über die Moral der Täuschung oder Lüge im Dienst der Wahrheit. »Aber keine Wanzen«, sagte Bernie dann. »Ich bin strikt gegen Wanzen. Und wir lassen die Finger von Industriesabotage.«

Die Versuchung war ohnehin nicht groß. Sie hatten weder Abhörgeräte noch hätten sie gewusst, wie man sie anwendet, wenn sie welche gehabt hätten, und niemals war Bernie aufgefordert worden, sich mit Industriesabotage zu befassen.

»Das klingt vernünftig, aber ich glaube nicht, dass dieser Fall Ihnen eine Gewissenskrise bescheren wird. Er ist relativ simpel. Vor achtzehn Tagen erhängte sich mein Sohn. Ich möchte, dass Sie herausbekommen, warum. Können Sie das?«

»Ich werde es gern versuchen, Sir Ronald.«

»Mir ist klar, dass Sie dafür ein paar Auskünfte über Mark benötigen. Miss Leaming wird sie für Sie aufschreiben, dann können Sie sich das durchlesen und uns sagen, was Sie sonst noch brauchen.«

Cordelia sagte: »Ich wäre froh, wenn Sie es mir selbst erzählen würden, bitte.«

»Ist das notwendig?«

»Es würde mir helfen.«

Er setzte sich wieder auf seinen Stuhl, nahm einen Bleistiftstummel auf und drehte ihn in den Händen. Nach einer Weile ließ er ihn geistesabwesend in seine Tasche gleiten. Ohne sie anzusehen, begann er zu reden.

»Mein Sohn Mark wurde am 25. April dieses Jahres einundzwanzig. Er studierte Geschichte an meinem alten College in Cambridge und war im letzten Jahr. Vor fünf Wochen verließ er ohne Vorwarnung die Universität und nahm eine Arbeit als Gärtner bei einem Major Markland an, der in einem Haus namens Summertrees außerhalb von Duxford lebt. Mark gab mir keine Erklärung für dieses Benehmen, weder damals noch später. Er wohnte allein in einem Gartenhaus auf Major Marklands Besitz. Achtzehn Tage später wurde er von der Schwester seines Arbeitgebers gefunden; er hing mit dem Hals in einem Riemen, der an einen Haken an der Decke seines Wohnzimmers geknüpft war. Das Urteil der gerichtlichen Voruntersuchung lautete, dass er sich in einem Zustand geistiger Verwirrung das Leben nahm. Ich weiß wenig vom Geisteszustand meines Sohnes, aber ich lehne diese bequeme Formulierung ab. Er war ein vernünftiger Mensch. Er hatte einen Grund für seine Tat. Ich möchte wissen, welchen.«

Miss Leaming, die durch die Glasfront in den Garten geblickt hatte, drehte sich um und sagte mit überraschender Heftigkeit: »Immer diese Sucht, wissen zu wollen! Es ist nichts als Neugier. Wenn er gewollt hätte, dass wir es wissen, hätte er es uns gesagt.«

»Ich bin nicht gewillt, mit dieser Ungewissheit weiterzuleben. Mein Sohn ist tot. *Mein* Sohn. Falls ich irgendwie dafür verantwortlich sein sollte, möchte ich es lieber wissen. Falls irgendein anderer dafür verantwortlich ist, möchte ich es ebenfalls wissen.«

Cordelia sah vom einen zum anderen. Sie fragte: »Hat er eine Nachricht hinterlassen?«

»Er hat eine Nachricht hinterlassen, aber keine Erklärung. Man hat sie in seiner Schreibmaschine gefunden.«

Leise begann Miss Leaming zu sprechen: »Die sich windende Höhle hinunter ertasteten wir unseren umständlichen Weg, bis eine Leere, grenzenlos wie ein Himmel der Tiefe, unter uns erschien, und wir hielten uns an den Wurzeln der Bäume und hingen über dieser Unermesslichkeit; aber ich sagte: ›Wenn es dir gefällt, werden wir uns diesem leeren Raum anvertrauen und sehen, ob auch hier die Vorsehung waltet.‹«

»Sie behaupten, Detektiv zu sein, Miss Gray«, sagte Sir Ronald. »Was folgern Sie daraus?«

»Dass Ihr Sohn William Blake las. Ist das nicht eine Stelle aus *Die Hochzeit von Himmel und Hölle?*«

Sir Ronald und Miss Leaming tauschten einen Blick. Dann sagte Sir Ronald: »Das hat man mir gesagt.«

Cordelia dachte, Blakes leise, unaufdringliche Ermunterung, frei von Leidenschaft oder Verzweiflung, passe eigentlich eher zu einem Selbstmord durch Ertränken oder Gift – ein feierliches Treiben oder Sinken in die Vergessenheit – als zu dem Schock des Erhängens. Und doch war das Fallen, das Sichhineinwerfen in die Leere etwas Ähnliches. Aber diese Betrachtung war müßige Fantasie. Er hatte Blake gewählt; er hatte das Erhängen gewählt. Vielleicht waren andere, sanftere Mittel nicht zur Hand gewesen; vielleicht hatte er impulsiv gehandelt. Was sagte doch der Superintendent immer? »Stelle nie Theorien auf, bevor du die Fakten kennst.« Sie würde sich das Gartenhaus ansehen müssen.

Sir Ronald sagte mit einem Anflug von Ungeduld: »Nun? Nehmen Sie den Auftrag an?«

Cordelia schaute Miss Leaming an, aber die Frau erwiderte ihren Blick nicht.

»Das möchte ich sehr gern. Ich weiß nur nicht, ob Sie wirklich wollen, dass ich ihn annehme.«

»Ich biete ihn Ihnen an. Machen Sie sich um Ihre Angelegenheiten Gedanken, Miss Gray, und ich kümmere mich um meine.«

»Gibt es sonst noch etwas, was Sie mir erzählen könnten? War Ihr Sohn gesund? Schien er sich um seine Arbeit oder seine Beziehungen Sorgen zu machen? Oder um Geld?«

»Mark hätte ein beträchtliches Vermögen von seinem Großvater mütterlicherseits geerbt, wenn er das Alter von fünfundzwanzig Jahren erreicht hätte. In der Zwischenzeit bekam er ein angemessenes Taschengeld von mir, aber an dem Tag, an dem er das College verließ, überwies er sein Guthaben auf mein Konto zurück und beauftragte seinen Bankdirektor, mit allen künftigen Zahlungen ebenso zu verfahren. Vermutlich lebte er in den letzten zwei Wochen seines Lebens von seinem Lohn. Die Obduktion deckte keine Krankheiten auf, und sein Tutor erklärte, dass seine Arbeit an der Universität zufriedenstellend war. Ich verstehe natürlich nichts von seinem Fach. Über seine Liebesgeschichten vertraute er mir nichts an – welcher junge Mann tut das gegenüber seinem Vater? Falls er welche hatte, nehme ich an, dass es heterosexuelle waren.«

Miss Leaming, die den Garten betrachtet hatte, wandte sich um. Sie streckte ihre Hände mit einer Geste von sich, die Resignation oder Verzweiflung ausdrücken konnte.

»Wir wussten nichts von ihm, nichts! Warum also warten, bis er tot ist, und dann anfangen nachzuforschen?«

»Und seine Freunde?«, fragte Cordelia ruhig.

»Sie kamen selten zu Besuch, aber es gab zwei, die ich bei der gerichtlichen Voruntersuchung und dem Begräbnis wiedererkannte: Hugo Tilling aus seinem College und dessen Schwester, die am New Hall ist und in Philologie promoviert. Erinnerst du dich an ihren Namen, Eliza?«

»Sophie. Sophie Tilling. Mark brachte sie ein- oder zweimal zum Abendessen mit.«

»Könnten Sie mir etwas über die Kindheit Ihres Sohnes erzählen? Wo ging er zur Schule?«

»Er kam in eine Vorschule, als er fünf war, und anschließend ins Internat. Ich konnte hier kein Kind brauchen, das unbeaufsichtigt im Labor herumrannte. Später ging er auf Wunsch seiner Mutter – sie starb, als er neun Monate alt war – auf eine Woodard-Schule. Meine Frau war, was man, glaube ich, streng anglikanisch nennt, und wollte, dass der Junge in dieser Tradition erzogen würde. Soviel ich weiß, hatte es keinen verderblichen Einfluss auf ihn.«

»War er glücklich im Internat?«

»Ich nehme an, er war so glücklich wie die meisten Achtjährigen, was bedeutet, dass er sich die meiste Zeit elend fühlte und dazwischen Perioden erlebte, in denen sich die Lebensgeister regten. Ist das alles denn wichtig?«

»Alles kann wichtig sein. Wissen Sie, ich muss versuchen, ihn kennenzulernen.«

Was hatte doch der überlegene, weise, übermenschliche Superintendent gelehrt? »Lerne die tote Person kennen. Nichts über sie ist zu banal, zu unwichtig. Tote Menschen können sprechen. Sie können direkt zu ihrem Mörder führen.«

Nur gab es diesmal natürlich keinen Mörder. Sie sagte: »Es wäre mir eine Hilfe, wenn Miss Leaming die Auskünfte, die Sie mir gegeben haben, abtippen und die Namen seines College und seines Tutors hinzufügen könnte. Und dürfte ich bitte ein paar Zeilen mit Ihrer Unterschrift haben, die mich ermächtigen, Nachforschungen anzustellen?«

Er langte in eine Schublade links in seinem Schreibtisch, nahm ein Blatt Papier heraus und schrieb etwas darauf. Dann reichte er es Cordelia. Der gedruckte Kopf lautete: Sir Ronald Callender, F. R. C., Garforth House, Cambridgeshire. Darunter hatte er geschrieben:

Die Überbringerin, Miss Cordelia Gray, ist berechtigt, in meinem Namen Nachforschungen über den Tod meines Sohnes Mark Callender am 26. *Mai anzustellen.* Dann Unterschrift und Datum.

Er fragte: »Gibt es sonst noch etwas?«

Cordelia sagte: »Sie sprachen von der Möglichkeit, dass irgendein anderer für den Tod Ihres Sohnes verantwortlich sein könnte. Haben Sie etwas an dem Urteilsspruch auszusetzen?«

»Das Urteil stimmte mit dem Beweismaterial überein, und mehr kann man von einem Urteil nicht erwarten. Ein Gericht ist nicht dazu geeignet, die Wahrheit festzustellen. Ich beschäftige Sie, damit Sie diesen Versuch unternehmen. Haben Sie alles, was Sie brauchen? Ich glaube nicht, dass wir Ihnen noch mit weiteren Auskünften helfen können.«

»Ich hätte gern ein Foto.«

Ihre Gastgeber sahen einander verblüfft an. Sir Ronald sagte zu Miss Leaming: »Ein Foto. Haben wir ein Foto, Eliza?«

»Ich habe noch dieses Bild, das ich letzten Sommer im Garten von ihm aufgenommen habe. Es zeigt ihn ziemlich deutlich, glaube ich. Ich gehe es holen.« Sie ging aus dem Zimmer.

Cordelia sagte: »Und dann würde ich gern sein Zimmer sehen, wenn ich darf. Ich nehme an, dass er seine Ferien hier verbrachte?«

»Nur gelegentlich, aber natürlich hatte er hier ein Zimmer. Ich zeige es Ihnen.«

Das Zimmer lag im zweiten Stock auf der Rückseite des Hauses. Sobald er drinnen war, nahm Sir Ronald keine Notiz mehr von Cordelia. Er ging zum Fenster und starrte hinaus über den Rasen, als ob weder das Zimmer noch sie ihn interessierten. Der Raum sagte Cordelia nichts über den erwachsenen Mark. Er war einfach möbliert, das Heiligtum eines Schuljungen, und sah aus, als sei in den letzten zehn Jahren kaum etwas verändert worden. An der einen Wand stand ein niedriger weißer Schrank mit der üblichen Reihe beiseitegelegter Kinderspielsachen; ein Teddybär mit abgenutztem Fell und einem heraushängenden Perlenauge; bemalte Holzeisenbahnen und -lastwagen; eine Arche Noah, auf deren Dach steifbeinige Tiere kunterbunt durcheinanderlagen, darüber ein rundgesichtiger Noah mit seiner Frau; ein Schiff mit schlaffen, traurigen Segeln; eine Minizielscheibe für ein Pfeilspiel. Über den Spielsachen waren zwei Reihen Bücher. Cordelia ging hinüber, um sie genauer anzusehen. Es war die gewöhnliche Bibliothek eines Kindes aus bürgerlichem Haus, die bewährten Klassiker, von Generation zu Generation weitergegeben, das übliche Erzählgut von Mutter und Kindermädchen. Cordelia war erst als Erwachsene zu diesen Dingen gekommen; sie hatten in ihrer von den wöchentlichen Comics und vom Fernsehen beherrschten Kindheit keinen Platz gehabt. Sie sagte: »Und seine aktuellen Bücher?«

»Sie liegen in Kartons im Keller. Er schickte sie zur Aufbewahrung her, als er das College verließ, und wir hatten noch keine Zeit, sie auszupacken. Es hat wohl kaum viel Sinn.«

Neben dem Bett stand ein kleiner runder Tisch mit einer Lampe darauf und einem glänzenden runden Stein, vom Meer vielfach durchlöchert, ein Schatz, vielleicht an irgendeinem Ferienstrand aufgelesen. Sir Ronald berührte ihn leicht mit langen, zaghaften Fingern, dann begann er, ihn unter seiner Handfläche über die Tischplatte zu rollen. Schließlich ließ er ihn, offenbar gedankenlos, in seine Tasche fallen.

»So«, sagte er, »wollen wir jetzt nach unten gehen?«

Am Fuß der Treppe wartete Miss Leaming. Sie sah zu ihnen auf, als sie langsam nebeneinander die Treppe herunterkamen. In ihrem Blick lag eine solche gezügelte Kraft, dass Cordelia fast ängstlich darauf wartete, was sie sagen würde. Aber sie wandte sich ab, ließ die Schultern wie in plötzlicher Erschöpfung hängen, und alles, was sie sagte, war: »Ich habe das Foto gefunden. Ich hätte es gern zurück, wenn Sie mit allem fertig sind. Ich habe es zu dem Brief in den Umschlag gesteckt. Der nächste Schnellzug nach London zurück geht erst um 21:37 Uhr. Möchten Sie zum Abendessen bleiben?«

Die folgende Abendgesellschaft war ein interessantes, aber ziemlich seltsames Ereignis, das Essen selbst eine Mischung aus Förmlichkeit und Zwanglosigkeit, die nach Cordelias Gefühl eher das Ergebnis bewusster Bemühung war als Zufall.

Eine bestimmte Wirkung, spürte sie, war beabsichtigt, ob es aber der Eindruck einer ganz in ihrer Aufgabe aufgehenden Gruppe Kollegen war, die am Ende eines Tages zu einem gemeinsamen Essen zusammenkamen, oder die rituelle Auferlegung von Ordnung und Förmlichkeit auf eine ungleiche Gesellschaft, konnte sie nicht entscheiden. Die Gesellschaft bestand aus zehn Personen: Sir Ronald Callender, Miss Leaming, Lunn, einem amerikanischen Professor auf Besuch, dessen unaussprechlichen Namen sie vergaß, sobald Sir Ronald sie vorgestellt hatte, und fünf jungen Wissenschaftlern. Alle Männer, einschließlich Lunn, trugen Smoking und Miss Leaming einen langen Rock aus Satinpatchwork zu einem schlichten ärmellosen Oberteil. Die kräftigen Blau-, Grün- und Rottöne schimmerten und veränderten sich im Kerzenlicht, wenn sie sich bewegte, und unterstrichen das matte Weiß ihres Haars und ihren fast farblosen Teint. Cordelia war ziemlich in Verlegenheit gewesen, als ihre Gastgeberin sie im Wohnzimmer gelassen hatte und nach oben gegangen war, um sich umzuziehen. Da sie in einem Alter war, das Eleganz höher einschätzte als Jugend, wünschte sie, sie hätte etwas, das besser mithalten könnte als der hellbraune Rock und die grüne Bluse.

Sie war in Miss Leamings Schlafzimmer geführt worden, um sich frisch zu machen, und war von der Eleganz und Schlichtheit der Einrichtung und dem dazu kontrastierenden Komfort des angegliederten Badezimmers beeindruckt gewesen. Als sie ihr abgespanntes Gesicht im Spiegel betrachtete und etwas Lippenstift auftrug, wünschte sie, einen Lidschatten dabeizuhaben. Impulsiv und mit Schuldgefühl zog sie eine Schublade im Toilettentisch heraus. Sie war gefüllt mit einem ganzen Sortiment von Kosmetikartikeln: alte Lippenstifte in Farben, die längst aus der Mode waren, halb aufgebrauchte Tuben mit Tagescreme, Augenbrauenstifte, Feuchtigkeitscremes, halb volle Parfumflaschen. Sie hatte die Schublade durchstöbert und schließlich einen Kajalstift gefunden, und angesichts des verschwenderischen Durcheinanders von ausrangierten Artikeln in der Schublade hatte sie wenig Gewissensbisse verspürt, ihn zu benutzen. Das Ergebnis war bizarr, aber eindrucksvoll. Sie konnte nicht mit Miss Leaming wetteifern, aber zumindest sah sie fünf Jahre älter aus. Die Unordnung in der Schublade hatte sie überrascht, und sie hatte gegen die Versuchung ankämpfen müssen nachzusehen, ob der Kleiderschrank und die anderen Schubladen in einem ähnlich unordentlichen Zustand waren. Wie widersprüchlich und wie interessant doch die Menschen waren! Sie fand es erstaunlich, dass eine so penible und tüchtige Frau mit einem solchen Durcheinander leben konnte.

Das Speisezimmer lag auf der Vorderseite des Hauses. Miss Leaming platzierte Cordelia zwischen sich und Lunn, eine Sitzordnung, die wenig Aussicht auf angenehme Unterhaltung bot. Die anderen in der Gesellschaft nahmen Platz, wo sie wollten. Der Kontrast zwischen Schlichtheit und Eleganz zeigte sich in der Art, wie der Tisch gedeckt war. Es gab kein Lampenlicht, stattdessen standen drei silberne Armleuchter in gleichen Abständen auf dem Tisch. Dazwischen waren vier Weinkaraffen aus dickem grünem Glas mit gewölbtem Rand, wie Cordelia sie oft in billigen italienischen Restaurants gesehen hatte, verteilt. Die Platzdecken waren aus gewöhnlichem Kork, die Gabeln und Löffel dagegen aus altem Silber. Die Blumen standen in flachen Schalen, aber sie waren nicht geschickt arrangiert, sondern sahen aus wie Opfer eines Unwetters, das über den Garten gezogen war, Blüten, die im Wind abgeknickt waren und von denen jemand gedacht hatte, es sei nett, sie in Wasser zu stellen.

Die jungen Männer wirkten fehl am Platz in ihren Smokings, zwar nicht befangen, da sie sich jener Selbstschätzung, wie sie den Klugen und Erfolgreichen eigen ist, erfreuten, aber als hätten sie die Anzüge in einem Gebrauchtwarenladen oder bei einem Maskenkostümverleiher aufgelesen und träten als Figuren einer Scharade auf. Cordelia wunderte sich über ihre Jugend; sie schätzte, dass nur einer über dreißig war. Drei waren unordentliche, hastig redende, nervöse junge Männer mit lauten, eindringlichen Stimmen, die nach der ersten Vorstellung keine weitere Notiz von Cordelia nahmen. Die beiden anderen waren stiller, und einer, ein großer schwarzhaariger Mann mit ausgeprägten ungleichmäßigen Zügen, lächelte ihr über den Tisch zu und sah aus, als würde er gern näher bei ihr sitzen und sich mit ihr unterhalten.

Das Essen wurde von einem italienischen Diener und seiner Frau aufgetragen, die warmen Gerichte auf Wärmeplatten auf einen Beistelltisch gestellt. Die Auswahl war groß, und der Geruch wirkte auf Cordelia, die bis jetzt nicht gemerkt hatte, wie hungrig sie war, fast unerträglich appetitanregend. Es gab eine hoch mit glänzendem Reis beladene Platte, eine große Kasserolle mit Kalbfleisch in einer kräftigen Pilzsoße, eine Schüssel mit Spinat. Daneben ein kaltes Büfett mit einem großen Schinken, einer Rinderlende und einer verlockenden Auswahl von Salaten und Obst. Die Gäste bedienten sich selbst und trugen ihre Teller mit einer beliebigen Zusammenstellung von warmen und kalten Speisen, je nach Geschmack, an den Tisch. Die jungen Wissenschaftler luden ihre Teller voll, und Cordelia folgte ihrem Beispiel.

Sie interessierte sich kaum für die Unterhaltung und stellte nur fest, dass sie sich vorwiegend um Wissenschaftliches drehte und dass Lunn, obgleich er weniger redete als die anderen, als Gleichberechtigter mit ihnen sprach. Sie hatte sich vorgestellt, er müsste sich in seinem ziemlich engen Smoking lächerlich fühlen, aber erstaunlicherweise schien er sich am wohlsten zu fühlen, die zweitstärkste Persönlichkeit im Raum. Cordelia versuchte zu analysieren, warum das so war, musste sich aber geschlagen geben. Er aß langsam, widmete der Anordnung der Speisen auf seinem Teller übertriebene Aufmerksamkeit und lächelte von Zeit zu Zeit still in seinen Wein.

Am anderen Ende des Tisches schälte Sir Ronald einen Apfel und unterhielt sich mit zur Seite geneigtem Kopf mit seinem Gast. Die grüne Schale glitt dünn über seine langen Finger und ringelte sich auf seinen Teller hinunter. Cordelia warf einen Blick auf Miss Leaming. Sie starrte Sir Ronald mit einem solch beharrlichen und forschenden Interesse an, dass Cordelia das ungute Gefühl hatte, jedes anwesende Auge müsse unweigerlich auf diese bleiche hochmütige Maske gezogen werden. Dann schien Miss Leaming sich ihres Blickes bewusst zu werden. Sie entspannte sich und wandte sich an Cordelia.

»Als wir kamen, haben Sie Hardy gelesen. Gefällt er Ihnen?«

»Sehr. Aber Jane Austen lese ich noch lieber.«

»Dann müssen Sie zusehen, dass Sie eine Gelegenheit finden, das Fitzwilliam-Museum in Cambridge zu besuchen.

Dort gibt es einen Originalbrief von Jane Austen. Ich denke, das wird Sie interessieren.«

Sie sprach mit der beherrschten künstlichen Fröhlichkeit einer Gastgeberin, die versucht, für einen schwierigen Gast ein interessantes Thema zu finden. Cordelia, den Mund voll mit Kalbfleisch und Pilzen, fragte sich, wie sie dieses Essen überstehen sollte. Zum Glück hatte jedoch der amerikanische Professor das Wort »Fitzwilliam« aufgeschnappt und rief jetzt über den Tisch, um sich nach der Majolikasammlung des Museums, für die er sich offenbar besonders interessierte, zu erkundigen. Das Gespräch wandte sich allgemeinen Themen zu.

Nach dem Essen fuhr Miss Leaming Cordelia zum Bahnhof, diesmal nach Audley End anstatt nach Cambridge, eine Änderung, für die kein Grund genannt wurde. Sie sprachen während der Fahrt nicht über den Fall. Cordelia war von Müdigkeit, Essen und Wein erschöpft und ließ sich bereitwillig führen und in den Zug setzen, ohne dass sie versuchte, weitere Auskünfte zu erhalten. Sie glaubte auch nicht ernsthaft, dass sie welche bekommen hätte. Als der Zug aus dem Bahnhof fuhr, rissen ihre müden Finger ungeschickt die Klappe des festen Briefumschlags auf, den Miss Leaming ihr gegeben hatte. Sie zog den Brief heraus und las ihn. Er war fachmännisch getippt und angeordnet, teilte ihr aber wenig mehr mit, als sie bereits erfahren hatte. Dabei lag das Foto von Mark Callender. Sie sah das Bild eines lachenden jungen Mannes, der seinen Kopf halb der Kamera zuwandte und mit einer Hand seine Augen vor der Sonne schützte. Er trug Jeans und eine Weste und lag aufgestützt auf dem Rasen, einen Stapel Bücher hinter sich im Gras. Vielleicht hatte er da unter den Bäumen gearbeitet, als sie mit der Kamera durch die Verandatür herausgekommen war und ihm gebieterisch befohlen hatte zu lächeln. Das Foto sagte Cordelia nur, dass er, zumindest in der festgehaltenen Sekunde, gewusst hatte, wie man glücklich sein kann. Sie steckte es wieder in den Umschlag; ihre Hände schlossen sich schützend darüber. Dann schlief sie ein.

2. Kapitel

Am nächsten Morgen verließ Cordelia vor sieben Uhr die Cremona Road. Trotz ihrer Müdigkeit hatte sie noch am späten Abend die wichtigsten Vorbereitungen getroffen, bevor sie zu Bett gegangen war. Sie hatte nicht lange dazu gebraucht. Wie Bernie es ihr beigebracht hatte, überprüfte sie systematisch die Tasche mit dem kriminalistischen Zubehör, eine überflüssige Routine, da sie nicht mehr angerührt worden war, seit Bernie sie ihr zur Feier ihrer Partnerschaft zum ersten Mal vorgeführt hatte. Sie legte die Polaroidkamera bereit, sortierte die Stadtpläne aus dem Durcheinander im hintersten Winkel des Schreibtisches, schüttelte den Schlafsack aus und rollte ihn zusammen, füllte eine Tragetasche mit einer eisernen Ration aus Bernies Konservenvorrat an Suppen und Bohnen, überlegte, ob sie ihr Exemplar von Professor Simpsons Buch über Gerichtsmedizin und ihr tragbares Radio mitnehmen sollte, entschied sich schließlich dafür und überprüfte dann ihr Erste-Hilfe-Köfferchen. Schließlich trieb sie ein neues Notizbuch auf, schrieb *Fall Mark Callender* darauf und zog auf den letzten Seiten Linien für die Aufstellung ihrer Auslagen. Diese Vorbereitungen waren immer der befriedigendste Teil eines Falles gewesen, bevor sich Langeweile oder Widerwille einstellten, bevor Hoffnung in Ernüchterung und Misslingen zerbröckelte. Bernies Planung war immer peinlich genau und erfolgreich gewesen; die Realität war es, die ihm nicht Folge geleistet hatte.

Zuletzt dachte sie über die Kleiderfrage nach. Wenn dieses heiße Wetter anhielt, war ihr Wollkostüm, das sie nach langen, sorgfältigen Überlegungen von ihrem Ersparten gekauft hatte, um zu so gut wie jeder Gelegenheit passend gekleidet zu sein, unangenehm warm, aber sie würde vielleicht den Leiter eines College sprechen müssen, und dann entsprach ein würdiges und standesgemäßes Auftreten im Kostüm genau der Wirkung, die es zu erzielen galt. Sie beschloss, in ihrem rehbraunen Wildlederrock und einem kurzärmeligen Pulli zu fahren und Jeans und wärmere Pullover für eventuelle Feldforschung einzupacken. Cordelia hatte Spaß an Kleidern, ein Vergnügen, das weniger von Geldmangel als von ihrem zwanghaften Bedürfnis, ihre ganze Garderobe wie ein ständig zur Flucht bereiter Mensch in einen einzigen mittelgroßen Koffer packen zu können, eingeschränkt war.

Sobald sie die ausgreifenden Arme des Londoner Nordens abgeschüttelt hatte, genoss Cordelia die Fahrt. Der Mini schnurrte dahin, und sie meinte, er sei noch nie so leicht gelaufen. Cordelia mochte die flache ostenglische Landschaft, die breiten Straßen der Marktstädte, die Felder, die nicht von Hecken begrenzt waren, sondern bis an den Straßenrand reichten, die Offenheit und Freiheit der fernen Horizonte und weiten Himmel. Die Landschaft passte zu ihrer Stimmung. Sie hatte um Bernie getrauert und würde weiter um ihn trauern, würde seine Kameradschaft und seine anspruchslose Zuneigung vermissen, aber dies war gewissermaßen ihr erster Fall, und sie war froh, dass sie ihn allein in Angriff nehmen konnte. Es war ein Fall, den sie für lösbar hielt. Weder erschreckte er sie noch fand sie ihn abstoßend. So fuhr sie in glücklicher Erwartung durch die sonnenbeschienene Landschaft, den Kofferraum sorgfältig mit ihrem Gepäck beladen, und war von der Hochstimmung der Hoffnung erfüllt.

Als sie schließlich das Dorf Duxford erreichte, hatte sie zunächst Schwierigkeiten, Summertrees zu finden. Major Markland war offenbar ein Mann, der glaubte, seine Bedeutung rechtfertige es, den Straßennamen bei seiner Adresse wegzulassen. Aber die zweite Person, die sie nach dem Weg fragte, war ein Dorfbewohner, der ihr den Weg zeigen konnte und sich unendliche Mühe bei den einfachsten Richtungsangaben machte, als habe er Angst, eine nachlässige Antwort könnte unhöflich wirken. Cordelia musste eine passende Stelle zum Wenden suchen und dann ein paar Meilen zurückfahren, denn sie war bereits an Summertrees vorbei.

Und das endlich musste das Haus sein. Es war ein großes viktorianisches Gebäude aus rotem Backstein, ein gutes Stück zurückgesetzt, mit einem breiten Rasenstreifen zwischen dem offenen Holztor, das zur Auffahrt führte, und der Straße. Cordelia fragte sich, warum irgendjemand ein so abschreckend hässliches Haus hatte bauen wollen oder warum er, wenn er sich schon dazu entschlossen hatte, diese Vorstadtscheußlichkeit mitten aufs Land gesetzt hatte. Vielleicht war es an der

Stelle eines früheren, schöneren Hauses gebaut worden. Sie fuhr den Mini auf das Gras, aber in einiger Entfernung vom Tor, und ging die Zufahrt hinauf. Der Garten passte zum Haus; er war bis zur Künstlichkeit streng angeordnet und fast zu gut gepflegt. Sogar die Steingartenpflanzen sprossen wie krankhafte Auswüchse in sorgfältig geplanten Abständen zwischen den Terrassenplatten hervor. Im Rasen waren zwei rechteckige Beete eingefasst, beide mit roten Rosensträuchern bepflanzt und mit abwechselnden Borten von Lobelien und Steinkraut umrandet. Sie wirkten wie eine patriotische Inszenierung in einem öffentlichen Park. Cordelia vermisste nur noch den Fahnenmast.

Die Eingangstür stand offen und gab den Blick in eine dunkle, braun gestrichene Halle frei. Bevor Cordelia läuten konnte, kam eine ältere Frau, die eine Schubkarre voller Pflanzen vor sich herschob, um die Ecke des Hauses. Trotz der Hitze trug sie Gummistiefel, einen Pullover und einen langen Tweedrock und hatte ein Tuch um den Kopf gebunden. Als sie Cordelia sah, ließ sie die Griffe der Schubkarre los und sagte: »Oh, guten Morgen. Sie kommen wohl von der Kirche wegen dem Trödel?«

Cordelia sagte: »Nein. Sir Ronald Callender schickt mich. Es geht um seinen Sohn.«

»Dann kommen Sie wegen seiner Sachen? Wir haben uns schon gefragt, wann Sir Ronald danach schicken würde. Sie sind noch im Gartenhaus. Wir sind, seit Mark gestorben ist, nicht mehr unten gewesen. Wir haben ihn Mark genannt, wissen Sie. Nun, er hat uns nie erzählt, wer er war, was ziemlich ungezogen von ihm war.«

»Es ist auch nicht wegen Marks Sachen. Ich möchte mich über Mark selbst unterhalten. Sir Ronald hat mich angestellt, damit ich versuche herauszubekommen, warum sein Sohn sich das Leben nahm. Mein Name ist Cordelia Gray.«

Diese Neuigkeit schien Mrs. Markland eher zu verblüffen, als aufzuregen. Sie blinzelte Cordelia rasch mit ängstlichen, ziemlich einfältigen Augen an und griff krampfhaft nach den Schubkarrengriffen, als müsse sie sich daran abstützen.

»Cordelia Gray? Dann sind wir uns noch nicht begegnet, oder? Ich glaube nicht, dass ich eine Cordelia Gray kenne. Vielleicht wäre es besser, wenn Sie ins Wohnzimmer kommen und mit meinem Mann und meiner Schwägerin sprechen.«

Sie ließ die Schubkarre stehen, wo sie stand, mitten auf dem Weg, und ging ins Haus voran, wobei sie ihr Kopftuch abzog und erfolglos ihr Haar herumrückte. Cordelia folgte ihr durch die dürftig möblierte, nach Bohnerwachs riechende Halle mit ihrem Durcheinander von Spazierstöcken, Schirmen und Regenmänteln, die den schweren Kleiderständer aus Eichenholz zierten, in ein Zimmer auf der Rückseite des Hauses.

Es war ein grässliches Zimmer, ungünstig geschnitten, ohne Bücher, nicht in schlechtem Geschmack, sondern gänzlich geschmacklos möbliert. Ein ausladendes Sofa mit abstoßendem Muster und zwei Sessel umrahmten den Kamin, und ein schwerer Mahagonitisch mit reichem Schnitzwerk, auf seinem Sockel schwankend, nahm die Mitte des Zimmers ein. Das war fast das ganze Mobiliar. Die einzigen Bilder waren gerahmte Gruppenfotos, blasse, längliche Gesichter, zu klein, um sie zu erkennen, in geraden, namenlosen Reihen vor der Kamera aufgebaut. Eines war ein Regimentsfoto; das andere zeigte ein Paar gekreuzte Ruder über zwei Reihen von stämmigen jungen Männern, die alle flache Schildmützen und gestreifte Blazer trugen. Cordelia vermutete, dass es der Ruderclub einer Schule war.

Trotz der Wärme des Tages war das Zimmer düster und kalt. Die Verandatüren standen offen. Auf dem Rasen draußen waren eine Hollywoodschaukel mit einem fransenbesetzten Baldachin, drei Korbstühle, jeder mit einem Fußbänkchen und verschwenderisch mit grellblauer Cretonne gepolstert, und ein hölzerner Lattentisch gruppiert. Sie sahen aus, als gehörten sie zu einem Bühnenbild, wobei es dem Bühnenbildner irgendwie misslungen war, die Stimmung zu treffen. Alle Gartenmöbel sahen neu und unbenutzt aus. Cordelia fragte sich, warum die Familie an einem schönen Sommermorgen lieber drinnen saß, wo der Rasen so viel bequemer ausgestattet war.

Mrs. Markland stellte Cordelia vor, indem sie mit dem Arm eine ausholende Geste der Übergabe machte und leise zu den Versammelten im Allgemeinen sagte: »Miss Cordelia Gray. Sie kommt nicht wegen dem Trödel für die Kirche.«

Cordelia war verblüfft, wie ähnlich sich der Mann, seine Frau und seine Schwester sahen. Alle drei erinnerten sie an Pferde. Sie hatten lange, knochige Gesichter, einen schmalen Mund über einem ausgeprägten eckigen Kinn, unschön eng stehende Augen und graues, grob aussehendes Haar, das die beiden Frauen in dicken Ponys bis fast auf die Augen trugen. Major Markland trank Kaffee aus einer übergroßen, am Rand ziemlich verschmierten weißen Tasse, die auf einem runden Blechtablett stand. Er hielt die *Times* in den Händen. Miss

Markland strickte, eine Beschäftigung, die für Cordelias Geschmack irgendwie nicht zu einem warmen Sommermorgen passte.

Die zwei Gesichter, unfreundlich, kaum neugierig, betrachteten sie mit einer gewissen Ablehnung. Miss Markland konnte stricken, ohne auf die Nadeln zu sehen, und diese Fertigkeit erlaubte es ihr, Cordelia mit scharfen, fragenden Augen zu fixieren. Von Major Markland aufgefordert, Platz zu nehmen, setzte Cordelia sich auf die Sofakante und erwartete fast, dass das weiche Polster ein unfeines Geräusch von sich geben würde, wenn es unter ihr zusammensank. Sie fand es jedoch überraschend hart. Sie bemühte sich, ihrem Gesicht den angemessenen Ausdruck zu geben – Ernsthaftigkeit kombiniert mit Tüchtigkeit und einem Anflug von versöhnender Bescheidenheit schienen ihr in etwa richtig, aber sie war sich nicht sicher, ob es ihr gelang, das alles auszustrahlen. Als sie da saß, die Knie geziert geschlossen, ihre Umhängetasche vor ihren Füßen, war ihr schmerzlich bewusst, dass sie wahrscheinlich mehr einer eifrigen Siebzehnjährigen glich, die ihr erstes Vorstellungsgespräch vor sich hat, als einer reifen Geschäftsfrau, der alleinigen Inhaberin von Prydes Detektivbüro.

Sie überreichte Major Markland ihre Vollmacht und sagte: »Sir Ronald war Ihretwegen sehr besorgt, ich meine, es muss schrecklich für Sie gewesen sein, dass es auf Ihrem Grundstück passiert ist, wo Sie doch so freundlich gewesen sind, Mark eine Arbeit zu geben, die ihm gefiel. Sein Vater hofft, es macht Ihnen nichts aus, darüber zu sprechen; es geht nur darum, dass er wissen möchte, was seinen Sohn veranlasst hat, sich umzubringen.«

»Und dazu hat er Sie geschickt?« In Miss Marklands Stimme war eine Mischung aus Ungläubigkeit, Belustigung und Geringschätzung.

Cordelia nahm die Grobheit nicht übel. Sie fühlte, dass Miss Markland irgendwie recht hatte, und bemühte sich um eine glaubwürdige Erklärung, mit der sie vermutlich gar nicht falschlag.

»Sir Ronald glaubt, es müsse irgendetwas mit Marks Leben an der Universität zu tun haben. Er verließ das College sehr plötzlich, wie Sie vielleicht wissen, und sein Vater erfuhr nie, warum. Sir Ronald dachte, dass ich vielleicht mit größerem Erfolg mit Marks Freunden reden könnte als der übliche Typ des Privatdetektivs. Er wollte damit nicht die Polizei behelligen; schließlich ist diese Art von Untersuchung wirklich nicht ihr Geschäft.«

Miss Markland sagte grimmig: »Ich hätte gedacht, genau das ist ihre Arbeit. Wenn Sir Ronald meint, dass irgendetwas mit dem Tod seines Sohnes nicht stimmt …«

Cordelia unterbrach sie: »O nein, ich glaube nicht, dass er eine derartige Vermutung hat! Er ist mit dem Urteil völlig zufrieden. Er möchte nur unbedingt wissen, was Mark dazu gebracht hat, das zu tun.«

Miss Markland sagte mit überraschender Heftigkeit: »Er war einfach ein Ausbrecher. Er brach aus der Universität aus, er brach anscheinend aus seinen familiären Verpflichtungen aus, und genauso brach er schließlich aus dem Leben aus. Buchstäblich.«

Ihre Schwägerin gab einen kleinen Ausruf des Protestes von sich.

»Oh, Eleanor, ist das ganz gerecht? Er hat hier wirklich gut gearbeitet. Ich habe den Jungen gerngehabt. Ich glaube nicht …«

»Ich leugne nicht, dass er seinen Job ordentlich gemacht hat. Das ändert aber nichts an der Tatsache, dass er zur Gärtnerarbeit weder geboren noch ausgebildet war. Er war hier völlig fehl am Platz. Ich weiß nicht, warum er aus seinem Leben ausbrach, und ich bin auch nicht daran interessiert, es aufzudecken.«

»Wie kamen Sie dazu, ihn anzustellen?«, fragte Cordelia.

Diesmal antwortete Major Markland. »Er sah mein Stellenangebot in der *Cambridge Evening News* und kreuzte hier eines Abends auf seinem Fahrrad auf. Ich nehme an, dass er den ganzen Weg von Cambridge her mit dem Rad gefahren ist. Das muss vor ungefähr fünf Wochen gewesen sein, an einem Dienstag, glaube ich.«

Wieder unterbrach Miss Markland: »Es war Dienstag, der 9. Mai.«

Der Major sah sie missbilligend an, als ärgerte es ihn, dass er dies nicht widerlegen konnte. »Ja, mag sein, Dienstag, der 9. Er sagte, dass er beschlossen habe, die Universität zu verlassen und Arbeit zu suchen. Er gab zu, nicht viel von Gartenarbeit zu verstehen, sagte aber, er sei stark und bereit zu lernen. Seine Unerfahrenheit störte mich nicht. Wir wollten ihn vor allem für den Rasen und das Gemüse. Den Blumengarten rührte er nie an; meine Frau und ich kümmern uns selbst darum. Wie dem auch sei, der Junge machte einfach einen guten Eindruck auf mich, und ich dachte, ich lasse es auf den Versuch ankommen.«

Miss Markland sagte: »Du hast ihn genommen, weil er der einzige Bewerber war, der bereit war, für den kläglichen Hungerlohn zu arbeiten, den du angeboten hast.«

Der Major, weit davon entfernt, wegen dieser Direktheit beleidigt zu sein, lächelte selbstgefällig. »Ich zahlte ihm, was er wert war. Wenn mehr Arbeitgeber dazu bereit wären, würde das Land nicht von dieser schrecklichen Inflation heimgesucht.« Er sprach wie einer, für den die Nationalökonomie ein offenes Buch ist.

»Fanden Sie es nicht eigenartig, wie er so aufkreuzte?«

»Natürlich, verdammt eigenartig! Ich dachte, er wird wohl rausgeflogen sein – Alkohol, Drogen, Revolution, Sie wissen ja, was heutzutage in Cambridge los ist. Aber ich fragte ihn nach dem Namen seines Tutors als Referenz und rief den an, einen Burschen namens Horsfall. Er war nicht besonders entgegenkommend, versicherte mir aber, dass der Junge freiwillig gegangen sei und, um seine eigenen Worte zu gebrauchen, dass sein Benehmen im College fast bis zur Langeweile tadellos gewesen sei. Er sagte, ich brauchte keine Angst zu haben, dass die Schatten von Summertrees beschmutzt würden.«

»Was kann er damit gemeint haben?«, fragte Mrs. Markland, worauf ihre Schwägerin ihr Strickzeug wendete und recht trocken bemerkte: »Ein wenig mehr Langeweile von dieser Art wäre willkommen aus diesem Sodom und Gomorrha.«

»Sagte Mr. Horsfall Ihnen, warum Mark das College verlassen hat?«, fragte Cordelia.

»Danach habe ich nicht gefragt. Das ging mich auch nichts an. Ich habe eine klare Frage gestellt und eine mehr oder weniger klare Antwort bekommen, so klar, wie man es von diesen

Akademikern erwarten kann. Wir hatten jedenfalls keine Klagen über den Burschen, solange er hier war.«

»Wann ist er in das Gartenhaus eingezogen?«, fragte Cordelia.

»Sofort. Das war natürlich nicht unsere Idee. Wir hatten die Stelle eigentlich nicht mit Logis angeboten. Er hatte das Gartenhaus jedoch anscheinend gesehen und Gefallen daran gefunden, und er fragte, ob wir etwas dagegen hätten, wenn er sich dort einquartierte. Es war für ihn nicht gut möglich, jeden Tag von Cambridge hierherzuradeln, das haben wir natürlich eingesehen, und soviel wir wussten, gab es niemanden im Dorf, der ihn hätte aufnehmen können. Ich kann nicht behaupten, dass ich von der Idee begeistert war; am Gartenhaus müsste eine Menge getan werden. Tatsächlich spielen wir mit dem Gedanken, einen Umbauzuschuss zu beantragen und das Haus dann abzustoßen. In seinem jetzigen Zustand ist es für eine Familie zu klein, aber der Junge war richtig erpicht darauf, also stimmten wir zu.«

Cordelia sagte: »Dann muss er das Gartenhaus besichtigt haben, bevor er wegen der Stelle zu Ihnen kam.«

»Besichtigt? Hm, ich weiß nicht. Vermutlich hat er sich ein wenig auf dem Anwesen umgesehen, bevor er an die Tür kam. Ich weiß nicht, ob ich ihm das vorwerfen soll, ich hätte es genauso gemacht.«

Jetzt mischte sich Mrs. Markland ein: »Er war richtig hinter dem Gartenhaus her, wirklich. Ich habe ihm erklärt, dass es dort weder Gas noch Elektrizität gibt, aber er sagte, das würde ihm nichts ausmachen; er würde einen Gaskocher kaufen und sich mit Petroleumlampen behelfen. An die Wasserleitung ist es natürlich angeschlossen, und der größte Teil des Daches ist intakt. Das glaube ich wenigstens. Wissen Sie, wir gehen da gar nicht hin. Er schien sich sehr gut einzuleben. Wir haben ihn eigentlich nie besucht, es gab keinen Grund dafür, aber soweit ich sehen konnte, ist er bestens allein zurechtgekommen. Natürlich war er, wie mein Mann schon sagte, sehr unerfahren, das eine oder andere mussten wir ihm beibringen. Aber ich hatte den Jungen gern; er hat immer tüchtig gearbeitet, wenn ich im Garten war.«

»Ob ich mir wohl das Gartenhaus einmal ansehen könnte?«, fragte Cordelia.

Die Bitte verwirrte die Marklands. Der Hausherr sah seine Frau an. Es herrschte verlegenes Schweigen, und Cordelia fürchtete für einen Augenblick, die Antwort würde Nein lauten. Dann spießte Miss Markland ihre Nadeln in das Wollknäuel und stand auf.

»Ich bringe Sie hin«, sagte sie.

Das Gelände von Summertrees war ausgedehnt. Zuerst kam der streng angelegte Rosengarten, die Sträucher dicht gepflanzt und nach Art und Farbe zusammengestellt wie in einer Gärtnerei, die Namensschilder in genau gleicher Höhe über dem Erdboden angebunden. Danach kam der Küchengarten, durch einen Kiespfad zweigeteilt, der mit seinen gejäteten Reihen von Kopfsalat und Kohlsorten und den Flecken von umgegrabenem Erdreich von Marks Arbeit zeugte. Schließlich gingen sie durch ein Tor in einen kleinen Obstgarten mit alten und unbeschnittenen Apfelbäumen. Das gemähte Gras, das kräftig nach Heu roch, lag in dicken Schwaden um die knorrigen Stämme.

Am anderen Ende des Obstgartens war eine dichte Hecke so wild gewuchert, dass das kleine Tor hinter dem Gartenhaus zuerst kaum zu sehen war. Aber das Gras war auf beiden Seiten gestutzt, und das Tor ließ sich von Miss Marklands Hand leicht öffnen. Auf der anderen Seite stand eine dicke Brombeerhecke, dunkel und undurchdringlich, die man ein Leben lang offenbar wild hatte wachsen lassen. Irgendjemand hatte einen Weg durch die Hecke freigeschlagen, aber Miss Markland und Cordelia mussten sich tief bücken, damit ihr Haar sich nicht in dem Gewirr der Dornenzweige verfing.

Sobald sie dieses Hindernis hinter sich hatte, hob Cordelia den Kopf und blinzelte im strahlenden Sonnenschein. Sie stieß einen kleinen Freudenschrei aus. Mark Callender hatte in der kurzen Zeit, die er hier gewohnt hatte, aus Chaos und Vernachlässigung eine kleine Oase der Ordnung und Schönheit geschaffen. Er hatte alte Blumenbeete entdeckt und die dort vorgefundenen Pflanzen gepflegt; der Plattenweg war von Gras und Moos gesäubert; ein kleines Rasenviereck rechts von der Tür zum Gartenhaus war gemäht und vom Unkraut befreit worden. Auf der anderen Seite des Weges war ein Flecken von ein paar Quadratmetern zum Teil umgegraben. Der Spaten steckte noch in der Erde, tief hineingestoßen, ungefähr einen halben Meter vom Ende der Reihe entfernt.

Das Gartenhaus war ein niedriges Backsteingebäude unter einem Schieferdach. Es strahlte im Licht der Morgensonne trotz der nackten, vom Regen verwaschenen Tür, der morschen Fensterrahmen und des Blicks auf frei liegende Dachbalken den leisen melancholischen Zauber von Alter aus, das noch nicht dem Verfall ausgeliefert war. Direkt vor der Haustür stand ein nachlässig fallen gelassenes Paar erdverkrusteter schwerer Gartenschuhe.

»Gehören die ihm?«, fragte Cordelia.

»Wem sonst?«

Sie standen eine Weile nebeneinander und betrachteten die umgegrabene Erde. Keine sprach. Dann gingen sie zu der Tür. Miss Markland steckte den Schlüssel ins Schloss. Er drehte sich leicht, als sei das Schloss kürzlich geölt worden. Cordelia folgte ihr in das Wohnzimmer des Hauses.

Die Luft war kühl nach der Hitze im Garten, verströmte aber einen muffigen Hauch von Krankheit. Cordelia sah, dass das Haus einen einfachen Grundriss hatte. Es gab drei Türen; die eine geradeaus ging offensichtlich auf den Vorgarten, aber sie war abgeschlossen und verriegelt, und von den Angeln hingen Spinnweben, als sei sie seit Generationen nicht mehr geöffnet worden. Eine andere, an der rechten Seite, führte vermutlich in die Küche. Die dritte Tür stand halb offen, und Cordelia konnte flüchtig eine blanke Holztreppe erkennen, die zum ersten Stock führte. In der Mitte des Zimmers standen ein Tisch mit einer Holzplatte, deren Oberfläche vom vielen Scheuern zerkratzt war, und zwei Küchenstühle, an jedem Ende einer. Mitten auf dem Tisch stand ein blauer geriffelter Becher mit einem Strauß verwelkter Blumen, schwarze dürre Stängel, die traurige Reste unkenntlicher Blüten trugen, deren Pollen die Tischplatte wie mit Goldstaub gefärbt hatten. Sonnenstrahlen fielen auf den Tisch; in den Strahlen tanzten Myriaden von winzigen Teilchen, Körnchen von Staub und unendlichem Leben, ihren bizarren Tanz.

Rechts war ein Kamin, ein altmodischer Eisenherd mit

Backröhren zu beiden Seiten des offenen Feuers. Mark hatte Holz und Papier verbrannt; auf dem Rost häufte sich weiße Asche, und ein Stapel Anmachholz und kleine Scheite lagen für den nächsten Abend bereit. Auf der einen Seite des Feuers stand ein niedriger Stuhl aus Holzlatten mit einem verblichenen Kissen, auf der anderen ein Stuhl mit einer radförmigen Lehne, dessen Beine abgesägt waren, vielleicht um ihn niedrig genug für einen Kinderstuhl zu machen. Cordelia dachte, dass es vor der Verstümmelung ein schönes Stück gewesen sein musste.

Zwei gewaltige, vom Alter geschwärzte Balken liefen über die Decke. In der Mitte des einen war ein stählerner Haken angebracht, der vermutlich früher dazu benutzt worden war, um Speck daran aufzuhängen. Cordelia und Miss Markland sahen ihn wortlos an; Frage und Antwort waren überflüssig. Nach einer Weile gingen sie, als hätten sie es abgesprochen, zu den beiden Stühlen am Tisch und setzten sich.

Miss Markland sagte: »Ich war es, die ihn gefunden hat. Er kam nicht rüber in die Küche, um sich die Aufträge für den Tag zu holen, deshalb kam ich nach dem Frühstück hierher, um nachzusehen, ob er verschlafen hatte. Es war genau 9:23 Uhr. Dic Tür war nicht abgeschlossen. Ich klopfte, aber es kam keine Antwort, also stieß ich die Tür auf. Er hing an dem Haken da mit einem Ledergürtel um den Hals. Er hatte seine blauen Baumwollhosen an, in denen er gewöhnlich arbeitete, und seine Füße waren nackt. Der Stuhl da lag umgekippt auf dem Boden. Ich berührte seine Brust. Sie war ganz kalt.«

»Haben Sie ihn runtergeholt?«

»Nein. Er war eindeutig tot, und ich hielt es für besser, die Leiche so zu lassen, bis die Polizei kam. Ich habe allerdings den

Stuhl aufgehoben und so hingestellt, dass er seine Füße stützte. Es war gegen jede Vernunft, ich weiß, aber ich konnte es nicht ertragen, ihn da hängen zu sehen, ohne den Druck an seiner Kehle zu erleichtern. Eine gänzlich unsinnige Handlung.«

»Ich denke, es war ganz natürlich. Ist Ihnen sonst irgendetwas an ihm oder am Zimmer aufgefallen?«

»Ein halb leerer Becher mit irgendwas, das nach Kaffee aussah, stand auf dem Tisch, und im Kamin war ziemlich viel Asche. Es sah aus, als hätte er Papiere verbrannt. Seine Reiseschreibmaschine stand da, wo Sie sie jetzt sehen, auf diesem Beistelltisch; der Abschiedsbrief war noch in der Maschine. Ich las ihn, dann ging ich zum Haus zurück, sagte meinem Bruder und meiner Schwägerin, was passiert war, und rief die Polizei an. Als die Polizei kam, brachte ich sie zum Gartenhaus und erzählte nochmals, wie ich ihn gefunden hatte. Bis zu diesem Augenblick bin ich nicht wieder hierhergekommen.«

»Haben Sie oder Major und Mrs. Markland Mark am Abend, bevor er starb, gesehen?«

»Keiner von uns hat ihn gesehen, nachdem er, ungefähr um halb sieben, mit der Arbeit aufgehört hatte. Er war an jenem Abend ein bisschen später dran, weil er den Rasen vorm Haus fertig mähen wollte. Wir alle haben gesehen, wie er den Rasenmäher wegbrachte und dann durch den Garten auf den Obstgarten zuging. Danach haben wir ihn nicht mehr lebend gesehen. Keiner von uns war an jenem Abend in Summertrees. Wir hatten eine Einladung zum Essen in Trumpington – bei einem alten Kriegskameraden meines Bruders. Wir kamen erst nach Mitternacht nach Hause. Da muss Mark nach Aussage des Arztes schon ungefähr vier Stunden tot gewesen sein.«

Cordelia sagte: »Bitte erzählen Sie mir von ihm.«

»Was gibt es da zu erzählen? Er arbeitete von halb neun bis sechs Uhr, mit einer Stunde Pause zum Mittagessen und einer halben Stunde zum Tee. An den Abenden arbeitete er gewöhnlich im Garten hier oder um das Gartenhaus herum. Manchmal fuhr er in seiner Mittagspause in den Laden im Dorf. Ich habe ihn ab und zu dort getroffen. Er kaufte nicht viel – einen Laib Vollkornbrot, Butter, die billigste Sorte Speck, Tee, Kaffee – das Übliche. Ich habe einmal gehört, wie er nach Gutshofeiern fragte, und Mrs. Morgan sagte ihm, dass er bei Wilcox auf der Grange Farm welche kaufen könnte. Wir unterhielten uns nicht, wenn wir uns dort begegneten, aber er lächelte mir zu. Abends, sobald es dämmerte, las er gewöhnlich an diesem Tisch oder schrieb auf der Maschine. Ich konnte seinen Kopf im Lampenlicht sehen.«

»Sagte Major Markland nicht, dass Sie das Gartenhaus nie aufgesucht haben?«

»Die anderen nicht; für sie sind gewisse peinliche Erinnerungen damit verbunden. Ich schon.« Sie schwieg und blickte in das erloschene Feuer. »Mein Verlobter und ich verbrachten hier viel Zeit vor dem Krieg, als er in Cambridge war. Er kam 1937 ums Leben, als er in Spanien für die Sache der Republik kämpfte.«

»Das tut mir leid«, sagte Cordelia. Sie spürte die Unzulänglichkeit, die Unaufrichtigkeit ihrer Antwort, und doch, was hätte sie sonst sagen sollen? Das war vor fast vierzig Jahren geschehen. Sie hatte nie von ihm gehört. Das kurze Gefühl von Schmerz, so kurz, dass sie es kaum merkte, war nicht mehr als eine vorübergehende Unannehmlichkeit, ein sentimentales

Bedauern für alle Liebhaber, die jung sterben mussten, für die Unvermeidlichkeit menschlichen Verlustes.

Miss Markland sprach mit einer unvermuteten Leidenschaft, als drängten die Worte gewaltsam aus ihr heraus.

»Ich mag Ihre Generation nicht, Miss Gray. Ich hasse eure Arroganz, eure Selbstsucht, eure ungestüme Art, euer beliebiges Mitgefühl. Ihr zahlt für nichts mit gleicher Münze, nicht einmal für eure Ideale. Ihr lästert und zerstört und baut nichts auf. Ihr fordert die Strafe heraus wie widerspenstige Kinder, dann schreit ihr, wenn ihr bestraft werdet. Die Männer, die ich gekannt habe, mit denen ich aufgewachsen bin, waren nicht so.«

Cordelia sagte leise: »Ich glaube, Mark Callender war auch nicht so. Oder?«

»Vielleicht nicht. Zumindest richtete sich die Gewalt, die er anwandte, gegen ihn selbst.« Sie sah Cordelia forschend an. »Sicher werden Sie sagen, ich sei eifersüchtig auf die Jugend. Das ist ein ziemlich verbreitetes Phänomen in meiner Generation.«

»Das sollte es nicht sein. Warum sollten die Menschen eifersüchtig sein? Schließlich ist die Jugend kein bestimmtes Privileg, wir alle bekommen den gleichen Anteil davon. Manche Menschen werden vielleicht in eine leichtere Zeit geboren oder sind reicher und privilegierter als andere, aber das hat mit Jungsein nichts zu tun. Und jung zu sein, das kann manchmal schrecklich sein. Erinnern Sie sich nicht, wie schrecklich es sein konnte?«

»Doch, ich erinnere mich. Aber ich erinnere mich auch an andere Dinge.«

Cordelia saß schweigend da und dachte, dass das Gespräch einen eigenartigen Verlauf nahm, aber auch irgendwie unvermeidlich war, und dass sie es, aus was für Gründen auch immer, nicht schlimm fand.

Miss Markland blickte auf. »Seine Freundin besuchte ihn einmal. Wenigstens nehme ich an, dass sie seine Freundin war, warum wäre sie sonst gekommen? Das war ungefähr drei Tage, nachdem er hier zu arbeiten angefangen hatte.«

»Wie sah sie aus?«

»Schön. Sehr blond, mit einem Gesicht wie ein Botticelli-Engel – glatt, oval, einfältig. Sie war Ausländerin, Französin, glaube ich. Und sie war reich.«

»Woher wissen Sie das, Miss Markland?« Cordelia war verblüfft.

»Weil sie mit einem ausländischen Akzent sprach; weil sie in einem weißen Renault vorgefahren kam, den ich für ihr eigenes Auto hielt; weil ihre Kleidung, die ausgefallen war und nicht aufs Land passte, nicht billig war; weil sie mit der selbstsicheren Arroganz der Reichen auf das Haus zuging und verkündete, sie wolle ihn besuchen.«

»Und haben sie sich getroffen?«

»Er arbeitete da gerade im Obstgarten und mähte das Gras. Ich brachte sie zu ihm. Er begrüßte sie ruhig und ohne Verlegenheit und bat sie, im Gartenhaus zu warten, bis es für ihn Zeit war, mit der Arbeit aufzuhören. Er schien ziemlich erfreut zu sein, sie zu sehen, aber weder begeistert noch überrascht, dachte ich. Er stellte sie mir nicht vor. Ich ließ sie allein und ging zum Haus zurück, bevor er Gelegenheit dazu hatte. Ich habe sie nicht wiedergesehen.« Bevor Cordelia sprechen konnte, sagte Miss Markland plötzlich: »Sie würden wohl gerne eine Zeit lang hier wohnen, nicht wahr?«

»Wäre das möglich? Ich möchte nicht fragen, falls das ein Problem wäre.«

»Sie werden es nicht erfahren, und wenn doch, ist es ihnen egal.«

»Aber macht es Ihnen etwas aus?«

»Nein. Ich werde Sie nicht belästigen, und es macht mir nichts aus.«

Sie unterhielten sich flüsternd, als wären sie in einer Kirche. Dann stand Miss Markland auf und ging zur Tür. Sie wandte sich um.

»Sie haben diese Arbeit natürlich wegen des Geldes angenommen. Warum nicht. Aber wenn ich Sie wäre, würde ich die Sache auf dieser Ebene belassen. Es ist immer unklug, eine zu enge Beziehung zu einem Menschen einzugehen. Wenn dieser Mensch tot ist, ist es vielleicht nicht nur unklug, sondern auch gefährlich.«

Miss Markland stapfte den Gartenpfad hinunter und verschwand durch das kleine Tor. Cordelia freute sich, sie gehen zu sehen. Sie zappelte vor Ungeduld, das Gartenhaus zu durchsuchen. Hier war es geschehen; hier war es, wo ihre Arbeit erst richtig anfing.

Was hatte der Superintendent noch gesagt?

»Wenn du ein Gebäude untersuchst, betrachte es, wie du es bei einer Kirche auf dem Land tun würdest. Mache zuerst einen Rundgang. Betrachte die Szene von innen und außen; dann ziehe deine Schlüsse. Frage dich, was du gesehen hast, nicht, was du zu sehen erwartet oder gehofft hast.«

Er musste demnach ein Mann sein, der ländliche Kirchen mochte, und das war wenigstens einmal ein Punkt zu seinen Gunsten; denn dies war sicher ein echtes Dalgliesh-Zitat. Bernie hatte auf Kirchen, ob auf dem Land oder in der Stadt, mit abergläubischer Vorsicht reagiert. Cordelia beschloss, dem Rat zu folgen, und verließ das Haus.

Sie ging zuerst auf die Ostseite des Gartenhauses. Hier, diskret zurückgesetzt und fast von der Hecke umschlossen, gab es eine Toilette in einem Holzverschlag mit einer Tür mit Schnappschloss, ähnlich einer Stalltür. Cordelia spähte hinein. Der Abort war sehr sauber und sah aus, als sei er vor Kurzem gestrichen worden. Als sie an der Kette zog, rauschte – zu ihrer Erleichterung – das Wasser. Eine Rolle Toilettenpapier hing an einer Schnur an der Tür und an einem Nagel daneben eine kleine Plastiktüte mit einem Vorrat von zerknülltem Apfelsinenpapier und anderem weichem Packmaterial. Er war ein sparsamer junger Mann gewesen.

Neben der Toilette lag ein großer baufälliger Schuppen. Sie fand darin ein Herrenfahrrad, alt, aber gut gepflegt, eine große Blechbüchse mit weißer Emulsionsfarbe, deren Deckel fest verschlossen war, und daneben, mit dem Stiel nach unten, einen sauberen Pinsel in einem Marmeladeglas, eine Zinkbadewanne, ein paar saubere Säcke und eine Reihe Gartengeräte. Alles lehnte blitzblank und ordentlich an der Wand oder hing an einem Nagel.

Sie ging zur Vorderseite des Hauses, die ein deutlich anderes Bild bot als der Anblick von Süden her. Hier hatte Mark Callender keinen Versuch unternommen, der hüfthohen Wildnis aus Nesseln und Gras, die den kleinen Vorgarten erdrückte und den Weg fast unkenntlich machte, Herr zu werden. Ein dichter, mit kleinen weißen Blüten gesprenkelter Kletterstrauch hatte mit seinen schwarzen dornigen Zweigen die beiden unteren Fenster überwuchert. Das Tor, das zum Weg führte, klemmte und ließ sich nur so weit öffnen, dass sich ein Besucher durchzwängen konnte. Auf beiden Seiten stand ein Eibisch Wache, die Blätter grau vor Staub. Die Ligusterhecke nach vorn war mannshoch. Cordelia konnte erkennen, dass früher Blumenrabatten, die mit großen, weiß bemalten Steinen eingefasst waren, den Pfad auf beiden Seiten gesäumt hatten. Jetzt waren die meisten Steine unter dem ausgreifenden Unkraut versunken, und von den Beeten war nur ein Gestrüpp von wild wuchernden Rosen übrig.

Als sie einen letzten Blick auf den Vorgarten warf, sah sie unter dem Unkraut neben dem Pfad etwas Buntes aufleuchten. Es war eine zerknüllte Seite aus einer Illustrierten. Sie strich sie glatt und sah, dass es eine Farbaufnahme eines weiblichen Aktes war. Die Frau wandte ihren Rücken der Kamera zu und beugte sich nach vorn, wobei sie den ausladenden Hintern über schenkelhohen Stiefeln ins Bild reckte. Sie lachte frech über ihre Schulter in einer schamlosen Einladung, die durch das lange androgyne Gesicht, das auch durch taktvolles Ausleuchten nicht anders als abstoßend wirken konnte, noch grotesker wurde. Cordelia nahm das Datum oben auf der Seite zur Kenntnis; es war die Mainummer. Demnach war es möglich, dass die Illustrierte, oder zumindest das Bild, in das Gartenhaus gekommen war, als Mark Callender schon da wohnte.

Sie blieb mit dem Bild in der Hand stehen und versuchte, der Art ihres Ekels, der ihr übertrieben schien, auf den Grund zu kommen. Das Foto war vulgär und obszön, aber nicht anstößiger und ungehöriger als Dutzende andere, die in den Londoner Seitenstraßen ausgestellt waren. Aber als sie es zusammenfaltete und in ihre Tasche steckte – denn es war ja eine Art von Beweisstück –, fühlte sie sich beschmutzt und deprimiert. War Miss Markland scharfsichtiger gewesen, als sie ahnte? War sie, Cordelia, in Gefahr, sich gefühlsmäßig zu sehr mit dem Toten einzulassen? Das Bild hatte vermutlich nichts mit Mark zu tun; es konnte gut von einem beliebigen Besucher des Gartenhauses fallen gelassen worden sein. Und doch wünschte sie, sie hätte es nicht gesehen.

An der Westseite des Hauses machte Cordelia eine weitere Entdeckung. Versteckt hinter einer Gruppe von Holunderbüschen war ein kleiner Brunnen, der etwas über einen Meter im Durchmesser maß. Er hatte keinen Aufbau, war aber mit einem gewölbten Deckel aus Holzlatten und einer Seilschlinge darüber fest verschlossen. Cordelia sah, dass der Deckel mit einem Vorhängeschloss an den Holzrand des Brunnens angeschlossen war, und das Schloss hielt ihrem heftigen Ruck stand, obwohl es sehr rostig war. Irgendjemand hatte sich die Mühe gemacht, dafür zu sorgen, dass der Brunnen für vorbeikommende Landstreicher und Kinder mit Entdeckerdrang ungefährlich war.

Und jetzt war es an der Zeit, das Gartenhaus von innen zu erforschen. Zuerst die Küche: ein kleiner Raum mit einem Fenster über dem Spülstein, das nach Osten ging. Sie war offensichtlich vor Kurzem gestrichen worden. Den großen Tisch, der fast den ganzen Raum einnahm, zierte eine rote Plastikdecke. Es gab eine winzige Speisekammer, in der ein halbes Dutzend Bierdosen, ein Glas Marmelade, ein Steinguttöpfchen mit Butter und ein verschimmelter Kanten Brot lagerten. Hier in der Küche fand Cordelia die Erklärung für den unangenehmen Geruch, der ihr aufgefallen war, als sie das Gartenhaus betreten hatte. Auf dem Tisch stand eine offene, ungefähr halb volle Milchflasche, der Aluminiumdeckel lag zerknüllt daneben. Die Milch war gestockt und von einem Schimmelpelz überzogen; eine fette Fliege saugte am Rand der Flasche und blieb auch bei ihrem Festmahl sitzen, als Cordelia instinktiv versuchte, sie wegzuwedeln. Auf der anderen Seite des Tisches stand ein zweiflammiger Propankocher mit einem schweren Topf auf der einen Kochstelle. Cordelia zog an dem festsitzenden Deckel, der mit einem Mal nachgab und einen starken, ekelhaften Geruch entweichen ließ. Sie zog die Tischschublade auf, nahm einen Löffel heraus und rührte das Gericht um. Es sah nach einem Rindfleischeintopf aus. Brocken von grünlichem Fleisch, seifig aussehende Kartoffelstücke und unidentifizierbare Gemüseblätter kamen durch den Schaum an die Oberfläche wie ertrunkene, verwesende Kadaver. Neben dem Spülstein stand eine Apfelsinenkiste, in der Mark Callender Gemüse aufbewahrt hatte. Die Kartoffeln darin waren grün, die Karotten runzlig und schlaff, die Zwiebeln waren geschrumpft und hatten Keime getrieben. Es war also nichts aufgeräumt, nichts fortgeschafft worden. Die Polizei hatte die Leiche und alle Beweisstücke, die sie brauchte, mitgenommen, aber niemand, weder die Marklands noch die Familie oder die Freunde des Verstorbenen, hatte daran gedacht, hierherzukommen und die armseligen Überbleibsel seines jungen Lebens wegzuräumen.

Cordelia ging ins Obergeschoss. Ein enger Flur führte zu zwei Schlafzimmern, von denen das eine offenbar seit Jahren nicht mehr benutzt worden war. Hier war der Fensterrahmen morsch, der Deckenputz bröckelte, und die verblasste Tapete mit einem Rosenmuster löste sich durch die Feuchtigkeit ab. Im zweiten und größeren Zimmer hatte Mark Callender geschlafen. Ein einzelnes Eisenbett mit Rosshaarmatratze stand darin, und darauf lagen ein Schlafsack und ein Kopfkissen, das einmal zusammengelegt war. Neben dem Bett stand ein alter Tisch mit zwei Kerzen, die mit ihrem eigenen Wachs auf die rissige Platte geklebt waren, und einer Schachtel Streichhölzer. In dem einteiligen Schrank hingen eine hellgrüne Cordhose, ein paar Hemden, Pullover und ein guter Anzug. Ein bisschen Unterwäsche, sauber, aber nicht gebügelt, lag zusammengefaltet auf dem Brett darüber. Cordelia befühlte die Pullover. Es waren vier, alle mit komplizierten Mustern aus dicker Wolle handgestrickt. Irgendjemand hatte sich also genug für ihn interessiert, um sich seinetwegen einige Mühe zu machen. Sie fragte sich, wer.

Sie fuhr mit ihren Händen über die kärgliche Garderobe und fühlte nach Taschen. Sie fand nichts außer einer braunen Lederbrieftasche in der linken unteren Tasche seiner Anzugjacke. Aufgeregt ging sie damit ans Fenster in der Hoffnung, sie könnte einen Schlüssel enthalten – einen Brief vielleicht, eine Liste mit Namen und Adressen, eine persönliche Notiz. Aber die Brieftasche war leer bis auf ein paar Pfundnoten, den Führerschein und eine Blutspendekarte, die vom Cambridger Transfusionsdienst ausgestellt war und seine Blutgruppe als B, Rhesusfaktor negativ auswies.

Durch das vorhanglose Fenster hatte man einen Blick auf den Garten. Seine Bücher waren auf dem Fensterbrett aufgebaut. Es waren nicht viele: mehrere Bände der *Cambridge Modern History*, ein paar Bände von Trollope und Hardy, eine Gesamtausgabe von William Blake, Schulausgaben von Wordsworth, Browning und Donne, zwei Taschenbücher über Gartenbau. Am Ende der Reihe stand ein in weißes Leder gebundenes Buch, das anglikanische Gebetbuch, wie Cordelia sah. Es war mit einem hübsch gearbeiteten Messingschloss versehen und sah nach häufiger Benutzung aus. Sie war von den Büchern enttäuscht; sie sagten ihr wenig, was über Mark Callenders oberflächliche Vorlieben hinausging. Wenn er sich für dieses einsiedlerische Leben entschlossen hatte, um zu studieren, zu schreiben oder zu philosophieren, war er denkbar schlecht gerüstet gekommen.

Der interessanteste Gegenstand im Zimmer war ein kleines Ölgemälde, etwa fünfundzwanzig Zentimeter im Quadrat. Cordelia betrachtete es. Es war mit Sicherheit italienisch und wahrscheinlich spätes 15. Jahrhundert. Es stellte einen jungen Mönch mit Tonsur dar, der lesend an einem Tisch saß, die schlanken Finger zwischen den Seiten des Buches. Das lange, beherrschte Gesicht war angespannt vor Konzentration, die Augen unter schweren Lidern fest auf die Seite gerichtet. Die Landschaft, die man durch das Fenster hinter ihm sah, war eine entzückende Miniatur. Cordelia dachte, dass man niemals müde werden könne, sie zu betrachten. Es war eine ummauerte toskanische Stadt mit Türmen, umgeben von Zypressen, ein Fluss, der sich wie ein Silberstrom schlängelte, eine prunkvoll gekleidete Prozession, der Banner vorangetragen wurden, angeschirrte Ochsen, die auf den Feldern arbeiteten. Sie verstand das Bild als Gegenüberstellung der Welten des Geistes und der Tat und versuchte sich zu erinnern, wo sie ähnliche Gemälde gesehen hatte. Die Genossen – wie Cordelia jene allgegenwärtige Clique von Mitrevolutionären, die sich um ihren Vater scharte, in Gedanken immer nannte – hatten ihre Botschaften mit Vorliebe in Gemäldegalerien ausgetauscht, und Cordelia war stundenlang von Bild zu Bild gegangen und hatte gewartet, dass der unauffällige Besucher neben ihr stehen blieb und seine wenigen Worte der Warnung oder Information flüsterte. Das Manöver war ihr immer wie eine infantile und unnötig theatralische Art der Kontaktaufnahme erschienen, aber die Galerien waren wenigstens warm, und es hatte ihr Spaß gemacht, die Bilder zu betrachten. Ihr gefiel dieses Bild; offensichtlich hatte Mark Callender es auch gemocht. Hatte er auch jenes vulgäre Illustriertenfoto gemocht, das sie im Garten gefunden hatte? Offenbarten beide einen wichtigen Teil seines Charakters?

Nach ihrem Besichtigungsrundgang machte Cordelia sich einen Kaffee, indem sie ein Päckchen aus dem Vorratsschrank benutzte und das Wasser auf der Gasflamme kochte. Sie nahm einen Stuhl aus dem Wohnzimmer, setzte sich mit dem Becher Kaffee im Schoß draußen an die Hintertür und lehnte den Kopf zurück, um die Sonne zu genießen. Sie war von einem leisen Glück erfüllt, als sie dasaß, zufrieden und entspannt, auf die Stille lauschend, die halb geschlossenen Lider vom Widerschein der Sonne durchdrungen. Aber jetzt war es an der Zeit nachzudenken. Sie hatte das Gartenhaus gemäß den Anweisungen des Superintendent untersucht. Was wusste sie jetzt über den Toten? Was hatte sie gesehen? Was konnte sie folgern?

Mark Callender war fast zwanghaft ordentlich und sauber gewesen. Seine Gartengeräte wurden nach Gebrauch sorgfältig gereinigt und weggestellt, seine Küche war frisch gestrichen, sauber und aufgeräumt. Dennoch hatte er mit dem Umgraben eines Beetes einen halben Meter vor dem Ende einer Reihe aufgehört, hatte den ungereinigten Spaten in der Erde stecken lassen, hatte seine Gartenschuhe nachlässig an der Hintertür fallen gelassen. Er hatte anscheinend alle Papiere verbrannt, bevor er sich umbrachte, jedoch seinen Kaffeebecher ungespült stehen lassen. Er hatte sich einen Eintopf zum Abendessen gekocht, den er nicht angerührt hatte. Das Gemüse musste er früher am Tag oder vielleicht am Vortag vorbereitet haben, aber der Eintopf war eindeutig für das Essen an jenem Abend bestimmt gewesen. Der Topf stand noch auf dem Herd und war bis zum Rand gefüllt. Das war keine aufgewärmte Mahlzeit, die vom vorigen Abend übrig war. Dies bedeutete mit Sicherheit, dass er den Entschluss, sich umzubringen, erst gefasst hatte, nachdem der Eintopf vorbereitet und zum Kochen auf den Herd gestellt worden war. Warum hätte er sich die Mühe machen sollen, eine Mahlzeit zuzubereiten, wenn er gewusst hatte, dass er nicht mehr am Leben sein würde, um sie zu essen?

Aber war es wahrscheinlich, fragte sie sich, dass ein gesunder junger Mann, der nach ein paar Stunden anstrengender Gartenarbeit ins Haus kam, wo ein warmes Essen wartete, in jener Stimmung von Überdruss, Unlust, Seelenqual und Verzweiflung sein sollte, die zum Selbstmord führen kann? Cordelia kannte selbst Zeiten tiefen Unglücks, aber sie konnte sich nicht erinnern, dass sie auf sinnvolle Betätigung im Freien, in der Sonne, noch dazu mit einer warmen Mahlzeit in Aussicht, gefolgt wären. Und warum der Becher Kaffee auf dem Tisch, der Becher, den die Polizei zur Untersuchung mitgenommen hatte? In der Speisekammer stand Dosenbier; warum hatte er denn nicht eine Dose Bier aufgemacht, wenn er durstig vom Umgraben hereingekommen war? Das wäre eine schnellere und naheliegendere Art gewesen, seinen Durst zu löschen. Sicher würde niemand, und sei er noch so durstig, kurz vor dem Essen Kaffee kochen und trinken. Kaffee kam nach dem Essen.

Aber angenommen, irgendjemand hätte ihn an jenem Abend besucht. Es war nicht wahrscheinlich, dass jemand wegen einer nebensächlichen Mitteilung im Vorbeigehen hereingeschaut hatte; für Mark war es so wichtig gewesen, dass er einen halben Meter vor dem Ende der Reihe mit dem Umgraben aufgehört und den Besucher ins Haus gebeten hatte. Vermutlich war es ein Besucher gewesen, der nicht gern Bier trank – konnte das auf eine Frau hindeuten? Es war ein Besucher gewesen, von dem nicht erwartet wurde, dass er zum Essen blieb, der sich aber doch lang genug im Haus aufgehalten hatte, um eine Stärkung angeboten zu bekommen. Vielleicht war es jemand, der auf dem Weg zu seinem eigenen Abendessen war. Offensichtlich war der Besucher nicht vorher zum Abendessen eingeladen worden, oder warum hätten die beiden die Mahlzeit mit Kaffeetrinken beginnen sollen, und warum hatte Mark dann so spät noch im Garten gearbeitet, anstatt hineinzugehen, um sich umzuziehen?

Also handelte es sich um einen unvorhergesehenen Besucher. Aber warum gab es nur den einen Becher Kaffee? Bestimmt hätte Mark seinem Besucher dabei Gesellschaft geleistet oder für sich eine Dose Bier aufgemacht, wenn er keine Lust auf Kaffee gehabt hätte. Aber in der Küche war weder eine leere Bierdose noch ein zweiter Becher. Hatte er ihn vielleicht abgewaschen und weggestellt?

Aber warum hätte er den einen Becher spülen sollen und den anderen nicht? Etwa um die Tatsache zu verschleiern, dass er an jenem Abend Besuch gehabt hatte?

Die Kaffeekanne auf dem Küchentisch war fast leer, und die Milchflasche nur halb voll. Sicher hatte mehr als eine Person Milch und Kaffee genommen. Aber vielleicht war das eine leichtfertige und unberechtigte Folgerung; der Besucher hätte natürlich mehr als einen Becher trinken können.

Doch angenommen, es war nicht Mark, der die Tatsache, dass er an jenem Abend Besuch bekommen hatte, hatte verschleiern wollen; angenommen, es war nicht Mark, der den zweiten Becher gespült und weggestellt hatte; angenommen, es war der Besucher selbst, der die Tatsache, dass er da gewesen war, hatte verschleiern wollen. Warum sollte er sich damit abgeben, wo er doch gar nicht wissen konnte, dass Mark sich umbringen würde? Cordelia schüttelte sich ungeduldig. Das war natürlich alles Unsinn. Es lag auf der Hand, dass der Besucher den Becher nicht gespült hätte, solange Mark noch da und am Leben gewesen wäre. Er hätte den Beweis für seinen Besuch nur verwischt, wenn Mark schon tot gewesen wäre. Und wenn Mark schon tot war, schon an diesem Haken gehangen hatte, bevor sein Besucher das Gartenhaus verlassen hatte, konnte es dann wirklich Selbstmord sein?

Ein Begriff, der durch Cordelias geheimste Gedanken tanzte, ein gestaltloses, schemenhaftes Gewirr von Buchstaben wurde plötzlich scharf und setzte sich zum ersten Mal deutlich zu dem blutbefleckten Wort zusammen. Mord.

Cordelia blieb noch fünf Minuten in der Sonne sitzen und trank ihren Kaffee aus, dann spülte sie den Becher und hängte ihn wieder an den Haken in der Speisekammer. Sie ging den Weg hinunter zur Straße, wo der Mini immer noch auf dem Grasstreifen vor dem Anwesen stand, froh über das instinktive Gefühl, das sie veranlasst hatte, ihn außer Sichtweite vom Haus stehen zu lassen. Sie ließ weich die Kupplung kommen, fuhr langsam den Weg entlang und hielt dabei auf beiden Seiten Ausschau nach einem möglichen Parkplatz. Wenn sie den Wagen vor dem Gartenhaus parkte, würde sie nur die Aufmerksamkeit auf ihre Anwesenheit lenken. Es war schade, dass Cambridge nicht näher war; dann hätte sie Marks Fahrrad benutzen können. Den Mini würde sie dort nicht brauchen, er würde bloß unangenehm ins Auge fallen, wo immer sie ihn parkte.

Aber sie hatte Glück. Ungefähr fünfzig Meter den Weg hinunter war die Einfahrt zu einem Feld, ein breiter Grasstreifen mit einem kleinen Dickicht am Rand. Das Dickicht sah feucht und unheimlich aus. Man konnte sich nicht vorstellen, dass Blumen aus dieser verpesteten Erde sprießen oder zwischen diesen narbigen und verkrüppelten Bäumen blühen konnten. Auf dem Boden verstreut lagen alte Töpfe und Pfannen, das umgekippte Gerippe eines Kinderwagens, ein ramponierter rostiger Gasherd. Neben einer verkümmerten Eiche zerfiel ein verfilzter Haufen Wolldecken und wurde eins mit der Erde. Aber es war genügend Platz, den Mini vom Weg herunter und in eine Art Deckung zu fahren. Hier wäre er besser aufgehoben als vor dem Gartenhaus, und nachts, dachte sie, würde man ihn nicht bemerken.

Doch jetzt fuhr sie ihn zum Gartenhaus und begann auszupacken. Sie schob Marks wenige Wäschestücke auf die eine Seite des Bords und legte ihre eigenen daneben. Sie warf ihren Schlafsack auf das Bett über seinen und freute sich über diese zusätzliche Bequemlichkeit. Auf der Fensterbank am Küchenfenster standen eine rote Zahnbürste und eine halb aufgebrauchte Tube Zahnpasta in einem Marmeladeglas; sie legte ihre gelbe Bürste und ihre eigene Zahnpasta daneben. Ihr Handtuch hängte sie neben seines über die Schnur, die er mit zwei Nägeln unter dem Spülstein angebracht hatte. Dann machte sie eine Bestandsaufnahme vom Inhalt der Speisekammer und schrieb die Dinge auf, die sie brauchen würde. Es war besser, sie in Cambridge zu kaufen; sie würde nur Aufmerksamkeit auf sich ziehen, wenn sie im Dorf einkaufte. Der Eintopf auf dem Herd und die halb volle Milchflasche auf dem Tisch machten ihr Kummer. Sie konnte sie nicht in der Küche lassen, wo sie das Gartenhaus mit ihrem fauligen Geruch verpesteten, aber es widerstrebte ihr, den Inhalt wegzuschütten. Sie erwog, sie zu fotografieren, entschied sich aber dagegen; greifbare Gegenstände gaben bessere Beweisstücke ab. Schließlich trug sie sie nach draußen in den Schuppen und bedeckte sie mit einem dicken Packen alter Säcke.

Zuletzt dachte sie über die Waffe nach. Es war ein schwerer Gegenstand, zu schwer, um ihn die ganze Zeit mit sich herumzutragen, aber sie wollte sich nur ungern von ihm trennen, nicht einmal vorübergehend. Obwohl die Hintertür des Gartenhauses abgeschlossen werden konnte und Miss Markland ihr den Schlüssel gegeben hatte, wäre es für einen ungebetenen Gast nicht schwer, durch ein Fenster einzudringen. Sie hielt es für die beste Idee, die Munition unter ihrer Unterwäsche im Schlafzimmerschrank zu verstecken, die Pistole aber für sich in oder nahe dem Gartenhaus zu verbergen. Der genaue Platz kostete sie etwas Nachdenken, aber dann fielen ihr die dicken, knorrigen Äste des Holunderbusches am Brunnen ein. Als sie sich hochreckte, konnte sie eine passende Aushöhlung in einer Astgabel ertasten und die immer noch in dem Beutel steckende Waffe zwischen die bergenden Blätter gleiten lassen.

Endlich war sie bereit, nach Cambridge aufzubrechen. Sie sah auf ihre Uhr. Es war halb elf; sie konnte bis elf in Cambridge sein und hatte dann immer noch zwei Stunden vor der Mittagspause vor sich. Sie entschied, dass es am besten war, zuerst das Zeitungsbüro aufzusuchen und den Bericht über die gerichtliche Voruntersuchung zu lesen, dann die Polizei zu sprechen; danach würde sie sich auf die Suche nach Hugo und Sophie Tilling machen.

Sie fuhr mit einem Gefühl, das Bedauern sehr ähnlich war, vom Gartenhaus weg, als verlasse sie ein Zuhause. Es war ein seltsamer Ort, dachte sie, mit einer dichten Atmosphäre und zwei unterschiedlichen Gesichtern, die es der Welt wie zwei Seiten einer menschlichen Persönlichkeit zeigte. Die Nordseite mit ihren blinden, von Dornenzweigen versperrten Fenstern, dem überwuchernden Unkraut und der abweisenden Ligusterhecke war eine unheimliche Bühne für Schrecken und Tragödien. Doch die Rückseite, wo Mark gewohnt und gearbeitet hatte, den Garten gelichtet und umgegraben und die wenigen Blumen aufgebunden hatte, wo er den Pfad gejätet und die Fenster der Sonne geöffnet hatte, mutete vollkommen friedlich an. Sie hatte gespürt, als sie dort an der Tür saß, dass nichts Entsetzliches sie jemals berühren könnte; sie konnte der Nacht allein da draußen ohne Furcht entgegensehen. War es diese Atmosphäre heilsamer Stille, fragte sie sich, was Mark Callender angezogen hatte? Hatte er das schon empfunden, bevor er die Arbeit annahm, oder war es auf irgendeine geheimnisvolle Weise das Ergebnis seines vorübergehenden verhängnisvollen Aufenthalts dort? Major Markland hatte recht gehabt: Offensichtlich hatte Mark das Gartenhaus besichtigt, bevor er zum Haus hinaufgegangen war. War es das Gartenhaus gewesen, was er gewollt hatte, oder die Arbeit? Warum kamen die Marklands so ungern an diesen Ort, so ungern, dass sie offenbar nicht einmal hingegangen waren, um nach seinem Tod Ordnung zu schaffen? Und warum hatte Miss Markland hinter ihm herspioniert, denn solch ein genaues Beobachten kam dem Nachspionieren gewiss sehr nahe? Hatte sie diese vertrauliche Geschichte von ihrem toten Geliebten nur erzählt, um ihr Interesse am Gartenhaus zu rechtfertigen, ihre zwanghafte Beschäftigung mit dem Tun und Treiben des neuen Gärtners? Und war die Geschichte überhaupt wahr? Dieser alternde Körper voller verborgener Kraft, dieses Pferdegesicht mit dem Ausdruck ständiger Unzufriedenheit – konnte sie wirklich einmal jung gewesen sein, vielleicht an langen, warmen Abenden längst vergessener Sommer mit ihrem Geliebten auf

Marks Bett gelegen haben? Wie fern, wie unmöglich und lächerlich allein die Vorstellung schien.

Cordelia fuhr die Hills Road hinunter, vorbei an dem mächtigen Denkmal eines jungen Soldaten von 1914, der dem Tod entgegenschritt, vorbei an der römisch-katholischen Kirche und in das Stadtzentrum hinein. Wieder wünschte sie, sie hätte das Auto stehen lassen und stattdessen Marks Fahrrad nehmen können. Alle Menschen hier schienen mit dem Rad unterwegs zu sein, und die Luft klirrte von den Fahrradklingeln wie an einem Festtag. In diesen engen und belebten Straßen war selbst der kleine Mini ein Nachteil. Sie entschloss sich, ihn auf dem erstbesten Platz zu parken und zu Fuß eine Telefonzelle zu suchen. Sie hatte beschlossen, ihr Programm umzustellen und zuerst die Polizei aufzusuchen.

Aber als sie schließlich die Polizeiwache anrief, überraschte es sie nicht zu hören, dass Sergeant Maskell, der mit dem Fall Callender befasst gewesen war, den ganzen Morgen unabkömmlich war. Das gab es nur in Romanen, dass die Leute, die man sprechen wollte, zu Hause oder in ihren Büros bereitsaßen, um einem ihre Zeit, Energie und ihr Interesse zu widmen. Im wirklichen Leben gingen sie ihren eigenen Geschäften nach, und man wartete, bis es ihnen passte, selbst wenn sie sich, was untypisch war, über die Aufmerksamkeit von Prydes Detektivbüro freuten. Die meisten taten das nicht. Cordelia erwähnte Sir Ronalds Vollmacht, um ihren Gesprächspartner zu beeindrucken. Der Name blieb nicht ohne Wirkung. Er bat sie um einen Moment Geduld. In weniger als einer Minute kam er zurück an den Apparat und sagte, Sergeant Maskell könne sie um halb drei an diesem Nachmittag empfangen.

Also kam die Zeitungsredaktion doch zuerst dran. Alte Ausgaben wenigstens waren zugänglich und konnten nichts dagegen einwenden, wenn man sie zurate zog. Sie fand schnell, was sie wollte. Der Artikel über die gerichtliche Voruntersuchung war knapp und in der üblichen förmlichen Sprache von Gerichtsberichten abgefasst. Er sagte ihr wenig Neues, aber sie notierte sorgfältig die wichtigsten Zeugenaussagen. Sir Ronald Callender sagte aus, er habe zuletzt mit seinem Sohn vor mehr als zwei Wochen vor dessen Tod gesprochen, als Mark telefoniert hatte, um seinem Vater den Entschluss mitzuteilen, dass er das College verlasse und eine Arbeit in Summertrees annehme. Er hatte Sir Ronald weder um Rat gefragt, bevor er den Entschluss fasste, noch hatte er seine Gründe erläutert. Sir Ronald hatte darauf mit dem Rektor gesprochen, und die Collegeleitung hatte sich bereit erklärt, seinen Sohn im nächsten akademischen Jahr wieder aufzunehmen, falls er seine Meinung änderte. Sein Sohn hatte nie von Selbstmord gesprochen und hatte keine gesundheitlichen oder finanziellen Probleme, soviel er wusste. Auf Sir Ronalds Aussage folgte ein kurzer Hinweis auf die anderen Zeugen. Miss Markland beschrieb, wie sie die Leiche gefunden hatte; ein Gerichtsmediziner gab zu Protokoll, dass die Todesursache Ersticken durch Strangulation war; Sergeant Maskell zählte im Einzelnen auf, welche Maßnahmen er für angebracht gehalten hatte, und ein Bericht des gerichtsmedizinischen Labors wurde vorgelegt, der bestätigte, dass ein auf dem Tisch vorgefundener Becher mit Kaffee untersucht und für harmlos befunden worden war. Das Urteil lautete, dass der Verstorbene von eigener Hand im Zustand geistiger Verwirrung gestorben war.

Als Cordelia die schwere Mappe zuschlug, fühlte sie sich deprimiert. Es sah so aus, als sei die Arbeit der Polizei gründlich gewesen. War es tatsächlich möglich, dass diese erfahrenen Profis die Bedeutung des nicht fertig umgegrabenen Beetes, der achtlos an der Hintertür fallen gelassenen Gartenschuhe, des nicht angerührten Abendessens übersehen hatten?

Und jetzt, es war gerade Mittag, hatte sie bis halb drei Uhr frei. Sie konnte Cambridge erforschen. Sie kaufte den billigsten Reiseführer, den sie bei Bowes & Bowes finden konnte, und widerstand der Versuchung, dort in den Büchern zu schmökern, da die Zeit knapp war. Sie kaufte eine Fleischpastete und Obst und betrat die Kirche St. Mary, um sich in Ruhe hinzusetzen und ihre Marschroute auszuarbeiten. Dann lief sie anderthalb Stunden lang benommen vor Glück durch die Stadt und ihre Colleges.

Sie sah Cambridge von seiner schönsten Seite. Der Himmel war eine blaue Unendlichkeit, aus deren durchsichtigen Tiefen die Sonne in wolkenlosem, aber mildem Glanz schien. Die Bäume in den Collegegärten und die Alleen, die zu den Backs führten, reckten ihr grünes Maßwerk, noch unberührt von der Schwere des Hochsommers, gegen Stein und Fluss und Himmel. Stechkähne glitten mit eingezogener Stange unter den Brücken durch und scheuchten die Wasservögel auf, und wo sich die neue Garret Hostel Bridge über den Fluss spannte, ließen die Weiden ihre hellen, beladenen Zweige im dunkleren Grün des Cam treiben.

Sie schloss alle wichtigen Sehenswürdigkeiten in ihren Rundgang ein. Feierlich schritt sie die ganze Länge der Trinity Library ab, besuchte die Old Schools, saß still ganz hinten in der Kapelle des King's College und bestaunte den schwungvollen Aufstieg des großartigen Gewölbes John Wastells, das sich in gebogene Fächer aus zartem weißem Stein ausbreitete. Das Sonnenlicht strömte durch die großen Fenster herein und färbte die reglose Luft blau, karmesinrot und grün. Die fein geschnitzten Tudorrosen, die Wappentiere, die die Krone stützten, traten in arrogantem Stolz aus der Holztäfelung hervor. Ungeachtet dessen, was Milton und Wordsworth geschrieben hatten, war diese Kapelle wohl doch zum Ruhm eines irdischen Souveräns und nicht, um Gott zu dienen, errichtet worden. Aber das konnte weder ihrem Zweck etwas anhaben noch schadete es ihrer Schönheit. Es war immer noch ein überaus religiöses Gebäude. Konnte ein Ungläubiger dieses herrliche Innere entworfen und ausgeführt haben? Gab es eine notwendige Einheit von Motiv und Schöpfung? Dies war eine Frage, der Carl, wohl als Einziger unter den Genossen, nachzugehen versucht hätte, und Cordelia dachte an ihn in seinem griechischen Gefängnis, versuchte von sich zu schieben, was sie ihm vielleicht antaten, und wünschte, seine untersetzte Gestalt könnte neben ihr sitzen.

Während ihres Rundgangs gönnte sie sich ein paar kleine Freuden. Sie kaufte an einem Stand beim Westportal ein mit einem Bild der Kapelle bedrucktes Leinendeckchen; sie lag mit dem Gesicht auf dem geschnittenen Gras über dem Fluss bei der King's Bridge und ließ das kalte grüne Wasser um ihre Arme strudeln; sie schlenderte zwischen den Bücherständen auf dem Marktplatz umher und kaufte, nachdem sie sorgfältig nachgerechnet hatte, eine kleine Dünndruckausgabe von Keats und einen braunen Baumwollkaftan mit einem Muster in Grün- und Blautönen. Falls das warme Wetter anhielt, wäre er an den Abenden angenehmer zu tragen als Jeans und Bluse.

Schließlich kehrte sie zum King's College zurück. Sie fand eine Bank vor der großen Steinmauer, die von der Kapelle zum Fluss lief, und setzte sich dort in die Sonne, um ihren Lunch zu essen. Ein frecher Spatz hüpfte über den makellosen Rasen und sah sie mit sorglosen, glänzenden Augen an. Sie warf ihm Bröckchen von der Kruste der Fleischpastete hin und musste über sein aufgeregtes Gepicke lächeln. Vom Fluss wurden der Klang von Stimmen, die über das Wasser riefen, das gelegentliche Knirschen von Holz auf Holz, der schrille Ruf einer jungen Ente herübergetragen. Alles um sich herum – die Kiesel, glitzernd wie Edelsteine auf dem Kiespfad, die kleinen Grasspitzen am Rand des Rasens, die zerbrechlichen Beinchen des Spatzes – sah Cordelia mit einer ungewöhnlichen Schärfe, als habe das Glücksgefühl ihre Augen klarer gemacht.

Dann kamen ihr die Stimmen ins Gedächtnis. Zuerst die ihres Vaters: »Unsere kleine Faschistin ist von den Papisten erzogen worden. Das erklärt eine ganze Menge. Wie in aller Welt ist das überhaupt passiert, Delia?«

»Du weißt doch, Papa. Sie haben mich mit einer anderen C. Gray verwechselt, und die war katholisch. Wir haben beide im selben Jahr die Aufnahmeprüfung für die weiterführende Schule bestanden. Als sie den Fehler entdeckten, schrieben sie dir und fragten, ob du etwas dagegen hättest, wenn ich weiter in der Klosterschule blieb, da ich mich schon eingelebt hatte.«

Tatsächlich hatte er nicht geantwortet. Die Ehrwürdige Mutter hatte taktvoll versucht zu verheimlichen, dass er sich nicht darum gekümmert hatte zu antworten, und Cordelia war in der Klosterschule geblieben und hatte dort die sechs glücklichsten und ruhigsten Jahre ihres Lebens verbracht, durch Ordnung und Ritual geschieden vom Drunter und Drüber der Außenwelt, die unverbesserlich protestantisch war, zügellos, milde bedauert für ihre unbezwingbare Unwissenheit. Zum ersten Mal erfuhr sie, dass sie ihre Intelligenz, diese Klugheit, die eine ganze Reihe von Pflegemüttern irgendwie als Bedrohung angesehen hatte, nicht verbergen musste. Schwester Perpetua hatte gesagt: »Es dürfte keine Schwierigkeiten mit dem Abitur geben, wenn du so weitermachst. Das heißt, wir werden dich zum Studium im Oktober in zwei Jahren vorschlagen. Cambridge, denke ich. Wir könnten uns durchaus um Cambridge bemühen, und ich sehe wirklich keinen Grund, warum du keine Chance auf ein Stipendium haben solltest.«

Schwester Perpetua war selbst in Cambridge gewesen, bevor sie in das Kloster eingetreten war, und sie sprach immer noch vom studentischen Leben, allerdings nicht sehnsüchtig oder bedauernd, sondern als sei es ein Opfer gewesen, das ihre Berufung wert gewesen war. Sogar die fünfzehnjährige Cordelia hatte erkannt, dass Schwester Perpetua eine wirkliche Gelehrte war, und hatte es für ziemlich ungerecht vom lieben Gott gehalten, dass er eine Frau, die so glücklich und nützlich war wie sie, mit einer Berufung bedacht hatte. Aber Cordelia selbst war die Zukunft zum ersten Mal geregelt und vielversprechend erschienen. Sie würde nach Cambridge gehen, und Schwester Perpetua würde sie dort besuchen. Sie hatte eine romantische Vorstellung von breiten Wegen unter der Sonne, auf denen sie beide in John Donnes Paradies wandelten. »Ströme der Erkenntnis, Künste und Wissenschaften entspringen dort; bodenlose Tiefen unergründlichen Wissens.« Mithilfe ihres Kopfes und der Gebete von Schwester Perpetua würde sie ein Stipendium bekommen. An der Wirksamkeit dieser Gebete hatte sie nicht die geringsten Zweifel, da Gott doch notwendigerweise jemandem Gehör schenken *musste*, der unter solch großen persönlichen Opfern *ihm* Gehör geschenkt hatte. Und falls der Einfluss der Schwester ihr einen ungerechten Vorteil gegenüber den anderen Kandidaten verschaffte – nun, daran war nichts zu ändern. In einer Sache von so großer Bedeutung waren weder Cordelia noch Schwester Perpetua geneigt, sich um theologische Spitzfindigkeiten zu sorgen.

Aber dieses Mal hatte ihr Vater auf den Brief geantwortet. Er hatte offenbar eine plötzliche Sehnsucht nach seiner Tochter entdeckt. Vorbei war es mit dem Abitur und dem Stipendium, und mit sechzehn beendete Cordelia ihre Schullaufbahn und begann ihr Nomadendasein als Köchin, Krankenschwester, Botin und allgemeine Begleiterin des Vaters und seiner Genossen.

Und auf was für gewundenen Pfaden und mit was für einer seltsamen Absicht sie jetzt endlich doch nach Cambridge gekommen war. Die Stadt enttäuschte sie nicht. Sie hatte im Leben hübschere Orte gesehen, aber keinen, an dem sie glücklicher und ruhiger gewesen war. Wirklich, dachte sie, wie konnte das Herz gleichgültig bleiben gegenüber dieser Stadt, wo Stein und buntes Glas, Wasserläufe und Rasenflächen, Bäume und Blumen in einer solch geordneten Schönheit im Dienste der Gelehrsamkeit arrangiert waren. Aber als sie schließlich mit Bedauern aufstand, um zu gehen, und ein paar Krümel von ihrem Rock schüttelte, kam ihr ein Zitat, unvermutet und nicht einzuordnen, in den Sinn. Sie hörte es mit solcher Klarheit, als wären die Worte von einer menschlichen Stimme, einer jungen, männlichen Stimme, unbekannt und doch geheimnisvoll vertraut, gesprochen worden: »Dann sah ich, dass es sogar von den Pforten des Himmels einen Weg zur Hölle gab.«

Das Gebäude der Polizeidirektion war modern und funktionell. Es verkörperte Autorität, gemildert durch Diskretion; das Publikum sollte beeindruckt, aber nicht eingeschüchtert werden. Sergeant Maskells Büro und der Sergeant selbst stimmten mit dieser Absicht überein. Er war überraschend jung und geschmackvoll angezogen, hatte ein eckiges, energisches Gesicht, wachsam aus Erfahrung, und lange, aber gut geschnittene Haare, was den Polizeivorschriften, selbst für einen Detektiv in Zivil, höchstens knapp entsprechen konnten, dachte Cordelia. Er war äußerst höflich, ohne galant zu sein, und das ermutigte sie. Es würde kein leichtes Gespräch werden, aber sie wollte nicht mit der Nachsicht behandelt werden, die man einem hübschen, aber aufdringlichen Kind gegenüber zeigt. Manchmal half es, die Rolle eines verletzlichen und naiven, auf Auskünfte begierigen jungen Mädchens zu spielen – das war die Rolle, die Bernie ihr häufig hatte zuweisen wollen –, aber sie spürte, dass Sergeant Maskell mehr auf nüchterne Kompetenz ansprechen würde. Sie wollte tüchtig erscheinen, aber nicht zu tüchtig, und ihre Geheimnisse musste sie für sich behalten; sie war hier, um Auskünfte zu erhalten, und nicht, um welche zu geben.

Sie erläuterte ihre Aufgabe knapp und zeigte ihm die Vollmacht von Sir Ronald. Er gab sie ihr zurück und bemerkte ohne Groll: »Sir Ronald sagte mir gegenüber nichts, was angedeutet hätte, dass er mit dem Urteil nicht zufrieden war.«

»Ich glaube nicht, dass es darum geht. Er vermutet keine Unregelmäßigkeit. Andernfalls wäre er zu Ihnen gekommen. Ich denke, es ist eher die Neugier des Wissenschaftlers zu erfahren, was seinen Sohn dazu veranlasst hat, sich umzubringen, und der kann er nicht gut auf Kosten des Steuerzahlers nachgeben. Ich meine, Marks private Sorgen sind eigentlich nicht Ihr Problem, oder?«

»Sie könnten es sein, wenn die Gründe für seinen Tod eine kriminelle Handlung aufgedeckt hätten, Erpressung etwa oder Einschüchterung, aber darauf gab es keinen Hinweis.«

»Sind Sie persönlich davon überzeugt, dass er sich selbst umgebracht hat?«

Der Sergeant sah sie mit dem plötzlich scharfen Verstand eines Jagdhundes an, der Witterung bekommt.

»Warum fragen Sie das, Miss Gray?«

»Wegen der Mühe, die Sie sich gemacht haben. Ich habe Miss Markland gesprochen und den Zeitungsbericht über die Voruntersuchung gelesen. Sie haben einen Gerichtsmediziner hinzugezogen; Sie haben die Leiche fotografieren lassen, bevor sie heruntergeholt wurde; Sie haben den Kaffee im Becher untersuchen lassen.«

»Ich habe den Fall als verdächtigen Todesfall behandelt. Das ist mein übliches Verfahren. Diesmal erwiesen sich die Vorsichtsmaßnahmen als überflüssig, aber sie hätten es nicht zu sein brauchen.«

»Aber etwas beunruhigte Sie, etwas schien nicht in Ordnung?«, hakte Cordelia nach.

Er sagte, als hänge er seinen Erinnerungen nach: »Oh, es war allem Anschein nach ziemlich unkompliziert. Fast die übliche Geschichte. Wir haben mehr als genug mit Selbstmorden zu tun. Da ist ein junger Mann, der sein Universitätsleben aus nicht erkennbaren Gründen aufgibt und beginnt, trotz gewisser Unannehmlichkeiten auf sich selbst gestellt zu leben. Man bekommt den Eindruck eines in sich gekehrten, ziemlich einsiedlerischen Studenten, der sich seiner Familie oder seinen Freunden nicht anvertraut. Drei Wochen nachdem er das College verlassen hat, wird er tot aufgefunden. Es gibt kein Anzeichen eines Kampfes, keine Unordnung im Haus: Er lässt bequemerweise eine auf Selbstmord hinweisende Nachricht in der Schreibmaschine, genau die Art von Nachricht, die man erwarten würde. Zugegeben, er macht sich die Mühe, alle Papiere im Haus zu vernichten, lässt allerdings den Spaten ungereinigt und seine Gartenarbeit unbeendet liegen und kocht noch ein Abendessen, das er nicht mehr isst. Aber das alles beweist nichts. Die Menschen benehmen sich nun mal irrational, besonders Selbstmörder. Nein, das alles war es nicht, was mir zu denken gegeben hat; es war der Knoten.«

Plötzlich beugte er sich hinunter und kramte in der linken Schreibtischschublade.

»Hier«, sagte er. »Wie würden Sie das benutzen, um sich zu erhängen, Miss Gray?«

Der Riemen, den Sergeant Maskell ihr hinhielt, war ungefähr anderthalb Meter lang. Er war knapp drei Zentimeter breit und bestand aus starkem, aber geschmeidigem Leder, das stellenweise vom Alter nachgedunkelt war. Ein Ende lief schmal zu und war mit einer Reihe kleiner, metallgefasster Löcher versehen, das andere mit einer starken Messingschnalle ausgestattet.

Cordelia nahm ihn in die Hand und Sergeant Maskell sagte: »Offensichtlich ist es als Riemen gedacht, aber Miss Leaming bestätigte, dass er ihn gewöhnlich zweimal um die Taille gebunden als Gürtel benutzte. Also, Miss Gray, wie würden Sie sich damit erhängen?«

Cordelia ließ den Riemen durch die Hände gleiten.

»Zuallererst würde ich natürlich das schmale Ende durch die Schnalle ziehen, um eine Schlinge zu machen. Dann würde ich mich mit der Schlinge um den Hals auf einen Stuhl stellen und das andere Ende des Riemens über den Haken legen. Ich würde ihn ziemlich kräftig anziehen und dann noch zweimal darumschlingen, damit er sich nicht löst. Ich würde fest an dem Riemen reißen, um mich zu vergewissern, dass der Knoten nicht aufgeht und der Haken hält. Dann würde ich den Stuhl umstoßen.«

Der Sergeant schlug die Akte vor sich auf und schob sie über den Schreibtisch.

»Sehen Sie sich das an«, sagte er. »Das ist ein Bild von dem Knoten.«

Das gestochen scharfe Polizeifoto zeigte den Knoten in bewundernswerter Deutlichkeit. Es war ein Seemannsknoten am Ende einer flachen Schleife, und er hing ungefähr dreißig Zentimeter vom Haken.

Sergeant Maskell sagte: »Ich bezweifle, dass er diesen Knoten mit den Händen über dem Kopf knüpfen konnte, das könnte niemand. Demnach muss er zuerst die Schlinge gemacht haben, so wie Sie, und dann den Seemannsknoten geknüpft haben. Aber das kann auch nicht stimmen. Zwischen der Schnalle und dem Knoten waren nur wenige Zentimeter. Wenn er es so gemacht hätte, dann hätte er nicht genug Spiel am Riemen gehabt, um seinen Kopf durch die Schlinge zu stecken. Es gibt nur eine Möglichkeit, wie er es gemacht haben könnte. Er machte zuerst die Schlinge, zog sie an, bis der Riemen an seinem Hals wie ein Kragen saß, und knüpfte anschließend den Seemannsknoten. Dann stieg er auf den Stuhl, legte die Schlinge über den Haken und trat den Stuhl zur Seite. Sehen Sie, das hier zeigt Ihnen, was ich meine.«

Er schlug eine andere Seite in der Akte auf und warf sie ihr hin.

Die Fotografie, umbarmherzig in ihrer Kontrasthärte, unmissverständlich im Motiv, hätte wie ein übler Scherz ausgesehen, wenn der Körper nicht so augenfällig tot gewesen wäre. Cordelia spürte ihr Herz gegen die Brust hämmern. Neben diesem Entsetzen war Bernies Tod sanft gewesen. Sie beugte ihren Kopf tief über die Akte, sodass ihr Haar nach vorn fiel und ihr Gesicht verdeckte, und zwang sich, die bedauernswerte Sache vor sich zu betrachten.

Der Hals war in die Länge gezogen, sodass die nackten Füße, die Zehen wie bei einem Tänzer gespitzt, nur eine Fußhöhe über dem Boden hingen. Die Bauchmuskeln waren gespannt. Der vorstehende Brustkorb sah zerbrechlich aus wie der eines Vogels. Der Kopf lag grotesk auf der Schulter wie die schreckliche Karikatur einer aus dem Leim gegangenen Puppe. Die Augen waren unter halb offenen Lidern nach oben gerollt. Die geschwollene Zunge hatte sich zwischen die Lippen gedrängt.

Cordelia sagte ruhig: »Ich sehe, was Sie meinen. Da sind nur gut zehn Zentimeter Riemen zwischen dem Hals und dem Knoten. Wo ist die Schnalle?«

»Hinten am Hals unter dem linken Ohr. Weiter hinten in der Akte ist eine Aufnahme von dem Einschnitt, den sie in das Fleisch gemacht hat.«

Cordelia sah nicht nach. Warum, fragte sie sich, hatte er ihr dieses Foto gezeigt? Es war nicht nötig, um seine Schlussfolgerung zu untermauern. Hatte er gehofft, sie zu schockieren, damit ihr klar wurde, auf was sie sich da einließ, sie zu strafen, weil sie ihm ins Gehege kam, die brutale Wirklichkeit seines Berufs ihrer amateurhaften Einmischung gegenüberzustellen, sie vielleicht zu warnen? Aber wovor? Die Polizei hatte keinen echten Verdacht, dass etwas nicht mit rechten Dingen zugegangen war; der Fall war abgeschlossen. War es vielleicht die unerwartete Gehässigkeit, der Anflug von Sadismus eines Mannes, der dem Drang, zu verletzen und zu schockieren, nicht widerstehen konnte? Waren ihm überhaupt seine eigenen Motive klar?

Sie sagte: »Ich stimme Ihnen zu, dass er es nur so getan haben kann, wie Sie es beschrieben haben, falls er es selbst getan hat. Aber angenommen, ein anderer hat die Schlinge fest um seinen Hals gezogen und ihn dann aufgehängt. Er dürfte schwer gewesen sein, ein totes Gewicht. Wäre es nicht leichter gewesen, zuerst die Knoten zu machen und ihn dann auf den Stuhl zu heben?«

»Nachdem er ihn erst gebeten hätte, ihm seinen Gürtel zu reichen?«

»Warum sollte er einen Gürtel benutzen? Der Mörder hätte ihn auch mit einer Schnur oder Krawatte erwürgen können.

Oder hätte das eine tiefere und nachweisbare Strieme unter dem Abdruck des Riemens hinterlassen?«

»Der Pathologe hat nach so einem Mal gesucht. Er hat nichts gefunden.«

»Was ist mit anderen Möglichkeiten des Erstickens; eine Plastiktüte, ein dünner Schal, ein Damenstrumpf?«

»Ich sehe, Sie würden eine erfinderische Mörderin abgeben, Miss Gray. Das ist möglich, aber dafür wäre ein kräftiger Mann nötig, und es müsste ein Überraschungsmoment dazukommen. Wir haben keine Hinweise auf einen Kampf gefunden.«

»Aber es hätte so gemacht werden können?«

»Natürlich, aber es gibt nicht den geringsten Beweis, dass es so war.«

»Und wenn er zuerst betäubt wurde?«

»An diese Möglichkeit dachte ich tatsächlich; deshalb ließ ich den Kaffee untersuchen. Aber es war keine Droge beigemischt, die Obduktion hat es bestätigt.«

»Wie viel Kaffee hat er getrunken?«

»Nur etwa einen halben Becher nach dem Obduktionsbefund, und er starb unmittelbar danach. Irgendwann zwischen sieben und neun Uhr abends, enger konnte es der Pathologe nicht eingrenzen.«

»Ist es nicht eigenartig, dass er den Kaffee vor dem Essen trank?«

»Da gibt es kein Gesetz. Wir wissen nicht, wann er vorhatte, sein Abendessen zu sich zu nehmen. Jedenfalls können Sie keinen Mordfall auf der Reihenfolge aufbauen, in der es einem Mann beliebt, zu essen und zu trinken.«

»Und was ist mit dem Brief, den er hinterließ? Es ist wohl nicht möglich, von den Schreibmaschinentasten Fingerabdrücke abzunehmen?«

»Bei diesem Tastentyp ist das nicht leicht. Versucht haben wir es, aber es kam nichts deutlich zum Vorschein.«

»Also haben Sie schließlich akzeptiert, dass es Selbstmord war?«

»Schließlich habe ich akzeptiert, dass es nicht möglich war, etwas anderes zu beweisen.«

»Aber Sie hatten einen Verdacht? Der frühere Kollege meines Partners – er ist Superintendent beim Yard – setzte immer auf seine Intuition.«

»Ja, schön, das sind die Londoner, die können sich das leisten. Wenn ich auf alle meine Vermutungen setzen würde, würde ich keinen Fall mehr abschließen. Nicht was Sie vermuten, sondern was Sie beweisen können, das zählt.«

»Darf ich den Abschiedsbrief und den Gürtel mitnehmen?«

»Warum nicht, wenn Sie beides quittieren? Anscheinend will sie sonst keiner haben.«

»Könnte ich jetzt bitte den Brief sehen?«

Er zog ihn aus dem Aktenordner und reichte ihn ihr. Cordelia begann für sich die ersten Worte zu lesen, die sie fast auswendig wusste.

... bis eine Leere, grenzenlos wie ein Himmel der Tiefe, unter uns erschien ...

Sie war, nicht zum ersten Mal, von der Gewichtigkeit des geschriebenen Wortes, der Magie geordneter Symbole beeindruckt. Würde Dichtung ihren Zauber behalten, wenn man die Zeilen als Prosa druckte, wäre Prosa so zwingend ohne die strukturgebende und Akzente setzende Kraft der Interpunktion? Miss Leaming hatte das Zitat von Blake gesprochen, als sei ihr seine Schönheit aufgegangen, doch hier, auf dem Papier, übte es eine noch größere Kraft aus.

In diesem Augenblick fielen Cordelia zwei Dinge im Zusammenhang mit dem Zitat ein, die sie den Atem anhalten ließen. Das erste war etwas, was sie Sergeant Maskell lieber nicht mitteilen wollte, aber es bestand kein Grund, warum sie nicht über das zweite reden sollte. Sie sagte: »Mark Callender muss viel Übung auf der Schreibmaschine gehabt haben. Das hat ein Fachmann geschrieben.«

»Das glaube ich nicht. Wenn Sie genau hinschauen, sehen Sie, dass ein paar Buchstaben schwächer sind als der Rest. Das ist immer ein Hinweis auf einen Amateur.«

»Aber die schwachen Buchstaben sind nicht immer dieselben. Gewöhnlich sind es doch die Tasten am Rand des Tastenfelds, die der ungeübte Schreiber schwächer anschlägt. Und die Raumeinteilung ist gut bis fast zum Ende des Abschnitts. Es sieht so aus, als sei dem Schreiber plötzlich eingefallen, dass er seine Fähigkeit verschleiern sollte, als hätte er aber keine Zeit mehr gehabt, den ganzen Abschnitt noch einmal zu tippen. Und es ist eigenartig, dass die Interpunktion so genau ist.«

»Es ist wahrscheinlich direkt von der gedruckten Seite abgeschrieben. Im Schlafzimmer des Jungen fand sich ein Buch von Blake. Das Zitat stammt von Blake, wissen Sie, dem Dichter des *Tiger.*«

»Ich weiß. Wenn er es aber aus dem Buch abgeschrieben hat, warum hat er sich dann die Mühe gemacht, den Blake in sein Schlafzimmer zurückzubringen?«

»Er war ein ordentlicher junger Mann.«

»Aber nicht ordentlich genug, um seinen Kaffeebecher zu spülen und seinen Spaten zu reinigen.«

»Das beweist nichts. Wie ich schon sagte, die Menschen benehmen sich seltsam, wenn sie vorhaben, sich umzubringen. Wir wissen, dass es seine Schreibmaschine war und dass er sie seit einem Jahr besaß. Aber wir konnten das Geschriebene nicht mit seiner Schreibarbeit vergleichen. Seine ganzen Papiere waren verbrannt worden.«

Sergeant Maskell warf einen Blick auf seine Armbanduhr und stand auf. Cordelia merkte, dass die Unterredung zu Ende war. Sie unterschrieb einen Schein für den Abschiedsbrief und den Ledergürtel, dann gab sie ihm die Hand und bedankte sich förmlich für seine Hilfe. Als er ihr die Tür aufhielt, sagte er ziemlich unvermittelt: »Da gibt es noch ein interessantes Detail, das Sie vielleicht interessiert. Es sieht so aus, als sei Mark Callender irgendwann im Laufe des Tages, an dem er starb, mit einer Frau zusammen gewesen. Der Pathologe fand eine winzige Spur von purpurrotem Lippenstift auf seiner Oberlippe.«

3. Kapitel

New Hall mit seiner byzantinischen Atmosphäre, dem geschlossenen Hof und dem glänzenden Kuppelsaal, der einer geschälten Orange glich, erinnerte Cordelia an einen Harem – zugegebenermaßen an den Harem eines Sultans mit liberalen Ansichten und einer Vorliebe für kluge Frauen, aber dennoch an einen Harem. Das College wirkte zu hübsch, um nicht von ernsthaften Studien abzulenken. Sie war sich auch nicht sicher, ob ihr die aufdringliche Weichheit der weißen Mauersteine, die manierierte Schönheit der flachen Teiche, wo die Goldfische wie blutrote Schatten an den Wasserlilien vorbeiglitten, die geschickt gesetzten jungen Bäumchen gefielen. In jedem Fall half ihr die Kritik an dem Gebäude dabei, sich nicht einschüchtern zu lassen.

Sie hatte es vermieden, den Pförtner nach Miss Tilling zu fragen, weil sie befürchtete, nach ihrem Anliegen gefragt oder nicht eingelassen zu werden. Es schien ihr klüger, einfach hineinzugehen. Das Glück war auf ihrer Seite. Nach zwei vergeblichen Erkundigungen nach Sophie Tillings Zimmer rief ihr eine vorbeieilende Studentin zu: »Sie wohnt nicht im College, aber sie sitzt dort drüben mit ihrem Bruder im Gras.«

Cordelia trat aus dem Schatten des Hofes in das helle Sonnenlicht und ging über moosweichen Rasen auf die kleine Gruppe zu. Vier waren es, die da im warm duftenden Gras lagen. Die zwei Tillings waren unverkennbar Bruder und Schwester. Cordelia fühlte sich durch ihre kräftigen dunklen Köpfe, in stolzer Haltung auf ungewöhnlich kurzen Hälsen, und ihre geraden Nasen über geschwungenen, verkürzten Oberlippen spontan an präraffaelitische Porträts erinnert. Neben ihrer kantigen Vornehmheit wirkte das zweite Mädchen sehr weich. Falls dies das Mädchen war, das Mark in seinem Gartenhaus besucht hatte, hatte Miss Markland es zu Recht als schön bezeichnet. Sie hatte ein ovales Gesicht mit einer hübschen schmalen Nase, einen kleinen, aber hübsch geformten Mund und schräg stehende Augen von einem überraschend tiefen Blau, die ihrem ganzen Gesicht ein orientalisches Aussehen verliehen, das mit ihrem hellen Teint und dem langen blonden Haar unvereinbar war. Sie trug ein knöchellanges Kleid aus feiner, lila gemusterter Baumwolle. Das geraffte Mieder umschloss ihre vollen Brüste und war von der Taille hochgeknöpft, sonst aber durch nichts anderes gehalten. Der Rock fiel offen und enthüllte knapp sitzende Shorts aus demselben Stoff. Soviel Cordelia sehen konnte, trug sie sonst nichts. Ihre Füße waren nackt, und ihre langen, wohlgeformten Beine waren blass. Cordelia dachte für sich, dass diese weißen sinnlichen Schenkel erotischer wirken mussten als eine ganze Stadt voller sonnenverbrannter Gliedmaßen und dass das

Mädchen sich dessen sehr bewusst war. Sophie Tillings dunkles, gutes Aussehen ließ diese weichere, hinreißende Schönheit nur noch stärker zur Geltung kommen.

Auf den ersten Blick war das vierte Mitglied der Gruppe unauffälliger. Es war ein untersetzter, bärtiger junger Mann mit rostbraunem lockigem Haar und einem eckigen Gesicht, der neben Sophie Tilling im Gras lag.

Alle außer dem blonden Mädchen trugen verwaschene Jeans und Poloshirts mit offenen Knöpfen.

Cordelia war neben die Gruppe getreten und hatte ein paar Sekunden da gestanden, ehe sie Notiz von ihr nahmen. Sie sagte: »Ich suche Hugo und Sophie Tilling. Mein Name ist Cordelia Gray.« Hugo Tilling sah auf: »Was sagt Cordelia nun? Sie liebt und schweigt.«

Cordelia sagte: »Die Leute, die meinen, sie müssten einen Scherz wegen meines Namens machen, fragen mich gewöhnlich nach meinen Schwestern. Es wird langweilig auf die Dauer.«

»Das glaube ich. Tut mir leid. Ich bin Hugo Tilling, das ist meine Schwester Sophie, das sind Isabelle de Lasterie und Davie Stevens.«

Davie Stevens setzte sich wie ein Schachtelmännchen auf, gab ein freundliches »Tag« von sich und sah Cordelia mit spöttischer Aufmerksamkeit an. Sie wusste nicht recht, wie sie ihn einordnen sollte. Ihr erster Eindruck von der kleinen Gruppe, vielleicht beeinflusst von der Architektur des College, war der von einem Sultan gewesen, der es sich mit zweien seiner Lieblingsfrauen gemütlich machte und vom Hauptmann der Wache begleitet wurde. Aber als sie Davies festem, klugem Blick begegnete, schwand dieser Eindruck. Sie hatte den Verdacht, dass in diesem Palast eher der Hauptmann der Wache die beherrschende Persönlichkeit war.

Sophie Tilling nickte ihr zu und sagte: »Hallo.«

Isabelle sagte nichts, aber ein Lächeln, schön und nichtssagend, breitete sich auf ihrem Gesicht aus.

Hugo sagte: »Möchten Sie sich nicht setzen, Cordelia Gray, und das Wesen Ihrer Bedürfnisse erläutern?«

Cordelia kniete sich vorsichtig hin, um Grasflecke auf dem weichen Wildleder ihres Rockes zu vermeiden. Es war eine seltsame Art, Verdächtige zu verhören – nur waren diese Menschen natürlich keine Verdächtigen –, sie muss eher wie eine Bittstellerin ausgesehen haben, als sie da vor ihnen kniete.

Sie sagte: »Ich bin Privatdetektivin. Sir Ronald Callender hat mich angestellt, um herauszubekommen, warum sein Sohn starb.«

Die Wirkung ihrer Worte war verblüffend. Die kleine Gruppe, die entspannt im Gras gelegen hatte, erstarrte vor plötzlichem Schrecken zu einem reglosen Bild, als sei sie in Marmor gehauen. Dann, kaum wahrnehmbar, entspannten sie sich wieder. Cordelia konnte das langsame Ausströmen des angehaltenen Atems hören. Sie beobachtete ihre Gesichter. Davie Stevens war am wenigsten betroffen. Er lächelte ein wenig traurig, interessiert, aber ohne Angst, und warf Sophie einen Blick zu, als sei er ein Mitwisser. Der Blick wurde nicht erwidert; Sophie und Hugo sahen starr geradeaus. Cordelia spürte, dass die beiden Tillings sorgsam vermieden, sich in die Augen zu sehen. Es war jedoch Isabelle, die am erschüttertsten wirkte. Sie schnappte nach Luft und schlug ihre Hand vors

Gesicht wie eine zweitklassige Schauspielerin, die Entsetzen mimt. Ihre Augen weiteten sich zu bodenlosen Tiefen dunklen Blaus und richteten sich verzweifelt auf Hugo. Sie sah so blass aus, dass Cordelia beinahe damit rechnete, sie würde ohnmächtig. Sie dachte: Falls ich hier Zeugin einer Verschwörung werde, dann weiß ich, wer ihr schwächstes Glied ist.

Hugo Tilling fragte schließlich: »Ronald Callender hat Sie angestellt, um herauszufinden, warum Mark starb?«

»Ist das so außergewöhnlich?«

»Ich finde es erstaunlich. Er hatte kein besonderes Interesse an seinem Sohn, solange er lebte, warum will er jetzt anfangen, wo er tot ist?«

»Woher wissen Sie, dass er sich nicht besonders für ihn interessiert hat?«

»So war mein Eindruck.«

Cordelia sagte: »Nun, jetzt interessiert er sich dafür, selbst wenn es nur der Drang des Wissenschaftlers ist, die Wahrheit aufzudecken.«

»Dann sollte er sich lieber an die Mikrobiologie halten und entdecken, wie man Plastik in Salzwasser löslich macht oder etwas in der Art. Menschliche Wesen sind nicht empfänglich für seine Form von Behandlung.«

Davie Stevens sagte mit lässiger Gleichgültigkeit: »Ich wundere mich, dass Sie diesen arroganten Faschisten ertragen können.«

Der Spott riss an zu vielen Saiten der Erinnerung. Sich absichtlich verständnislos stellend, sagte Cordelia: »Ich habe nicht nachgefragt, welche politische Partei Sir Ronald bevorzugt.«

Hugo lachte. »Das meint Davie nicht. Er meint, dass Ronald Callender gewisse unhaltbare Ansichten vertritt. Zum Beispiel, dass vielleicht nicht alle Menschen gleich geschaffen sind, dass das allgemeine Wahlrecht nicht notwendigerweise zum allgemeinen Glück der Menschheit beiträgt, dass die linken Diktaturen nicht merklich liberaler und erträglicher sind als die rechten, dass es kaum ein Fortschritt ist, wenn Schwarze von Schwarzen anstatt von Weißen getötet werden, soweit es die Opfer betrifft, und dass der Kapitalismus vielleicht nicht für alle Übel der Menschheit verantwortlich ist. Ich unterstelle nicht, dass Ronald Callender alle oder auch nur eine dieser verwerflichen Ansichten vertritt. Aber Davie ist davon überzeugt.«

Davie warf ein Buch nach Hugo und sagte ohne Groll: »Hör auf! Du redest wie der *Daily Telegraph*. Und du langweilst unseren Gast.«

Sophie Tilling fragte plötzlich: »Hat Sir Ronald Ihnen etwa vorgeschlagen, uns auszufragen?«

»Er sagte, dass Sie Marks Freunde sind; er sah Sie bei der gerichtlichen Voruntersuchung und bei der Trauerfeier.«

Hugo lachte: »Um Gottes willen! Und *das* soll ein Beleg unserer Freundschaft sein?«

Cordelia fragte: »Waren Sie dort?«

»Wir gingen zu dem Gerichtstermin – wir alle außer Isabelle, die zwar eine Zierde, aber unzuverlässig gewesen wäre. Es war ziemlich öde. Es gab eine ganze Menge über den ausgezeichneten Zustand von Marks Herz, Lunge und Verdauungsapparat zu hören. Soweit ich verstanden habe, hätte er ewig gelebt, wenn er sich nicht einen Gürtel um den Hals gelegt hätte.«

»Und die Trauerfeier? Waren Sie dort auch?«

»Ja. Eine sehr gedämpfte Angelegenheit im Krematorium von Cambridge. Es waren nur sechs Leute da außer den Männern vom Bestattungsunternehmen – wir drei, Ronald Callender, diese Sekretärin-Haushälterin von ihm und eine alte Kinderschwester oder so was in Schwarz. Sie gab der ganzen Angelegenheit eine ziemlich düstere Note, fand ich. Tatsächlich sah sie so haargenau wie ein altes Familienfaktotum aus, dass ich den Verdacht habe, sie war eine verkleidete Polizistin.«

»Warum sollte sie das sein? Sah sie wie eine aus?«

»Nein, aber Sie sehen schließlich auch nicht wie ein Privatdetektiv aus.«

»Sie haben keine Ahnung, wer sie war?«

»Nein, wir wurden nicht vorgestellt; es war keine Trauerfeier von der geselligen Art. Ich glaube sogar, dass keiner von uns ein einziges Wort zu einem von den anderen sagte. Sir Ronald trug eine Maske öffentlicher Trauer – der König, der um den Kronprinzen trauert.«

»Und Miss Leaming?«

»Die Gemahlin des Königs; sie hätte einen schwarzen Schleier vor dem Gesicht tragen sollen.«

»Ich fand, dass ihr Leid ziemlich echt wirkte«, sagte Sophie.

»Das kannst du nicht sagen. Keiner kann das. Was ist Leid? Was ist echt?«

Davie Stevens wälzte sich wie ein ausgelassener Hund auf den Bauch und sagte plötzlich: »Miss Leaming sah auch in meinen Augen ganz schön leidend aus. Übrigens hieß die alte Dame Pilbeam; jedenfalls war das der Name auf dem Kranz.«

Sophie lachte. »Dieses scheußliche Kreuz aus Rosen mit

der schwarz umrandeten Schleife? Das hätte ich mir denken können, dass es von ihr war. Aber woher weißt du das?«

»Ich habe nachgesehen, Schatz. Die Männer vom Bestattungsunternehmen haben den Kranz vom Sarg genommen und an die Wand gelehnt, also habe ich schnell einen Blick riskiert. Auf der Schleife stand: ›Mit aufrichtigem Mitgefühl von Nanny Pilbeam‹.«

Sophie sagte: »Stimmt, ich habe dich gesehen, jetzt weiß ich es wieder. Wie herrlich feudal! Seine arme alte Nanny, das muss sie eine schöne Stange Geld gekostet haben.«

»Hat Mark jemals von Nanny Pilbeam gesprochen?«, fragte Cordelia.

Sie warfen sich einen raschen Blick zu.

Isabelle schüttelte den Kopf.

Sophie sagte: »Zu mir nicht.«

Hugo Tilling antwortete: »Er hat nie von ihr gesprochen, aber ich glaube, ich habe sie vor der Trauerfeier schon einmal gesehen. Sie kam vor ungefähr sechs Wochen im College vorbei – tatsächlich an Marks einundzwanzigstem Geburtstag – und fragte nach ihm. Ich war gerade in der Pförtnerloge, und Robbins fragte mich, ob Mark im College sei. Sie ging in sein Zimmer hoch, und sie waren dort ungefähr eine Stunde zusammen. Ich sah sie weggehen, aber er hat sie mir gegenüber weder damals noch später erwähnt.«

Und bald darauf, dachte Cordelia, gab er die Universität auf. Konnte da ein Zusammenhang bestehen? Es war nur ein winziger Anhaltspunkt, aber sie würde ihm nachgehen müssen.

Aus einer Neugier, die verkehrt und unangebracht schien, fragte sie: »Gab es noch andere Blumen?«

Es war Sophie, die antwortete. »Ein einfacher Strauß Gartenblumen auf dem Sarg. Keine Schleife. Von Miss Leaming, nehme ich an. Es war kaum Sir Ronalds Stil.«

»Sie waren seine Freunde. Bitte erzählen Sie mir von ihm«, bat Cordelia.

Sie sahen einander an, als müssten sie beschließen, wer reden sollte. Ihre Verlegenheit war fast greifbar. Sophie Tilling zupfte kleine Grashalme aus und rollte sie zwischen ihren Fingern. Ohne aufzublicken, sagte sie: »Mark war ein sehr in sich gekehrter Mensch. Ich bin mir nicht sicher, wie weit einer von uns ihn kannte. Er war still, freundlich, zurückhaltend, bescheiden. Er war intelligent, ohne brillant zu sein. Er kümmerte sich um seine Mitmenschen, belastete sie aber nicht mit seinen Sorgen. Er verfügte über wenig Selbstachtung, aber das schien ihn nie zu beunruhigen. Ich glaube nicht, dass wir sonst noch etwas über ihn sagen können.«

Plötzlich sprach Isabelle, mit einer so leisen Stimme, dass Cordelia sie kaum verstehen konnte. Sie sagte: »Er war lieb.«

Hugo sagte mit einer unerwarteten, ärgerlichen Ungeduld: »Er war lieb, und er ist tot. Da haben Sie es. Wir können Ihnen über Mark Callender nicht mehr erzählen als das. Keiner von uns hat ihn wiedergesehen, nachdem er das College geschmissen hat. Er fragte uns nicht um Rat, bevor er wegging, und er fragte uns nicht um Rat, bevor er sich umbrachte. Er war, wie meine Schwester schon gesagt hat, ein sehr in sich gekehrter Mensch. Ich schlage vor, dass Sie ihm seine Privatsphäre lassen.«

»Hören Sie«, sagte Cordelia. »Sie haben der gerichtlichen Voruntersuchung beigewohnt und der Trauerfeier. Wenn Sie sich nicht mehr mit ihm getroffen haben, wenn er Ihnen so gleichgültig war, warum haben Sie sich dann diese Mühe gemacht?«

»Sophie ging aus Zuneigung. Davie ging, weil Sophie es tat. Ich ging aus Neugier und Achtung! Sie dürfen sich von meiner saloppen, frechen Art nicht verleiten lassen zu denken, ich hätte kein Herz.«

Cordelia sagte hartnäckig: »Jemand hat ihn am Abend, an dem er starb, im Gartenhaus besucht. Jemand hat Kaffee mit ihm getrunken. Ich habe vor herauszukriegen, wer das war.«

War es nur Einbildung, dass diese Neuigkeit sie überraschte? Sophie Tilling sah aus, als wollte sie eine Frage stellen, aber ihr Bruder kam ihr zuvor: »Es war keiner von uns. In der Nacht, als Mark starb, saßen wir alle in der zweiten Reihe im ersten Rang des Arts Theatre und sahen uns Pinter an. Ich weiß nicht, ob ich es beweisen kann. Ich bezweifle, dass die Frau an der Kasse den Sitzplan von diesem bestimmten Abend aufgehoben hat, aber ich habe die Karten bestellt, und sie erinnert sich vielleicht an mich. Wenn Sie unbedingt so schrecklich genau sein müssen, kann ich Sie wahrscheinlich mit einem Freund bekannt machen, der von meiner Absicht wusste, mit ein paar Leuten das Stück anzusehen, und mit einem anderen, der wenigstens ein paar von uns in der Pause gesehen hat, oder mit noch einem anderen, mit dem ich anschließend über die Vorstellung diskutiert habe. Nichts davon beweist etwas; meine Freunde sind eine hilfsbereite Clique. Es wäre einfacher für Sie, wenn Sie das, was ich sage, als die Wahrheit hinnehmen. Warum sollte ich lügen? Wir waren am Abend des 26. Mai alle vier im Arts Theatre.«

Davie Stevens sagte freundlich: »Warum sagen Sie diesem arroganten Schweinehund Pa Callender nicht, er soll sich zum Teufel scheren und seinen Sohn in Frieden lassen, und suchen sich einen netten, einfachen Fall von Diebstahl?«

»Oder Mord«, sagte Hugo Tilling.

»Richtig. Suchen Sie sich einen netten, einfachen Mordfall.«

Als gehorchten sie irgendeinem geheimen Signal, begannen sie aufzustehen, ihre Bücher zusammenzusuchen und die Grashalme von ihren Kleidern abzuschütteln. Cordelia folgte ihnen durch den Innenhof und aus dem College. Immer noch schweigend, ging die Gruppe auf einen weißen Renault zu, der im Vorhof geparkt war.

Cordelia holte sie ein und sprach Isabelle direkt an.

»Hat Ihnen der Pinter gefallen? Hat diese furchtbare letzte Szene, in der Wyatt Gillman von den Eingeborenen erschossen wird, Sie nicht erschreckt?«

Es funktionierte so leicht, dass Cordelia sich beinahe selbst verachtete. Die großen dunkelblauen Augen bekamen einen verwirrten Ausdruck. »O nein! Das hat mir nichts ausgemacht. Ich war ja bei Hugo und den anderen, wissen Sie.«

Cordelia wandte sich an Hugo Tilling. »Ihre Freundin scheint eher Osborne als Pinter gesehen zu haben.«

Hugo setzte sich auf den Fahrersitz des Autos. Er drehte sich um, um die hintere Tür für Sophie und Davie zu öffnen. Dann sagte er ruhig: »Meine Freundin, wie Sie sie nennen, lebt in Cambridge – unzureichend beaufsichtigt, kann ich zum Glück sagen – zu dem Zweck, Englisch zu lernen. Bis jetzt ist ihr Fortschritt fragmentarisch und in mancher Hinsicht enttäuschend gewesen. Man kann nie sicher sein, wie viel sie verstanden hat.«

Der Motor sprang an. Das Auto setzte sich in Bewegung. In diesem Augenblick streckte Sophie Tilling ihren Kopf aus dem Fenster und sagte: »Ich habe nichts dagegen, mich über Mark zu unterhalten, wenn Sie meinen, dass es nutzt. Kommen Sie heute Nachmittag bei mir vorbei, wenn Sie wollen – Norwich Street 57. Aber kommen Sie nicht zu spät; Davie und ich gehen Boot fahren. Sie können auch mitkommen, wenn Sie Lust haben.«

Das Auto beschleunigte. Cordelia sah ihm nach, bis es außer Sicht war. Hugo hob seine Hand zu einem ironischen Abschiedsgruß, aber keiner der Insassen wandte den Kopf.

Cordelia murmelte die Adresse vor sich hin, bis sie aufgeschrieben war: Norwich Street 57. Ob Sophie dort wohl zur Untermiete wohnte, vielleicht in einem Studentenheim, oder lebte ihre Familie in Cambridge? Nun, sie würde es bald feststellen. Wann sollte sie hingehen? Zu früh würde übertrieben eifrig aussehen; zu spät, dann wären sie vielleicht schon zum Fluss aufgebrochen. Welches Motiv auch immer Sophie Tilling veranlasst hatte, diese verspätete Einladung auszusprechen, sie durfte jetzt nicht den Kontakt verlieren.

Sie wussten etwas, das sie mit Schuldgefühl erfüllte; das war ganz deutlich gewesen. Warum sonst hätten sie so heftig auf ihr Erscheinen reagieren sollen? Sie wünschten, dass die Fakten von Mark Callenders Tod nicht aufgerührt würden. Sie würden versuchen, sie zu überreden, ihr gut zuzureden oder gar Schamgefühl in ihr zu wecken, damit sie den Fall aufgäbe. Würden sie ihr, fragte sie sich, auch drohen? Aber warum? Die wahrscheinlichste Theorie war, dass sie jemanden deckten. Aber noch einmal, warum? Mord war etwas anderes, als wenn einer nachts ins College einstieg, eine entschuldbare Übertretung der Regeln, die ein Freund selbstverständlich verstehen und verheimlichen würde. Mark Callender war ihr Freund. Jemand, den er kannte und dem er vertraute, hatte einen Riemen fest um seinen Hals gezogen, hatte seinem qualvollen Ersticken zugesehen und zugehört, hatte seinen Körper an einen Haken gehängt wie den Kadaver eines Tieres. Wie ließ sich dieses entsetzliche Wissen vereinbaren mit Davie Stevens' leicht amüsiertem und wehmütigem Blick auf Sophie, mit Hugo Tillings zynischer Ruhe, mit Sophies freundlichen und interessierten Augen? Wenn sie Verschwörer waren, dann waren sie ziemlich kaltblütig. Und Isabelle? Falls sie jemanden deckten, war es am wahrscheinlichsten, dass es sich um Isabelle handelte. Aber Isabelle de Lasterie konnte Mark nicht ermordet haben. Cordelia erinnerte sich an die zarten, hängenden Schultern, diese unbrauchbaren, fast durchsichtigen Hände, die langen, wie zierliche rosa Krallen bemalten Nägel. Falls Isabelle schuldig war, hatte sie nicht allein gehandelt. Nur eine große und sehr kräftige Frau konnte jenen trägen Körper auf den Stuhl und hinauf an den Haken gehoben haben.

Die Norwich Street war eine Einbahnstraße, und Cordelia kam zuerst aus der falschen Richtung. Es dauerte eine Zeit lang, bis sie ihren Weg zurück zur Hills Road, an der katholischen Kirche vorbei und hinunter bis zur vierten Straße nach rechts gefunden hatte. Die Straße war mit kleinen Backsteinreihenhäusern bebaut, die erkennbar frühviktorianisch waren. Ebenso erkennbar war die Straße im Begriff, sich zu einer besseren Gegend zu wandeln. Die meisten Häuser sahen sehr gepflegt aus; der Anstrich auf den gleichartigen Eingangstüren war frisch und glänzend, glatte Vorhänge hatten die gerafften Spitzen an den einzelnen Erdgeschossfenstern ersetzt, und die Mauersockel waren mit einer Isolierschicht geschützt. Nummer 57 hatte eine schwarze Haustür mit einer Glasscheibe darüber, an die von innen die Hausnummer in Weiß gemalt war. Cordelia entdeckte erleichtert eine Parkmöglichkeit für ihren Mini. Von dem Renault war in der fast lückenlosen Reihe von alten Autos und ramponierten Fahrrädern, die den Bürgersteig säumten, nichts zu sehen.

Die Haustür stand weit offen. Cordelia drückte auf die Klingel und trat zögernd in eine enge weiße Diele. Das Äußere des Hauses war ihr sofort vertraut. Von ihrem sechsten Geburtstag an hatte sie zwei Jahre lang in einem ebensolchen viktorianischen Reihenhaus bei Mrs. Gibson am Rand von Romford gelebt. Sie erkannte die steile, schmale Treppe direkt vor sich wieder, die Tür rechts, die in das vordere Wohnzimmer führte, die zweite Tür übereck, die in das hintere Wohnzimmer und durch das Zimmer zur Küche und auf den Hof ging. Sie wusste, dass es da Schränke und runde Nischen zu beiden Seiten des Kamins gäbe; sie wusste, wo sie die Tür unter der Treppe finden würde. Die Erinnerung war so klar, dass der Geruch von ungewaschenen Windeln, Kohl und Fett, der das Haus in Romford durchzogen hatte, dieses saubere, nach Sonne duftende Innere überdeckte. Sie konnte fast die Stimmen der Kinder hören, die ihren fremd klingenden Namen über den Schulhof der Grundschule auf der anderen Straßenseite riefen und dabei über den Asphalt stapften mit den obligatorischen

Stiefeln, die sie das ganze Jahr über trugen, und ihre dünnen, in Wollpullovern steckenden Arme schwenkten: »Cor, Cor, Cor!«

Die gegenüberliegende Tür war angelehnt, und sie konnte in ein Zimmer sehen, das von Sonnenlicht durchflutet war. Sophie Tillings Kopf tauchte auf.

»Ach, Sie sinds! Kommen Sie herein. Davie ist ein paar Bücher im College holen gegangen und Essen für das Picknick besorgen. Möchten Sie gleich einen Tee, oder wollen wir auf ihn warten? Ich bin gerade mit Bügeln fertig.«

»Ich warte lieber, vielen Dank.«

Cordelia setzte sich hin und sah zu, wie Sophie die Schnur um das Bügeleisen wickelte. Sie sah sich im Zimmer um. Es war einladend und reizvoll, in keinem bestimmten Stil möbliert, ein gemütliches Sammelsurium von Praktischem und Wertvollem, schlicht und freundlich. Da gab es einen massiven Eichentisch vor der Wand, vier ziemlich hässliche Esszimmerstühle, einen Windsor-Stuhl mit einem dicken gelben Kissen, ein elegantes viktorianisches Sofa mit braunem Samtbezug unter dem Fenster, drei filigrane Figuren aus Staffordshire-Porzellan auf dem Sims über dem halb bedeckten schmiedeeisernen Kaminrost. Eine der Wände war fast komplett mit einem Pinnbrett aus dunklem Kork bedeckt, an das Poster, Ansichtskarten, Merkzettel und aus Illustrierten ausgeschnittene Bilder geheftet waren. Zwei davon, sah Cordelia, waren schön fotografierte und attraktive Akte. Der kleine ummauerte Garten vor dem Fenster mit den gelben Vorhängen mutete wie eine Orgie in Grün an. Ein großer, mit Blüten übersäter Stockrosenstrauch wucherte an einem schäbig aussehenden Spalier; es gab große Kübel mit Rosen, und auf der Mauer stand eine Reihe von Töpfen mit leuchtend roten Geranien.

Cordelia sagte: »Das Haus gefällt mir. Gehört es Ihnen?«

»Ja, es gehört mir. Unsere Großmutter starb vor zwei Jahren und hinterließ Hugo und mir eine kleine Erbschaft. Ich habe meinen Anteil für die Anzahlung auf dieses Haus verwandt und von der Stadt einen Zuschuss für die Umbaukosten bekommen. Hugo hat alles dafür ausgegeben, Wein einzulagern. Er hat für eine glückliche Lebensmitte gesorgt; ich habe mir eine glückliche Gegenwart gesichert. Ich nehme an, das ist der Unterschied zwischen uns.«

Sie faltete das Bügeltuch am Tischende zusammen und verstaute es in einem der Schränke. Dann setzte sie sich Cordelia gegenüber und fragte unvermittelt: »Mögen Sie meinen Bruder?«

»Nicht besonders. Ich meine, er benahm sich mir gegenüber ziemlich unhöflich.«

»Das hat er nicht beabsichtigt.«

»Das ist meiner Meinung nach eher noch schlimmer. Unhöflichkeit sollte immer absichtlich sein, andernfalls ist es Unachtsamkeit.«

»Hugo ist nicht der Liebenswürdigste, wenn er mit Isabelle zusammen ist. Sie hat diese Wirkung auf ihn.«

»War sie in Mark Callender verliebt?«

»Das werden Sie sie selbst fragen müssen, Cordelia, aber ich glaube es eigentlich nicht. Sie kannten sich kaum. Mark war mein Freund, nicht ihrer. Ich dachte, ich erzähle es Ihnen lieber selbst, da irgendjemand es früher oder später ohnehin tut, wenn Sie in Cambridge herumlaufen und sich über ihn erkundigen. Er hat natürlich nicht hier bei mir gewohnt. Er hatte ein Zimmer im College. Aber wir waren fast das ganze letzte Jahr zusammen. Es ging gleich nach Weihnachten zu Ende, als ich Davie begegnete.«

»Waren Sie verliebt?«

»Ich bin nicht sicher. Der ganze Sex ist eine Art von Ausbeutung, nicht wahr? Wenn Ihre Frage darauf abzielt, ob wir unsere eigene Identität durch die Persönlichkeit des anderen erforschten, dann waren wir vermutlich ineinander verliebt oder glaubten zumindest, es zu sein. Für Mark war es notwendig zu glauben, dass er verliebt sei. Ich bin nicht sicher, ob ich weiß, was das Wort überhaupt bedeutet.«

Cordelia spürte eine Welle der Sympathie. Auch sie war sich nicht sicher. Sie dachte an ihre beiden Liebhaber; Georges, mit dem sie geschlafen hatte, weil er sanft und unglücklich war und sie Cordelia nannte, bei ihrem richtigen, ihrem vollen Namen, nicht Delia, Papas kleiner Faschist; und Carl, der jung und stürmisch war und den sie so gern gemocht hatte, dass sie es für Unrecht gehalten hätte, es ihm nicht auf die einzige Art, die ihm wichtig zu sein schien, zu zeigen. Sie hatte die Jungfräulichkeit nie für etwas anderes als einen vorübergehenden und lästigen Zustand gehalten, Teil der allgemeinen Unsicherheit und Verletzlichkeit des Jungseins. Vor Georges und Carl war sie einsam und unerfahren gewesen. Danach war sie einsam und ein bisschen weniger unerfahren gewesen. Keines der beiden Verhältnisse hatte ihr die ersehnte Sicherheit im Umgang mit ihrem Vater oder den Zimmerwirtinnen gegeben, keines hatte ihr Herz richtig berührt. Aber für Carl hatte sie Zärtlichkeit empfunden. Es war schon gut so, dass er Rom verlassen hatte, bevor sein Sex zu angenehm und er zu wichtig für sie geworden war. Es war unerträglich, sich vorzustellen, dass diese seltsamen sportlichen Übungen eines Tages unverzichtbar werden könnten. Sex, hatte Cordelia entschieden, wurde überbewertet, was nicht schlimm, aber erstaunlich war. Die Diskrepanz zwischen Gedanke und Tun war so total.

Sie sagte: »Ich denke, ich wollte nur wissen, ob Sie sich gernhatten und ob Sie gern zusammen ins Bett gegangen sind.«

»Beides trifft zu.«

»Warum ging es zu Ende? Haben Sie sich gestritten?«

»Nein. Man stritt nicht mit Mark. Das war eine der Schwierigkeiten mit ihm. Ich sagte ihm, dass ich diese Beziehung nicht fortführen wollte, und er nahm meine Entscheidung so ruhig hin, als würde ich einfach eine Verabredung, gemeinsam ein Stück im Arts Theatre anzusehen, absagen. Er versuchte nicht, darüber zu reden oder mich davon abzubringen. Und wenn Sie sich fragen, ob der Bruch etwas mit seinem Tod zu tun hatte, dann liegen Sie falsch. So viel gibt keiner auf mich, schon gar nicht Mark. Ich habe ihn wahrscheinlich lieber gehabt als er mich.«

»Warum haben Sie es dann beendet?«

»Ich hatte das Gefühl, dass ich mich in einer moralischen Prüfung befand. Das stimmte in Wirklichkeit gar nicht; Mark war kein Snob. Aber ich habe es eben so empfunden oder mir vorgemacht, dass ich es empfand. Ich konnte nicht ihm gemäß leben, und ich wollte es auch nicht. Da war zum Beispiel Gary Webber. Am besten erzähle ich Ihnen von ihm; das erklärt eine ganze Menge über Mark. Gary ist ein autistisches Kind, eines von der unkontrollierbaren, gewalttätigen Art. Mark begegnete ihm mit seinen Eltern und seinen beiden Geschwistern vor ungefähr einem Jahr im Jesus Green; die Kinder spielten dort auf dem Spielplatz. Mark sprach Gary an, und der Junge reagierte sehr positiv auf ihn. Das ging ihm mit Kindern immer so. Er fing an, die Familie zu besuchen und an einem Abend in der Woche auf Gary aufzupassen, damit die Webbers ins Kino gehen konnten. Während seiner letzten beiden Semesterferien kümmerte er sich um Gary, während die übrige Familie in Urlaub fuhr. Die Webbers konnten es nicht ertragen, den Jungen in ein Krankenhaus zu schicken; sie versuchten es einmal, aber er gewöhnte sich nicht ein. Aber sie ließen ihn sehr gern in Marks Obhut.

Ich ging gewöhnlich an ein paar Abenden hin und besuchte die beiden. Mark hielt den Jungen dann auf seinem Schoß und wiegte ihn hin und her. Das war die einzige Möglichkeit, ihn zu beruhigen. Wir hatten unterschiedliche Ansichten, was Gary anging. Ich dachte, er wäre besser tot, und sagte das auch. Ich denke immer noch, es wäre besser, wenn er sterben würde, besser für seine Eltern, besser für den Rest der Familie, besser für ihn selbst. Mark sah das anders. Ich erinnere mich, dass ich sagte: ›Nun gut, wenn du es für vernünftig hältst, dass Kinder leiden, damit du den emotionalen Kitzel, sie zu trösten, genießen kannst …‹ Danach wurde das Gespräch ermüdend abstrakt. Mark sagte: ›Weder du noch ich wären bereit, Gary zu töten. Er existiert. Seine Familie existiert. Sie brauchen Hilfe, die wir geben können. Es ist gleichgültig, was wir fühlen. Taten sind wichtig, Gefühle sind es nicht.‹«

Cordelia sagte: »Aber Taten gehen doch aus Gefühlen hervor.«

»Oh, Cordelia, nun fangen Sie nicht damit an! Ich habe diese Unterhaltung schon so oft geführt. Natürlich tun sie das.«

Sie schwiegen eine Weile. Cordelia wollte das schwache Vertrauen und die Freundschaft, die, wie sie spürte, zwischen ihnen zu wachsen begann, nur ungern zerstören, aber dann rang sie sich doch zu der Frage durch: »Warum hat er sich umgebracht – falls er sich umgebracht hat?«

Sophies Antwort war so entschieden wie eine zugeschlagene Tür.

»Er hat eine Nachricht hinterlassen.«

»Eine Nachricht vielleicht, aber, wie sein Vater bemerkt hat, keine Erklärung. Es ist ein wunderschönes Stück Prosa – wenigstens denke ich das –, aber als Rechtfertigung für einen Selbstmord ist es nicht überzeugend.«

»Die Geschworenen hat es überzeugt.«

»Mich überzeugt es nicht. Überlegen Sie doch mal, Sophie! Es gibt eigentlich nur zwei Gründe, sich selbst zu töten. Jemand läuft entweder vor etwas weg oder auf etwas zu. Das Erste ist rational. Wenn jemand mit unerträglichen Schmerzen, in Verzweiflung oder seelischer Qual lebt und keine vernünftige Möglichkeit auf Besserung besteht, dann ist es vermutlich klug, das Vergessen vorzuziehen. Aber es ist nicht klug, sich in der Hoffnung zu töten, man könne eine bessere Existenz erringen oder sein Bewusstsein um die Erfahrung des Todes erweitern. Es ist nicht möglich, den Tod zu erfahren. Ich bin nicht einmal sicher, ob es möglich ist, das Sterben zu erfahren. Man kann nur die Vorbereitungen auf den Tod erfahren, und selbst das scheint sinnlos, weil man von der Erfahrung hinterher keinen Gebrauch mehr machen kann. Falls es irgendeine Art von Existenz nach dem Tod gibt, werden wir es früh genug erfahren. Falls es sie nicht gibt, werden wir nicht mehr existieren, um uns beklagen zu können, dass man uns betrogen hat. Menschen, die an ein Leben nach dem Tod glauben, sind völlig vernünftig. Sie sind die Einzigen, die vor der allerletzten Enttäuschung sicher sind.«

»Das haben Sie ja gründlich durchdacht. Aber, wissen Sie, ich bin nicht sicher, ob Selbstmörder das tun. Diese Tat ist wahrscheinlich zugleich impulsiv und irrational.«

»War Mark impulsiv und irrational?«

»Ich habe Mark nicht gekannt.«

»Aber Sie waren doch seine Geliebte! Sie haben mit ihm geschlafen!«

Sophie sah sie an und rief in zornigem Schmerz: »Ich habe ihn nicht gekannt! Ich habe es geglaubt, aber ich habe nicht das Geringste von ihm gewusst!«

Sie saßen fast zwei Minuten da, ohne ein Wort zu reden.

Dann fragte Cordelia: »Sie waren zum Abendessen in Garforth House, nicht wahr? Wie war es dort?«

»Das Essen und der Wein waren erstaunlich gut, aber ich nehme an, das haben Sie nicht gemeint. Die Gesellschaft war nicht bemerkenswert. Sir Ronald war recht liebenswürdig im Umgang mit mir. Miss Leaming betrachtete mich prüfend wie eine künftige Schwiegermutter, wenn sie ihre zwanghafte Aufmerksamkeit von dem präsidierenden Genius losreißen konnte. Mark war ziemlich still. Ich glaube, er hatte mich mitgenommen, um mir oder vielleicht sich selbst etwas zu beweisen; ich weiß es nicht. Er sprach nie von dem Abend und fragte mich nie, wie es mir gefallen hatte. Einen Monat später gingen Hugo und ich gemeinsam zum Abendessen hin. Bei dieser Gelegenheit lernte ich Davie kennen. Er war der Gast eines der Biologen, und Ronald Callender versuchte ihn für seine Forschung zu gewinnen. Davie hatte in seinem letzten Jahr einen Ferienjob dort. Sie sollten ihn fragen, wenn Sie vertrauliche Informationen über Garforth House wollen.«

Fünf Minuten später kamen Hugo, Isabelle und Davie. Cordelia war nach oben ins Bad gegangen und hörte das anhaltende Auto und dann das Geschnatter von Stimmen in der Diele. Schritte gingen unter ihr vorbei auf das hintere Wohnzimmer zu. Sie drehte das heiße Wasser an. Der Gasboiler in der Küche gab sofort ein Getöse von sich, als würde das kleine Haus von einer Dynamomaschine versorgt. Cordelia ließ den Wasserhahn laufen, dann trat sie aus dem Badezimmer und schloss die Tür leise hinter sich. Sie stahl sich zum Ende der Treppe. Es war Pech für Sophie, dass sie ihr heißes Wasser verschwendete, dachte sie schuldbewusst; aber noch schlimmer war das Gefühl des Verrats und gemeinen Opportunismus, als sie die drei obersten Stufen hinunterschlich und lauschte. Die Haustür war geschlossen worden, aber die Tür zum hinteren Zimmer stand offen. Sie hörte Isabelles hohe, ausdruckslose Stimme: »Aber wenn dieser Sir Ronald sie bezahlt, damit sie etwas über Mark herausbekommt, warum kann ich sie dann nicht bezahlen, damit sie es sein lässt?«

Dann Hugos Stimme, belustigt, ein wenig verächtlich: »Isabelle, Schatz, wann lernst du endlich, dass man nicht jeden kaufen kann?«

Dann redete Sophie. Was sie sagte, verstand Cordelia nicht.

Ihr Bruder antwortete: »Jedenfalls kann man das nicht bei ihr. Ich mag sie.«

»Wir alle mögen sie. Die Frage ist, wie werden wir sie los?«

Dann drang ein paar Minuten lang nur Stimmengemurmel zu ihr, keine erkennbaren Worte, bis Isabelle ausrief: »Ich meine, das ist doch kein Beruf für eine Frau.«

Sie hörte das Geräusch von einem Stuhl, der über den Boden kratzte, das Schlurfen von Füßen. Schuldbewusst sprang sie ins Bad zurück und drehte den Wasserhahn zu. Sie erinnerte sich an Bernies selbstgefällige Belehrung, als sie ihn gefragt hatte, ob sie einen Scheidungsfall unbedingt übernehmen müssten. »Du kannst unsere Arbeit nicht tun, Partner, und dich wie ein Gentleman benehmen.«

Sie stand an der halb offenen Tür und lauschte weiter. Hugo und Isabelle gingen wieder. Sie wartete, bis sie die Haustür sich schließen und das Auto wegfahren hörte. Dann ging sie hinunter ins Wohnzimmer. Sophie und Davie waren dabei, eine große Tragetasche voller Lebensmittel auszupacken.

Sophie lächelte sie an und sagte: »Isabelle gibt heute Abend eine Party. Sie hat ein Haus ganz hier in der Nähe, in der Panton Street, Marks Tutor, Edward Horsfall, wird wahrscheinlich dort sein, und wir dachten, es könnte für Sie nützlich sein, mit ihm zu sprechen. Die Party fängt um acht Uhr an, Sie können uns hier abholen, wenn Sie möchten. Und was ist, kommen Sie mit rudern? Es ist bei Weitem die lustigste Art, Cambridge zu besichtigen.«

Später setzten sich Cordelias Erinnerungen an das Picknick auf dem Fluss aus einer Reihe von kurzen, aber klaren, intensiven Bildern zusammen, Augenblicke, in denen Wahrnehmung und Gefühle verschwammen und die Zeit vorübergehend angehalten schien, während das sonnenbeschienene Bild sich ihrem Gedächtnis einprägte. Sonnenlicht, das auf dem Fluss glitzerte und die Haare auf Davies Brust und Unterarmen vergoldete; Sophie, die den Arm hob, um den Schweiß von ihrer Stirn zu wischen, wenn sie zwischen den Stößen mit der Bootsstange ausruhte; grünschwarze Wasserpflanzen, die von der Stake aus geheimnisvollen Tiefen gezogen wurden und sich schlängelnd unter der Oberfläche wanden; eine leuchtend bunte Ente, die ihren weißen Bürzel hochreckte, bevor sie in einem Wirbel von grünem Wasser verschwand. Als sie unter die Silver Street Bridge gegondelt waren, schwamm ein Freund von Sophie heran, geschmeidig und stumpfnasig wie ein Otter, mit schwarzen Haaren, die wie Halme an seinen Wangen lagen. Er legte seine Hände auf das Boot und sperrte den Mund auf, um sich von einer lachenden Sophie mit Sandwichstücken füttern zu lassen. Boote scheuerten aneinander und rempelten sich in dem wirbelnden weißen Wasser, das unter der Brücke durchschoss. Fröhliche Stimmen schwirrten durch die Luft, und die grünen Ufer waren von halb nackten Menschen bevölkert, die auf dem Rücken lagen und ihre Gesichter in die Sonne hielten.

Davie stakte das Boot flussaufwärts, und Cordelia und Sophie streckten sich in den Enden auf Kissen aus. Auf diese Entfernung war es unmöglich, ein vertrauliches Gespräch zu führen, und Cordelia vermutete, dass Sophie genau das beabsichtigt hatte. Ab und zu rief sie ihr kurze Erläuterungen zu, als wolle sie unterstreichen, dass der Ausflug ausschließlich der Bildung diente.

»Das hier ist das St. John's College. Wir fahren gerade unter der Clare Bridge durch, eine der schönsten, meine ich. Thomas Grumbold baute sie 1640. Es heißt, man habe ihm nur drei Shilling für den Entwurf gezahlt. Sie kennen diese Ansicht natürlich; immerhin ist es ein guter Blick auf das Queen's College.«

Cordelia hatte nicht den Mut, dieses ziellose Touristengeplauder mit der Frage zu unterbrechen: Haben Sie und Ihr Bruder Ihren Liebhaber getötet? Hier, wo sie so sanft auf dem sonnenbeschienenen Fluss schaukelten, schien die Frage ungehörig und zugleich lächerlich. Sie war in Gefahr, sich beschwichtigen zu lassen und ganz still ihre Niederlage hinzunehmen, alle ihre Verdächtigungen als neurotisches Verlangen nach Dramatik und Ruhm anzusehen, als Notwendigkeit, um ihren Lohn von Sir Ronald zu rechtfertigen. Sie glaubte, Mark Callender sei ermordet worden, weil sie es glauben wollte. Sie hatte sich mit ihm identifiziert, mit seinem einsiedlerischen Leben, seiner Unabhängigkeit, seiner Entfremdung vom Vater, seiner einsamen Kindheit. Sie war sogar – und das war die allergefährlichste Einbildung – so weit, sich als seine Rächerin zu sehen. Als Sophie die Stake wieder übernahm, gerade hinter dem Garden House Hotel, und Davie langsam durch das leicht schaukelnde Boot balancierte und sich neben Cordelia ausstreckte, wusste sie, dass sie Marks Namen nicht würde aussprechen können. Es war nicht mehr als eine unbestimmte, unaufdringliche Neugier, als sie sich fragen hörte: »Ist Sir Ronald Callender ein guter Wissenschaftler?« Davie nahm ein kurzes Paddel in die Hand und begann träge, das schimmernde Wasser aufzurühren.

»Seine Wissenschaft ist durchaus solide, wie meine Kollegen sagen würden. Tatsächlich eher mehr als solide. Zurzeit arbeitet sein Labor an Möglichkeiten, die Verwendung biologischer Warnzeichen zur Bestimmung der Verschmutzung von Meer und Flussmündungen auszuweiten. Dazu macht man Routineüberwachungen von Pflanzen und Tieren, die als Indikatoren dienen können. Und sie haben im letzten Jahr einige sehr nützliche Vorarbeiten über den Abbau von Plastikstoffen gemacht. R. C. selbst ist nicht so große Klasse, aber schließlich kann man von Männern über fünfzig allgemein nicht mehr viele originelle Anstöße erwarten. Aber er hat einen ausgezeichneten Riecher für Talente, und er versteht sich bestens darauf, ein Team zu leiten, wenn Ihnen dieser ergebene brüderliche Gruppengeist, einer für alle, gefällt. Mir nicht. Sie veröffentlichen ihre Arbeiten sogar als Callender-Forschungslaboratorium, nicht unter ihrem eigenen Namen. Das wäre nichts für mich. Wenn ich etwas herausbringe, dann dient es ausschließlich dem Ruhm von David Forbes Stevens und übrigens auch Sophies Genugtuung. Die Tillings lieben Erfolg.«

»Wollten Sie deshalb nicht dort bleiben, als er Ihnen eine Stelle anbot?«

»Unter anderem. Er zahlt zu großzügig und verlangt zu viel. Ich lasse mich nicht gern kaufen, und ich habe sehr viel dagegen, mich jeden Abend wie ein Affe, der im Zoo Kunststücke vorführt, in einen Smoking zu werfen. Ich bin Molekularbiologe. Ich suche nicht den Heiligen Gral. Meine Eltern haben mich als Methodisten aufgezogen, und ich sehe nicht ein, warum ich eine gute, einfache Religion, die mir zwölf Jahre lang geholfen hat, über Bord werfen sollte, nur um das große wissenschaftliche Prinzip oder Ronald Callender an ihre Stelle zu setzen. Ich misstraue diesen priesterhaften Wissenschaftlern. Es ist ein Riesenwunder, dass diese kleine Gemeinschaft in Garforth House nicht dreimal täglich die Knie in Richtung des Cavendish-Laboratoriums beugt.«

»Und was ist mit Lunn? Wie passt er da hinein?«

»Oh, der Junge ist ein verdammtes Wunder! Ronald Callender fand ihn in einem Kinderheim, als er fünfzehn war – fragen Sie mich nicht, wie –, und bildete ihn als Laborassistenten aus. Sie könnten keinen besseren finden. Es gibt kein Gerät, das Chris Lunn nicht lernen würde zu bedienen und sich darum zu kümmern. Er hat sogar selbst ein paar entwickelt, und Callender hat sie patentieren lassen. Wenn einer im Labor unentbehrlich ist, dann ist es wahrscheinlich Lunn. Bestimmt macht sich Ronald Callender zehnmal mehr aus ihm, als er sich aus seinem Sohn gemacht hat. Und Lunn, wie Sie sich denken können, betrachtet R. C. als Gott den Allmächtigen, was für beide sehr befriedigend ist. Es ist wirklich außergewöhnlich, wie dieses Ungestüm, das sich früher in Straßenschlachten und Raubüberfällen ausdrückte, für den Dienst an der Wissenschaft nutzbar gemacht wurde. Das muss man Callender lassen. Er weiß zweifellos, wie man seine Sklaven aussucht.«

»Und Miss Leaming, ist sie auch eine Sklavin?«

»Ich weiß nicht, was genau Eliza Leamings Rolle ist. Sie ist für die Geschäftsführung verantwortlich, und wahrscheinlich ist sie, wie Lunn, unentbehrlich. Lunn und sie scheinen eine Hassliebe füreinander zu empfinden, oder vielleicht ist es auch eine Hass-Hass-Beziehung. Ich bin nicht sehr begabt, diese psychologischen Nuancen aufzuspüren.«

»Aber wie in aller Welt bezahlt Sir Ronald das alles?«

»Ja, das ist die Tausend-Dollar-Frage. Man munkelt, dass das Geld zum größten Teil von seiner Frau kommt und dass er und Miss Leaming es gemeinsam ziemlich geschickt angelegt haben. Und dann bekommt er gewisse Beträge für Auftragsarbeiten. Trotzdem ist es ein kostspieliges Hobby. Während ich dort war, hieß es, dass die Wolvington-Stiftung anfängt, sich zu interessieren. Wenn sie mit einer großen Sache herauskommen – und ich vermute, dass es unter ihrer Würde ist, mit etwas Unbedeutendem herauszukommen –, dann dürften Ronald Callenders größte Sorgen vorbei sein. Marks Tod muss ihn getroffen haben. Mark hätte in vier Jahren zu einem ganz schön ansehnlichen Vermögen kommen sollen, und er sagte zu Sophie, dass er vorhabe, es größtenteils seinem Vater zu übergeben.«

»Warum sollte er denn so etwas tun?«

»Wer weiß, Reugeld vielleicht. Auf jeden Fall dachte er offenbar, das sei etwas, was Sophie wissen sollte.«

Reugeld wofür?, fragte sich Cordelia schläfrig. Weil er seinen Vater nicht genug liebte? Weil er dessen Interessen nicht teilte? Weil er nicht dem Sohn entsprach, den sein Vater sich erhofft hatte? Und was geschah jetzt mit Marks Vermögen? Wer gewann etwas durch Marks Tod? Sie würde das Testament seines Großvaters ansehen und es herausfinden müssen. Aber das bedeutete eine Fahrt nach London. War es das wirklich wert?

Sie reckte ihr Gesicht wieder zur Sonne und ließ eine Hand

in den Fluss hängen. Ein Wasserspritzer von der Bootsstange traf ihre Augen. Sie schlug sie auf und sah, dass das Boot nahe am Ufer im Schatten überhängender Bäume entlangglitt. Plötzlich war vor ihr ein abgerissener Ast, am Ende gespalten und dick wie der Körper eines Mannes; er hing an einem Rindenstreifen und drehte sich langsam, als das Boot darunter vorbeifuhr. Sie nahm Davies Stimme wahr; er musste eine ganze Weile geredet haben. Wie merkwürdig, dass sie sich nicht erinnern konnte, was er gesagt hatte!

»Man braucht keine Gründe, um sich umzubringen; man braucht Gründe, um sich *nicht* umzubringen. Es war Selbstmord, Cordelia. Ich würde es dabei belassen.«

Cordelia dachte, dass sie kurz geschlafen haben musste, weil er anscheinend eine Frage beantwortete, aber sie konnte sich nicht erinnern, eine gestellt zu haben. Doch jetzt waren da noch andere Stimmen, lauter und eindringlicher. Sir Ronald Callenders Stimme: »Mein Sohn ist tot. *Mein* Sohn. Falls ich irgendwie dafür verantwortlich sein sollte, möchte ich es lieber wissen. Falls irgendein anderer dafür verantwortlich ist, möchte ich es ebenfalls wissen.« Sergeant Maskells Stimme: »Wie würden Sie das benutzen, um sich zu erhängen, Miss Gray?« Das Gefühl des glatten Gürtels, der wie etwas Lebendiges durch ihre Finger glitt.

Sie setzte sich, die Knie mit den Händen umklammernd, kerzengerade auf, so plötzlich, dass das Boot heftig schaukelte und Sophie nach einem überhängenden Ast greifen musste, um das Gleichgewicht nicht zu verlieren. Ihr dunkles Gesicht, faszinierend betont vom Schatten der Blätter, sah auf Cordelia aus einer, wie ihr schien, unermesslichen Höhe herab. Ihre Blicke trafen sich. In diesem Augenblick wusste Cordelia, wie nahe sie daran gewesen war, den Fall aufzugeben. Sie hatte sich von dem herrlichen Tag, dem Sonnenschein, von der Trägheit und der Aussicht auf Kameradschaft oder gar Freundschaft bestechen lassen zu vergessen, warum sie hier war. Die Erkenntnis erschreckte sie. Davie hatte gesagt, Sir Ronald sei gut im Aussuchen. Nun, er hatte sie ausgesucht. Dies war ihr erster Fall, und nichts und niemand würde sie daran hindern, ihn zu lösen.

Sie sagte förmlich: »Es war nett von Ihnen, mich mitzunehmen, aber ich möchte die Party heute Abend nicht versäumen. Ich sollte mich mit Marks Tutor unterhalten, und vielleicht sind noch andere Leute da, die mir etwas sagen können. Ist es nicht Zeit, ans Umkehren zu denken?«

Sophie warf Davie einen Blick zu. Er zuckte fast unmerklich mit den Schultern. Ohne zu sprechen, stieß Sophie die Stange hart gegen das Ufer. Das Boot begann sich langsam zu drehen.

Isabelles Party sollte eigentlich um acht Uhr beginnen, aber es war fast neun, als Sophie, Davie und Cordelia ankamen. Sie gingen zu Fuß zu dem Haus, das nur fünf Minuten von der Norwich Street entfernt war; die genaue Adresse erfuhr Cordelia nie. Das Haus gefiel ihr, und sie fragte sich, wie viel Miete es Isabelles Vater kosten mochte. Es war eine lang gestreckte zweistöckige weiße Villa mit hohen Bogenfenstern und grünen Klappladen, ein gutes Stück von der Straße zurückgesetzt, mit einem Souterrain und ein paar Stufen zur Haustür. Eine ähnliche Treppe führte vom Wohnzimmer in den ausgedehnten Garten.

Das Wohnzimmer war schon ziemlich voll. Als Cordelia

die anderen Gäste sah, war sie froh, dass sie den Kaftan gekauft hatte. Die meisten hatten sich anscheinend umgezogen, wenn sie auch, dachte sie, nun nicht unbedingt etwas Hübscheres trugen als am College. Was man anstrebte, war offenbar Originalität; wichtig schien, aufregend oder sogar exzentrisch auszusehen und ja nicht langweilig zu erscheinen.

Das Wohnzimmer war elegant, aber nichtssagend eingerichtet, und Isabelle hatte es mit ihrer unordentlichen, unpraktischen und ikonoklastischen Weiblichkeit geprägt. Cordelia glaubte nicht, dass die Besitzer den reich verzierten Kristallleuchter, der wie eine Sonne von der Deckenmitte hing, viel zu schwer und zu groß für das Zimmer, oder die vielen seidenen Kissen und Vorhänge, die den strengen Proportionen des Zimmers etwas von dem prahlerischen Überfluss eines Kurtisanenboudoirs gaben, zur Verfügung gestellt hatten. Auch die Bilder gehörten bestimmt Isabelle. Kein Hausbesitzer, der sein Eigentum vermietete, würde Bilder von dieser Qualität an den Wänden hängen lassen. Eines, das über dem Kamin hing, zeigte ein junges Mädchen, das einen jungen Hund an sich drückte. Cordelia starrte es aufgeregt vor Freude an. Bestimmt konnte sie dieses charakteristische Blau des Kleides des Mädchens nicht verwechseln, diese wunderbare Malweise der Wangen und rundlichen jungen Arme, die das Licht gleichzeitig in sich aufnahmen und zurückwarfen. Ungewollt laut, sodass alle sich umdrehten und sie ansahen, rief sie aus: »Aber das ist ja ein Renoir!«

Hinter ihr stand Hugo. Er lachte: »Ja, aber sagen Sie das nicht so entsetzt, Cordelia. Es ist ja nur ein kleiner Renoir. Isabelle hat ihren Vater um ein Bild für ihr Wohnzimmer gebeten.

Sie können von ihm doch nicht erwarten, dass er einen Druck von Constables *Heuwagen* oder eine dieser billigen Reproduktionen von van Goghs langweiligem altem Stuhl daherbringt.«

»Hätte Isabelle den Unterschied bemerkt?«

»O ja! Isabelle erkennt einen teuren Gegenstand, wenn sie einen vor sich hat.«

Cordelia fragte sich, ob die Bitterkeit, der harte Klang der Verachtung in seiner Stimme Isabelle oder sich selbst galt. Sie blickten durch das Zimmer zu der Stelle, wo Isabelle stand und ihnen zulächelte. Hugo ging wie ein Mann in einem Traum auf sie zu und nahm ihre Hand. Cordelia beobachtete sie. Isabelle hatte ihr Haar zu einem griechischen Knoten frisiert. Sie trug ein knöchellanges Kleid aus cremefarbener, matter Seide mit einem sehr tiefen, eckigen Ausschnitt und kleinen, raffiniert gefältelten Ärmeln. Es war offensichtlich ein Modellkleid und hätte eigentlich bei einer zwanglosen Party fehl am Platz wirken müssen, dachte Cordelia. Aber so war es nicht. Es ließ nur die Kleider aller anderen Frauen wie improvisiert aussehen und setzte Cordelias eigenes, dessen Farben beim Kauf gedämpft und zart gewirkt hatten, auf die Stufe eines knalligen Fähnchens herab.

Cordelia war entschlossen, irgendwann im Lauf des Abends Isabelle allein zu erwischen, konnte aber sehen, dass das nicht leicht sein würde. Hugo blieb hartnäckig an ihrer Seite und steuerte sie mit einer besitzergreifenden Hand auf ihrer Hüfte durch ihre Gäste. Er schien ohne Unterlass zu trinken, und auch Isabelles Glas war immer gefüllt. Vielleicht wurden sie, wenn der Abend erst weiter fortgeschritten war, nachlässiger, vielleicht bot sich dann eine Gelegenheit, sie zu trennen.

In der Zwischenzeit beschloss Cordelia, das Haus zu erkunden und etwas Praktischeres zu tun, nämlich festzustellen, wo die Toilette war, bevor sie sie brauchte. Es war eine jener Partys, wo man es den Gästen überließ, solche Dinge selbst herauszufinden.

Sie ging hinauf in den ersten Stock, dann über den Flur und stieß leise die Tür am gegenüberliegenden Ende auf. Der Geruch von Whisky überfiel sie sofort; er war überwältigend, und Cordelia schlüpfte instinktiv in das Zimmer und schloss aus Angst, er könnte das ganze Haus durchziehen, die Tür hinter sich. Das Zimmer, das sich in einem unbeschreiblich unordentlichen Zustand befand, war nicht leer. Auf dem Bett lag halb mit einer Steppdecke zugedeckt eine Frau; eine Frau mit hellem rötlichem Haar, das sich auf dem Kissen ausbreitete, und mit einem rosaseidenen Morgenrock bekleidet. Cordelia ging auf das Bett zu und blickte auf sie hinunter. Sie war vom Alkohol betäubt. Sie lag da und ließ in kurzen Zügen ihren übel riechenden whiskyträchtigen Atem ausströmen, der in unsichtbaren Wölkchen aus dem halb offenen Mund aufstieg. Ihre Unterlippe und das Kinn waren angespannt und in Falten gezogen, was ihrem Gesicht ein strenges, kritisches Aussehen gab, als tadele sie heftig ihre eigene Lage. Ihre schmalen Lippen waren dick angemalt, die kräftige purpurrote Farbe war in die Fältchen um den Mund geflossen, sodass der Körper aussah, als sei er vor Kälte erstarrt. Ihre Hände mit knorrigen Fingern, die braun vom Nikotin und mit Ringen überladen waren, lagen ruhig auf der Steppdecke. Zwei Nägel waren abgebrochen, und der ziegelrote Lack auf den anderen war gesprungen oder abgesplittert.

Das Fenster war von einem schweren Toilettentisch verstellt. Cordelia vermied den Blick auf das Durcheinander von zerknüllten Papiertüchern, offenen Flaschen mit Gesichtscremes, verschüttetem Puder und einer halb ausgetrunkenen Tasse mit etwas, das nach schwarzem Kaffee aussah, zwängte sich hinter den Tisch und riss das Fenster auf. Sie pumpte ihre Lunge voll mit frischer, reinigender Luft. Unter ihr im Garten bewegten sich fahle Gestalten still auf dem Gras und zwischen den Bäumen wie die Geister längst verstorbener Nachtschwärmer. Sie ließ das Fenster offen und ging zum Bett zurück. Sie konnte hier nichts tun, aber sie steckte wenigstens die kalten Hände der Frau unter die Steppdecke und nahm einen anderen, wärmeren Morgenmantel vom Haken an der Tür, den sie fest um den Körper steckte. Das würde zumindest die frische Luft, die über das Bett wehte, ausgleichen.

Danach schlich Cordelia gerade rechtzeitig hinaus auf den Flur, um Isabelle aus dem Zimmer nebenan kommen zu sehen. Sie streckte einen Arm aus und zerrte das Mädchen beinahe in das Schlafzimmer. Isabelle stieß einen kleinen Schrei aus, aber Cordelia drückte ihren Rücken fest gegen die Tür und verlangte in einem leisen, drängenden Flüsterton: »Sagen Sie mir, was Sie von Mark Callender wissen.«

Die veilchenblauen Augen glitten von der Tür zum Fenster, als suchten sie verzweifelt einen Fluchtweg.

»Ich war nicht dort, als er es tat.«

»Als wer was tat?«

Isabelle zog sich zum Bett zurück, als könne die reglose Gestalt, die jetzt röchelnd seufzte, Hilfe bieten. Plötzlich wälzte sich die Frau auf die Seite und gab ein langes Schnauben von sich wie ein leidendes Tier. Isabelle und Cordelia sahen gleichermaßen erstaunt und ängstlich hin.

Cordelia wiederholte: »Als wer was tat?«

»Als Mark sich umbrachte. Ich war nicht dort.«

Die Frau auf dem Bett stieß einen kurzen Seufzer aus.

Cordelia senkte die Stimme: »Aber Sie waren ein paar Tage vorher dort, nicht wahr? Sie waren da draußen und erkundigten sich nach ihm. Miss Markland hat Sie gesehen. Danach saßen Sie im Gartenhaus und warteten, bis er mit der Arbeit fertig war.«

Bildete sich Cordelia nur ein, dass das Mädchen plötzlich entspannter schien, dass es wegen der Harmlosigkeit der Frage erleichtert war?

»Ich habe einfach mal vorbeigeschaut, um Mark zu sehen. Seine Adresse bekam ich vom Pförtner in seinem College. Ich ging hin, um ihn zu besuchen.«

»Warum?«

Die schroffe Frage schien sie zu verwirren. Sie antwortete schlicht: »Er war mein Freund.«

»Haben Sie auch mit ihm geschlafen?«, fragte Cordelia. Diese schnörkellose Offenheit war gewiss besser, als zu fragen, ob sie mit ihm intim war oder ob sie ein Verhältnis mit ihm hatte – alberne Umschreibungen, die Isabelle vielleicht nicht einmal richtig verstehen würde. Es war schwierig, an diesen schönen, aber verschreckten Augen abzulesen, wie viel sie wirklich verstand.

»Nein, ich habe nicht mit ihm geschlafen. Er arbeitete im Garten, und ich musste auf ihn warten. Er stellte mir einen Stuhl in die Sonne und gab mir ein Buch, bis er Zeit hatte.«

»Was für ein Buch?«

»Ich weiß es nicht mehr, es war sehr langweilig. Als Mark kam, tranken wir Tee aus lustigen Bechern, die einen blauen Ringel hatten, nach dem Tee gingen wir spazieren, und abends aßen wir einen Salat.«

»Und dann?«

»Dann fuhr ich wieder nach Hause.«

Sie war jetzt ganz ruhig. Cordelia beeilte sich, da sie Schritte auf der Treppe auf und ab gehen und Stimmen hörte.

»Und in der Zeit davor? Wann haben Sie ihn vor jenem gemeinsamen Tee gesehen?«

»Das war ein paar Tage, bevor Mark das College verließ. Wir fuhren mit meinem Auto zu einem Picknick ans Meer. Aber zuerst machten wir in einer Stadt halt – St Edmunds, so hieß sie, glaube ich –, und Mark besuchte einen Arzt.«

»Warum? War er krank?«

»O nein, er war nicht krank, und er blieb nicht lang genug für ein – wie sagt man? – für eine Untersuchung. Er war nur ein paar Minuten in dem Haus. Es war ein sehr armes Haus. Ich wartete im Auto auf ihn, aber nicht direkt vor dem Haus, wissen Sie.«

»Hat er gesagt, warum er dort hingegangen ist?«

»Nein, aber ich glaube, er bekam nicht, was er wollte. Hinterher war er ein bisschen traurig, aber dann fuhren wir ans Meer, und es ging ihm wieder gut.«

Auch sie schien jetzt glücklich zu sein. Sie lächelte Cordelia an, mit ihrem reizenden, nichtssagenden Lächeln. Cordelia dachte: Es ist nur das Gartenhaus, was sie erschreckt. Es macht ihr nichts aus, über den lebendigen Mark zu reden – sein Tod ist es, woran sie nicht denken kann. Und doch rührte diese Abneigung nicht aus persönlichem Kummer. Er war ihr Freund gewesen; er war lieb; sie hatte ihn gern. Aber sie kam sehr gut ohne ihn aus.

Es klopfte an der Tür. Cordelia trat zur Seite, und Hugo kam herein. Er sah Isabelle entrüstet an und sagte, ohne Cordelia zu beachten: »Es ist deine Party, Herzchen; kommst du runter?«

»Cordelia wollte mit mir über Mark sprechen.«

»Das kann ich mir denken. Du hast ihr hoffentlich erzählt, dass du an einem Tag mit ihm ans Meer gefahren bist und einen Nachmittag und Abend bei ihm in Summertrees verbracht hast und dass du ihn seitdem nicht mehr gesehen hast.«

»Genau das hat sie mir gesagt«, sagte Cordelia. »Praktisch fehlerfrei. Ich glaube, sie ist jetzt sicher genug, um allein aus dem Haus gelassen zu werden.«

Er sagte ruhig: »Sie sollten nicht sarkastisch sein, Cordelia, das passt nicht zu Ihnen. Sarkasmus ist bei manchen Frauen ganz in Ordnung, aber nicht bei Frauen, die so schön sind wie Sie.«

Sie gingen zusammen die Treppe hinunter und wurden vom Lärm in der Diele überfallen. Das Kompliment ärgerte Cordelia.

Sie sagte: »Ich nehme an, diese Frau auf dem Bett ist Isabelles Anstandsdame. Ist sie oft betrunken?«

»Mademoiselle de Congé? So betrunken wie jetzt nicht oft, aber ich gebe zu, dass sie selten ganz nüchtern ist.«

»Sollten Sie dann nicht etwas dagegen tun?«

»Was könnte ich tun? Sie der Inquisition des 20. Jahrhunderts übergeben – einem Psychiater wie meinem Vater? Hat sie uns denn etwas getan, dass sie das verdiente? Außerdem ist sie in ihren wenigen nüchternen Augenblicken umständlich gewissenhaft. Wie es sich trifft, stimmen ihre Triebe und meine Interessen überein.«

Cordelia sagte ernst: »Das mag nützlich sein, aber ich halte es nicht für sehr verantwortungsbewusst, und es ist jedenfalls nicht nett.«

Er blieb stehen und lächelte sie an.

»Ach, Cordelia, Sie reden wie das Kind fortschrittlicher Eltern, das von einer altmodischen Nanny großgezogen wurde und dann in eine Klosterschule gegangen ist. Ich mag Sie wirklich.«

Er lächelte immer noch, als Cordelia entwischte und sich unter die Gäste mischte. Sie war erstaunt, wie nah seine Diagnose an der Wirklichkeit lag.

Sie nahm sich ein Glas Wein, dann bewegte sie sich langsam durch das Zimmer und lauschte, ohne sich zu schämen, auf Gesprächsfetzen, in der Hoffnung, Marks Namen erwähnt zu hören. Sie hörte ihn nur einmal. Zwei Mädchen und ein hübscher, aber langweilig wirkender junger Mann standen hinter ihr. Eines der Mädchen sagte: »Sophie Tilling scheint sich auffallend schnell von Mark Callenders Selbstmord erholt zu haben. Sie und Davie sind bei der Einäscherung gewesen, habt ihr das gewusst? Typisch für Sophie, ihren aktuellen Liebhaber mitzunehmen, um den vorigen verbrennen zu sehen. Ich nehme an, das war für sie ein ganz besonderer Spaß.«

Ihre Begleiterin lachte. »Und der kleine Bruder übernimmt Marks Mädchen. Wenn du nicht Schönheit, Geld und Köpfchen zusammen bekommen kannst, halte dich an die ersten beiden. Armer Hugo! Er leidet an Minderwertigkeitsgefühlen. Nicht ganz so gut aussehend; nicht ganz so intelligent – Sophies Eins muss ihn erschüttert haben; nicht ganz so reich. Kein Wunder, dass er sich an den Sex halten muss, um sein Selbstvertrauen zu stärken.«

»Und selbst da nicht ganz so …«

»Liebes, du musst es ja wissen.«

Sie lachten und entfernten sich. Cordelia spürte ihr Gesicht brennen. Ihre Hand zitterte so stark, dass sie fast den Wein verschüttete. Sie stellte überrascht fest, wie nahe ihr die Stichelei ging, wie sehr sie Sophie lieb gewonnen hatte. Aber das war natürlich ein Teil des Plans, das war Tilling'sche Strategie. Wenn du sie nicht so beschämen kannst, dass sie den Fall aufgibt, dann bestich sie; nimm sie auf den Fluss mit; sei nett zu ihr; bring sie auf deine Seite. Und es war richtig, sie war auf ihrer Seite, wenigstens gegenüber boshaften Lästerzungen. Sie tröstete sich mit der kritischen Überlegung, dass sie genauso gehässig waren wie Gäste einer Cocktailparty in der Provinz. Sie hatte nie in ihrem Leben an einer jener harmlosen, wenn auch langweiligen Zusammenkünfte für den immer gleichbleibenden Konsum von Klatsch, Gin und Appetithäppchen teilgenommen, aber wie ihrem Vater, der so etwas ebenfalls nie mitgemacht hatte, machte es ihr keine Schwierigkeiten, sich vorzustellen, dass sie Brutstätten von Angebertum, Gehässigkeit und sexuellen Anzüglichkeiten waren.

Ein warmer Körper drückte sich an ihr vorbei. Sie drehte sich um und sah Davie. Er trug drei Weinflaschen. Er hatte offenbar wenigstens einen Teil des Gesprächs mitgehört, was die Mädchen zweifellos beabsichtigt hatten, aber er grinste freundlich.

»Lustig, wie Hugos abgelegte Frauen ihn immer so sehr hassen. Bei Sophie ist das ganz anders. Ihre Exfreunde mit ihren scheußlichen Fahrrädern und klapprigen Autos geben sich in der Norwich Street die Klinke in die Hand. Ich finde sie ständig im Wohnzimmer, wie sie mein Bier trinken und ihr die schrecklichen Probleme anvertrauen, die sie mit ihren derzeitigen Mädchen haben.«

»Haben Sie etwas dagegen?«

»Nicht wenn sie nicht weiter als bis ins Wohnzimmer kommen. Amüsieren Sie sich gut?«

»Nicht besonders.«

»Kommen Sie und lernen Sie einen Freund von mir kennen. Er hat gefragt, wer Sie sind.«

»Nein, danke, Davie. Ich muss mich für Mr. Horsfall freihalten. Ich will ihn nicht verpassen.«

Er lächelte sie an, ziemlich mitleidig, wie sie meinte, und schien noch etwas sagen zu wollen. Aber er überlegte es sich anders und ging weiter, indem er die Flaschen an seine Brust drückte und eine fröhliche Warnung rief, als er sich durch das Gedränge schob.

Cordelia bahnte sich einen Weg durch das Zimmer und beobachtete und lauschte. Das offene sexuelle Treiben verwirrte sie; sie hatte gedacht, dass Intellektuelle zu dünne Luft atmeten, um sich so sehr für das Fleischliche zu interessieren. Offensichtlich war das ein Missverständnis. Wenn sie jetzt darüber nachdachte, waren die Genossen, von denen man hätte annehmen können, dass sie in liederlicher Promiskuität lebten, bemerkenswert gesetzt gewesen. Sie hatte manchmal gespürt, dass ihre sexuellen Aktivitäten eher von Pflicht als von Trieben angespornt wurden, dass sie mehr eine Waffe der Revolution oder eine Geste gegen die verachteten bourgeoisen Sitten waren als eine Reaktion auf ein menschliches Bedürfnis. Ihre eigentlichen Energien galten alle der Politik. Es war nicht schwer zu erkennen, worauf die Energien der meisten Anwesenden sich richteten.

Sie hätte sich keine Sorgen um die Wirkung ihres Kaftans zu machen brauchen. Mehrere Männer ließen durchblicken, dass sie bereit oder sogar begierig darauf waren, sich von ihren Partnerinnen loszueisen, weil es ihnen Spaß gemacht hätte, sich mit ihr zu unterhalten. Mit einem vor allem, einem gut aussehenden und spöttisch amüsierten jungen Historiker, hätte Cordelia durchaus einen unterhaltsamen Abend verbringen können. Die ungeteilte Aufmerksamkeit eines einzigen angenehmen Mannes war alles, was sie sich von einer Party erhoffte, dann konnte sie auf die Beachtung von allen anderen gut verzichten. Sie war von Natur aus nicht sehr gesellig und war, da sie sich in den vergangenen sechs Jahren von ihrer eigenen Generation entfremdet hatte, von dem Lärm, der unterschwelligen Rücksichtslosigkeit und den halb verstandenen Bräuchen dieser Stammespaarungen leicht eingeschüchtert. Und sie sagte sich standhaft, dass sie nicht hier war, um sich auf Sir Ronalds Kosten zu amüsieren. Keiner ihrer Gesprächspartner kannte Mark Callender oder ließ Interesse an ihm, tot oder lebendig, erkennen. Sie durfte sich nicht den ganzen Abend von Leuten aufhalten lassen, die ihr keine Auskünfte geben konnten. Wenn diese Gefahr drohte und das Gespräch zu verführerisch wurde, murmelte sie eine Entschuldigung und entwischte ins Bad oder in die Schatten des Gartens, wo kleine Gruppen im Gras saßen und Marihuana rauchten. Cordelia erinnerte sich an diesen Geruch, sie konnte sich nicht irren. Diese Leute waren nicht zu Gesprächen aufgelegt, und so konnte sie hier wenigstens für sich herumschlendern und Mut schöpfen für ihren nächsten Beutezug, für die nächste listig beiläufige Frage, die nächste unvermeidliche Antwort.

»Mark Callender? Tut mir leid, wir sind uns nie begegnet. Ist das nicht der, der abgehauen ist, um das einfache Leben auszuprobieren, und sich schließlich erhängt hat?«

Einmal suchte sie Zuflucht in Mademoiselle de Congés Zimmer, aber sie sah, dass die träge Gestalt unfeierlich auf einem Polster aus Kissen abgelegt worden war und das Bett für einen ganz anderen Zweck verwendet wurde.

Sie fragte sich, wann Edward Horsfall erscheinen würde und ob er überhaupt käme. Und würde Hugo daran denken und sich darum kümmern, sie vorzustellen, falls er käme? Sie sah keinen der Tillings in dem dichten Gedränge von gestikulierenden Körpern, die inzwischen das Wohnzimmer verstopften und die Diele und die halbe Treppe überschwemmten. Als Cordelia bereits das Gefühl beschlich, dass dieser Abend vergeudet war, legte sich Hugos Hand auf ihren Arm.

Er sagte: »Cordelia, darf ich Ihnen Edward Horsfall vorstellen. Edward, das ist Cordelia Gray. Sie möchte sich über Mark Callender unterhalten.«

Edward Horsfall war eine weitere Überraschung. Cordelia hatte sich einen älteren Universitätslehrer vorgestellt, ein wenig zerstreut durch die Last seiner Gelehrsamkeit, ein gütiger, wenn auch desinteressierter Ratgeber der Jungen. Horsfall konnte nicht viel über dreißig sein. Er war groß, sein Haar fiel über das eine Auge und sein schlanker Körper war gebogen wie eine Melonenschale, ein Vergleich, der durch das gefältelte gelbe Hemd unter der vorspringenden Fliege noch bekräftigt wurde.

Jede halb eingestandene, halb verschämte Hoffnung, die Cordelia gehegt haben mochte, dass er sich ihrer sofort annehmen und ihr herzlich gern seine Zeit widmen würde, solange sie zusammen wären, schwand schnell dahin. Seine Augen waren rastlos und flatterten zwanghaft immer wieder zur Tür. Sie vermutete, dass er am liebsten allein gewesen wäre und sich Unterhaltungen vom Leib gehalten hätte, bis die erhoffte Gesellschaft eintraf. Er war so hibbelig, dass sie Mühe hatte, sich nicht über seine Unruhe zu ärgern.

Sie sagte: »Sie müssen nicht den ganzen Abend mit mir verbringen, wissen Sie, ich möchte nur ein paar Auskünfte.«

Ihre Stimme rief ihm ihre Gegenwart ins Bewusstsein und erinnerte ihn an die gebotene Höflichkeit.

»Das wäre eigentlich keine Strafe, entschuldigen Sie. Was möchten Sie wissen?«

»Alles, was Sie mir über Mark erzählen können. Sie haben ihn in Geschichte unterrichtet, nicht wahr? War er gut?«

Das war keine besonders wichtige Frage, eigentlich nur als Einleitung gedacht, weil sie meinte, darauf würde er als Lehrer ansprechen.

»Der Unterricht war bei ihm lohnender als bei vielen anderen Studenten, mit denen ich mich herumschlagen muss.

Ich weiß nicht, warum er Geschichte gewählt hat. Er hätte sehr gut eine Naturwissenschaft studieren können. Er hatte eine lebhafte Neugier für physikalische Phänomene. Aber er hatte sich entschlossen, Geschichte zu studieren.«

»Glauben Sie, um seinen Vater vor den Kopf zu stoßen?«

»Sir Ronald vor den Kopf zu stoßen?« Er drehte sich um und streckte einen Arm nach einer Flasche aus. »Was trinken Sie? Eins haben Isabelle de Lasteries Partys für sich: Die Getränke sind hervorragend, vermutlich weil Hugo sie bestellt. Es ist vortrefflich, dass es kein Bier gibt.«

»Demnach trinkt Hugo kein Bier?«, fragte Cordelia.

»Das behauptet er jedenfalls. Wo waren wir? Ach so, Sir Ronald vor den Kopf stoßen. Mark sagte, er habe Geschichte gewählt, weil wir unmöglich die Gegenwart verstehen könnten, ohne die Vergangenheit zu verstehen. Das ist so ein ärgerliches Klischee, das gerne zitiert wird, aber vielleicht hat er wirklich daran geglaubt. Tatsächlich ist natürlich das Gegenteil wahr, wir deuten die Vergangenheit aus unserer Kenntnis der Gegenwart.«

»War er denn gut?«, fragte Cordelia erneut. »Ich meine, hätte er eine Eins bekommen?«

Eine Eins, glaubte sie, sei das Höchste an gelehrter Vollendung, die Bescheinigung ausgeprägter Intelligenz, die den Empfänger unangefochten durchs Leben trug. Sie wollte hören, dass Mark eine Eins sicher gewesen wäre.

»Das sind zwei gesonderte und ganz verschiedene Fragen. Sie scheinen Wert und Leistung zu verwechseln. Es ist unmöglich, seine Note vorauszusagen, aber es wäre kaum eine Eins geworden. Mark war zu außergewöhnlich guter und origineller Arbeit fähig, aber er beschränkte sich auf seine originellen Ideen. Das Prüfungsergebnis war dann eher mager. Prüfer mögen Originalität, aber man muss zuerst die anerkannten Fakten und herkömmlichen Meinungen ausspucken, wenn auch nur, um zu zeigen, dass man sie gelernt hat. Ein ungewöhnliches Gedächtnis und eine flotte, leserliche Handschrift, das ist das Geheimnis einer Eins. Wo sind Sie übrigens?« Er bemerkte Cordelias kurzen, verständnislosen Blick. »Ich meine, an welchem College.«

»An keinem. Ich arbeite. Ich bin Privatdetektivin.«

Er schluckte diese Auskunft ohne Weiteres. »Mein Onkel hat einmal einen Detektiv angestellt, um herauszubekommen, ob meine Tante von ihrem Zahnarzt gebumst wurde. Es stimmte, aber er hätte es leichter auf dem einfachen Weg herausbekommen können: Er hätte sie bloß fragen brauchen. So verlor er gleichzeitig die Dienste einer Frau und eines Zahnarztes und bezahlte viel zu viel für eine Auskunft, die er umsonst hätte haben können. Es hat damals in der Familie ziemlich viel Staub aufgewirbelt. Ich hätte eigentlich gedacht, dieser Beruf sei …«

Cordelia beendete den Satz für ihn. »Kein geeigneter Beruf für eine Frau?«

»Ganz und gar nicht. Durchaus geeignet, würde ich sagen, ein Beruf, der, wie ich mir vorstelle, unendlich viel Neugier, unendliche Mühen und einen Hang, sich in die Angelegenheiten anderer Menschen einzumischen, erfordert.« Seine Aufmerksamkeit schweifte wieder ab. Eine Gruppe in ihrer Nähe unterhielt sich, und Gesprächsfetzen drangen zu ihnen.

»… typisch für die schlimmste Art von akademischem Stil. Geringschätzung der Logik; großzügiger Gebrauch von Modewörtern; unechte Tiefgründigkeit und eine wirklich scheußliche Grammatik.«

Der Tutor widmete den Sprechern für einen Augenblick seine Aufmerksamkeit, tat ihr akademisches Geschwätz als nicht beachtenswert ab und ließ sich herab, sein Ohr, wenn auch nicht seinen Blick, wieder Cordelia zuzuwenden.

»Warum interessieren Sie sich so sehr für Mark Callender?«

»Sein Vater hat mich angestellt, damit ich herausfinde, warum Mark starb. Ich habe gehofft, dass Sie mir vielleicht helfen könnten. Ich meine, hat er Ihnen gegenüber jemals zu erkennen gegeben, dass er unglücklich war, unglücklich genug, um sich das Leben zu nehmen? Hat er Ihnen gesagt, warum er das College aufgab?«

»Mir nicht. Ich hatte nie das Gefühl, ihm nahezukommen. Er verabschiedete sich förmlich, dankte mir für meine Hilfe, wie er sich ausdrückte, und brach auf. Ich gab die üblichen Äußerungen des Bedauerns von mir, und wir schüttelten uns die Hände. Ich war verlegen, Mark jedoch nicht. Er war, glaube ich, kein Typ, der anfällig für Verlegenheit war.«

Es gab eine kleine Aufregung an der Tür, und eine Gruppe von Neuankömmlingen schob sich lärmend in das Gedränge. Unter ihnen war ein großes dunkelhaariges Mädchen in einem feuerroten Kleid mit sehr tiefem Ausschnitt. Cordelia spürte, wie der Tutor erstarrte, sah seine Augen mit einem gespannten, halb ängstlichen, halb bittenden Blick, den sie von anderen Gelegenheiten kannte, an der Frau hängen. Ihre Stimmung sank. Jetzt musste sie Glück haben, wenn sie noch weitere Auskünfte bekommen wollte. Verzweifelt versuchte sie, seine Aufmerksamkeit wieder auf sich zu lenken, und sagte:

»Ich bin nicht sicher, ob Mark sich selbst getötet hat. Ich denke, es könnte Mord gewesen sein.«

Er sprach unaufmerksam, seine Augen auf die Neuankömmlinge gerichtet.

»Das klingt unwahrscheinlich. Wer sollte ihn ermordet haben? Aus welchem Grund? Er war eine unbedeutende Person. Er erregte nicht einmal eine vage Abneigung, außer vielleicht bei seinem Vater. Aber Ronald Callender kann es nicht getan haben, wenn es das ist, was Sie hoffen. In der Nacht, in der Mark starb, speiste er im College am Dozententisch. Es gab ein Festessen. Ich saß neben ihm. Sein Sohn rief ihn an.«

Cordelia fragte ungeduldig: »Um welche Zeit?«

»Bald nachdem das Essen angefangen hatte, glaube ich. Benskin, das ist einer der Collegediener, kam herein und sagte es ihm. Es muss zwischen acht und Viertel nach acht gewesen sein. Callender verschwand für etwa zehn Minuten, kam dann zurück und aß seine Suppe weiter. Wir anderen waren auch noch nicht beim zweiten Gang angelangt.«

»Sagte er, was Mark wollte? Schien er erregt?«

»Keins von beidem. Wir sprachen während des Essens kaum ein Wort miteinander. Sir Ronald verschwendet seine Gaben als Unterhalter nicht an Nichtnaturwissenschaftler. Würden Sie mich jetzt bitte entschuldigen?«

Schon war er weg und bahnte sich seinen Weg durch das Gedränge zu seiner Beute. Cordelia stellte ihr Glas ab und machte sich auf die Suche nach Hugo.

»Hören Sie«, sagte sie, »ich möchte mit Benskin sprechen, einem Diener an Ihrem College. Ob er wohl heute Abend da ist?«

Hugo stellte die Flasche ab, die er in der Hand hatte.

»Kann sein. Er ist einer der wenigen, die im College wohnen. Aber ich bezweifle, dass Sie allein ihn aus seinem Schlupfloch herausholen können. Wenn es wirklich so dringend ist, komme ich besser mit.«

Der Collegepförtner brachte in Erfahrung, dass Benskin im College war, und Benskin wurde gerufen. Er kam nach fünf Minuten Wartezeit, in der Hugo mit dem Pförtner plauderte und Cordelia vor der Pförtnerloge auf und ab ging. Benskin erschien, ohne Eile, und ließ sich nicht aus der Ruhe bringen. Er war ein korrekt gekleideter alter Mann mit silbernem Haar, sein Gesicht war zerknittert und dickhäutig wie eine anämische Blutorange, und er hätte wie eine Reklame für den idealen Butler ausgesehen, wäre da nicht ein Ausdruck von düster-durchtriebener Geringschätzung gewesen.

Cordelia zeigte ihm Sir Ronalds Vollmacht und begann sofort mit ihrer Befragung. Mit vorsichtiger Zurückhaltung war nichts zu gewinnen, und da sie Hugos Hilfe in Anspruch genommen hatte, konnte sie kaum hoffen, ihn abzuschütteln.

Sie sagte: »Sir Ronald hat mich gebeten, die Umstände des Todes seines Sohnes zu untersuchen.«

»Ich verstehe, Miss.«

»Man hat mir gesagt, dass Mark Callender seinen Vater angerufen hat, während Sir Ronald in der Nacht, in der sein Sohn starb, am Dozententisch speiste, und dass Sie Sir Ronald Bescheid gaben, kurz nachdem das Essen begonnen hatte.«

»Ich hatte damals den Eindruck, dass es Mr. Callender war, der anrief, Miss, aber ich irrte mich.«

»Wie können Sie das so genau wissen, Mr. Benskin?«

»Sir Ronald sagte es mir selbst, Miss, als ich ihn ein paar Tage nach dem Tod seines Sohnes im College sah. Ich kenne Sir Ronald seit seiner Studentenzeit, und ich erlaubte mir, ihm mein Beileid auszudrücken. Während unseres kurzen Gesprächs erwähnte ich den Anruf vom 26. Mai, und Sir Ronald sagte mir, ich hätte mich geirrt, es sei nicht Mr. Callender gewesen, der anrief.«

»Sagte er denn auch, wer es war?«

»Sir Ronald teilte mir mit, dass es sein Laborassistent Mr. Chris Lunn war.«

»Hat Sie das nicht überrascht – dass Sie sich geirrt haben, meine ich?«

»Ich gestehe, dass ich etwas überrascht war, Miss, aber das Versehen ist vielleicht entschuldbar. Meine nachträgliche Anspielung auf den Vorfall war zufällig und unter den Umständen bedauerlich.«

»Glauben Sie wirklich, dass Sie sich bei dem Namen verhört haben?«

Das eigensinnige alte Gesicht entspannte sich nicht. »Sir Ronald wird wohl keine Zweifel gehabt haben in Bezug auf die Person, die ihn anrief.«

»Hat Mr. Callender seinen Vater öfter angerufen, wenn er im College speiste?«

»Ich hatte vorher noch nie einen Anruf von ihm entgegengenommen, aber die Bedienung des Telefons gehört auch nicht zu meinen Pflichten. Eventuell könnten einige der anderen Collegebediensteten helfen, aber ich glaube kaum, dass eine Nachfrage zu etwas führen würde oder dass die Nachricht,

Collegebedienstete seien ausgefragt worden, für Sir Ronald erfreulich wäre.«

»Jede Nachfrage, welche die Wahrheit ermitteln helfen kann, ist erfreulich für Sir Ronald«, sagte Cordelia und bemerkte, dass Benskins Redestil sie angesteckt hatte. Sie fügte etwas natürlicher hinzu: »Sir Ronald liegt sehr viel daran, alles, was möglich ist, über den Tod seines Sohnes herauszubekommen. Können Sie mir diesbezüglich irgendetwas erzählen, irgendeine Hilfe geben, Mr. Benskin?«

Das kam einer flehenden Bitte gefährlich nahe, machte aber keinen Eindruck auf ihn.

»Nichts, Miss. Mr. Callender war ein ruhiger und angenehmer junger Herr, der, soweit ich ihn beobachten konnte, bei guter Gesundheit und Stimmung zu sein schien, bis er uns verließ. Sein Tod hat das College sehr getroffen. Gibt es sonst noch etwas, Miss?«

Cordelia bedankte sich und ließ ihn gehen. Als sie und Hugo zusammen das College verließen und zurück zur Trumpington Street gingen, sagte sie bitter: »Es ist ihm völlig egal.«

»Warum auch nicht? Benskin ist ein verlogener Kerl, aber er ist seit siebzig Jahren am College und hat das alles schon erlebt. Tausend Jahre sind in seinen Augen bloß ein Abend, der vorüber ist. Ich habe Benskin wegen des Selbstmords eines Studenten nur einmal bekümmert gesehen, und da handelte es sich um einen Herzogssohn. Damals fand Benskin, es gebe doch einige Dinge, die das College nicht geschehen lassen sollte.«

»Aber er hat sich mit Marks Anruf nicht geirrt. Das konnte man aus seinem Verhalten schließen. Er weiß, was er gehört hat. Er wird es natürlich nicht zugeben, aber er weiß im Grunde seines Herzens, dass er sich nicht verhört hat.«

Hugo sagte gelassen: »Er war ganz der alte Collegediener, sehr korrekt, sehr anständig; das war durch und durch Benskin. ›Die jungen Herren sind nicht mehr, was sie waren, als ich damals ins College kam.‹ Das möchte ich auch verdammt noch mal hoffen! Die Jungs trugen damals Backenbärte, und Adlige kamen im Talar in die Vorlesung, um sich von der Plebs zu unterscheiden. Benskin würde das am liebsten alles wieder einführen, wenn er könnte. Er ist ein wandelnder Anachronismus, der Hand in Hand mit einer vornehmeren Vergangenheit über den Hof schlendert.«

»Aber er ist nicht taub. Ich habe absichtlich leise gesprochen, und er hat mich bestens verstanden. Glauben Sie wirklich, dass er sich verhört hat?«

»Na ja. Wenn der Anrufer sich mit Chris Lunn vorgestellt hat, klingt das ganz ähnlich wie ›his son‹ – sein Sohn.«

»Aber Lunn meldet sich nicht so. Solange ich mit Sir Ronald und Miss Leaming zusammen war, haben sie ihn einfach Lunn genannt.«

»Hören Sie, Cordelia, Sie können unmöglich Ronald Callender verdächtigen, bei dem Tod seines Sohnes die Hände im Spiel zu haben! Bleiben Sie logisch. Sie lassen gelten, nehme ich an, dass ein vernünftiger Mörder hofft, nicht entdeckt zu werden. Sie geben gewiss zu, dass Ronald Callender zwar ein widerlicher Hund, aber ein vernünftiges, denkendes Wesen ist. Mark ist tot und sein Körper eingeäschert. Niemand außer Ihnen hat von Mord gesprochen. Dann stellt Sir Ronald Sie an, um alles aufzurühren. Warum sollte er das tun, wenn er etwas zu verbergen hat? Er hat es nicht einmal nötig, einen Verdacht abzulenken, weil es keinen Verdacht gibt.«

»Natürlich verdächtige ich ihn nicht, seinen Sohn getötet zu haben. Er weiß nicht, warum Mark gestorben ist, und will es unbedingt wissen. Deshalb hat er mich angestellt. Das konnte ich bei unserem Gespräch erkennen; darin kann ich mich nicht irren. Aber ich verstehe nicht, warum er wegen des Anrufs gelogen haben sollte.«

»Wenn er lügt, könnte es eine Handvoll harmloser Erklärungen geben. Falls Mark im College anrief, muss es etwas ziemlich Dringendes gewesen sein, vielleicht etwas, das sein Vater nicht bekannt werden lassen will, etwas, das vielleicht einen Anhaltspunkt für den Selbstmord seines Sohnes geben könnte.«

»Warum hätte er mich dann angestellt, um herauszubekommen, warum er sich umbrachte?«

»Das stimmt, kluge Cordelia; ich versuche es noch einmal. Mark bat um Hilfe, vielleicht um einen dringenden Besuch, den sein Vater ablehnte. Sie können sich seine Reaktion vorstellen. ›Mach dich nicht lächerlich, Mark, ich speise gerade mit den Professoren. Ich kann doch die Koteletts und den Bordeaux nicht stehen lassen, nur weil du mich so hysterisch anrufst und mich sehen willst. Reiß dich zusammen.‹ So etwas würde sich in einer Vernehmung nicht so gut anhören; Untersuchungsrichter sind bekanntermaßen kritisch.« Hugos Stimme nahm einen tiefen, amtlichen Ton an. »›Mir liegt nicht daran, Sir Ronalds Schmerz zu vergrößern, aber es war vielleicht unglücklich, dass er beschloss, nicht zur Kenntnis zu nehmen, was offenbar ein Hilferuf war. Hätte er sein Essen stehen lassen und sich an die Seite seines Sohnes begeben, wäre dieser hervorragende junge Student vielleicht gerettet worden.‹ Selbstmörder in Cambridge, habe ich bemerkt, sind immer hervorragend; ich glaube nicht, dass wir einmal den Bericht einer gerichtlichen Voruntersuchung zu lesen bekommen, wo die Collegeleitung bestätigt, dass der Student sich gerade rechtzeitig umgebracht hat, bevor sie ihn hinausgeworfen hätten.«

»Aber Mark starb zwischen sieben und neun Uhr abends. Dieser Anruf ist Sir Ronalds Alibi!«

»Er würde es nicht so sehen. Er braucht kein Alibi. Wenn man weiß, dass man nichts damit zu tun hat und die Frage eines Verbrechens sich überhaupt nicht stellt, denkt man nicht im Sinne von Alibis. Das tun nur Schuldbewusste.«

»Aber woher wusste Mark, wo sein Vater zu finden war? Bei seiner Aussage behauptete Sir Ronald, er hätte seit über zwei Wochen nicht mehr mit seinem Sohn gesprochen.«

»Hier haben Sie vielleicht wirklich recht. Fragen Sie Miss Leaming. Noch besser, fragen Sie Lunn, ob er es tatsächlich war, der im College angerufen hat. Lunn würde allerdings einen vorzüglichen Schurken abgeben. Ich finde ihn durch und durch unheimlich.«

»Ich wusste nicht, dass Sie ihn kennen.«

»Oh, er ist ziemlich bekannt in Cambridge. Er fährt diesen scheußlichen kleinen geschlossenen Lieferwagen mit grimmiger Hingabe durch die Gegend, als brächte er unbotmäßige Studenten ins Gefängnis. Jeder hier kennt Lunn. Er lächelt selten, und wenn, dann auf eine Art, als mache er sich lustig und verachte den Teil seiner selbst, der sich dazu bringen ließ, über irgendetwas zu lächeln. Ich an Ihrer Stelle würde mich auf Lunn konzentrieren.«

Sie gingen schweigend weiter durch die milde, duftende Nacht und hörten das Wasser in den Rinnsteinen der Trumpington Street plätschern. Lichter leuchteten jetzt aus Collegetüren und Pförtnerlogen, und die fernen Gärten und untereinander verbundenen Höfe, die sie im Vorbeigehen flüchtig sahen, erschienen entrückt und ätherisch wie im Traum. Cordelia fühlte sich plötzlich niedergeschlagen vor Einsamkeit und Traurigkeit. Wenn Bernie noch lebte, würde sie jetzt gemütlich geborgen mit ihm in der hintersten Ecke einer Cambridger Kneipe sitzen und den Fall besprechen, durch Lärm und Rauch und Anonymität von der Neugier ihrer Tischnachbarn abgeschirmt; mit gesenkter Stimme würden sie sich in ihrer eigenen, besonderen Sprache unterhalten. Sie würden über die Persönlichkeit eines jungen Mannes sinnieren, der unter jenem zarten und klugen Gemälde geschlafen und dennoch eine vulgäre Illustrierte mit obszönen Aktfotos gekauft hatte. Aber hatte er das wirklich? Und wenn nicht, wie war die Zeitschrift in den Garten des Hauses gekommen? Sie würden über einen Vater sprechen, der den letzten Anruf seines Sohnes verleugnete, würden in glücklicher Komplizenschaft Vermutungen über einen ungereinigten Spaten anstellen, über ein nicht fertig umgegrabenes Stück Erde, einen ungespülten Kaffeebecher, ein sorgfältig getipptes Blake-Zitat. Sie würden von Isabelle sprechen, die Angst hatte, und Sophie, die bestimmt ehrlich war, und Hugo, der sicher etwas über Marks Tod wusste und der klug war, aber nicht so klug, wie er sein müsste. Zum ersten Mal zweifelte Cordelia an ihrer Fähigkeit, diesen Fall allein zu lösen. Wenn es nur einen zuverlässigen Menschen gäbe, dem sie sich anvertrauen könnte, jemanden, der ihr Selbstvertrauen stärken würde. Sie dachte wieder an Sophie, aber Sophie war mit Mark zusammen gewesen und war Hugos Schwester. Sie waren beide in die Sache verwickelt. Sie war auf sich gestellt, und das war, wenn sie darüber nachdachte, im Grunde nicht anders, als es immer gewesen war. Seltsamerweise tröstete diese Feststellung sie und ließ die Hoffnung zurückkehren.

An der Ecke der Panton Street blieben sie stehen, und Hugo sagte: »Kommen Sie wieder mit zur Party?«

»Nein, vielen Dank, Hugo. Ich habe noch zu arbeiten.«

»Bleiben Sie in Cambridge?«

Cordelia überlegte, ob die Frage wohl aus mehr als einem höflichen Interesse rührte. Plötzlich vorsichtig, sagte sie: »Nur bis morgen oder übermorgen. Ich habe ein sehr einfaches, aber günstiges Zimmer mit Frühstück beim Bahnhof gefunden.«

Er nahm die Lüge kommentarlos hin, und sie wünschten einander eine gute Nacht. Cordelia ging zurück zur Norwich Street. Der Mini stand noch immer vor der Nummer siebenundfünfzig, aber das Haus war dunkel und still, als wolle es unterstreichen, dass sie hier nicht willkommen war, und die drei Fenster waren so blind wie abweisende, tote Augen.

Sie war müde, als sie beim Gartenhaus angelangt war und den Mini am Rand des Gebüschs geparkt hatte. Das Gartentor knarrte unter ihrer Hand. Die Nacht war dunkel, und sie tastete in ihrer Handtasche nach der Taschenlampe und folgte dem hellen Kreis um das Haus herum zur Hintertür. Mithilfe des Lichts steckte sie den Schlüssel ins Schloss. Sie drehte ihn um und trat, benommen vor Müdigkeit, ins Wohnzimmer. Die immer noch brennende Taschenlampe hing lose in ihrer Hand und malte unregelmäßige Muster auf den Fliesenboden. Dann richtete sie sich durch eine unabsichtliche Bewegung nach oben und schien voll auf das Ding, das von dem Haken in der Mitte der Decke hing. Cordelia stieß einen Schrei aus und klammerte sich am Tisch fest. Es war das Keilkissen aus ihrem Bett: Um das eine Ende war eine Schnur gezogen, wodurch ein grotesker dicker Kopf entstanden war, und das andere Ende war in eine von Mark Callenders Hosen gestopft. Die Beine hingen kläglich platt und leer herunter, das eine tiefer als das andere. Als Cordelia die Puppe in gebanntem Grausen mit hämmerndem Herzen anstarrte, wehte ein leichter Zug durch die offene Tür, die sich langsam herumschwang, als würde sie von einer menschlichen Hand bewegt.

Sie konnte dort nur Sekunden gestanden haben, angewurzelt vor Angst und mit aufgerissenen Augen das Kissen anstarrend, doch schien es Minuten zu dauern, bis sie die Kraft fand, einen Stuhl unter dem Tisch vorzuziehen und das Ding herunterzuholen. Sogar in diesem Augenblick des Ekels und Schreckens fiel ihr ein, den Knoten genau zu betrachten. Die Schnur war mit einer einfachen Schleife und zwei Halbknoten am Haken befestigt. Also hatte ihr heimlicher Besucher entweder beschlossen, seine Methode nicht zu wiederholen, oder er hatte nicht gewusst, wie der erste Knoten geknüpft gewesen war. Sie legte das Keilkissen auf den Stuhl und ging hinaus, um nach ihrer Waffe zu sehen. In ihrer Müdigkeit hatte sie sie vergessen, aber jetzt sehnte sie sich nach dem beruhigenden Gefühl des harten, kalten Metalls in ihrer Hand. An der Hintertür blieb sie stehen und lauschte. Der Garten schien plötzlich voller Geräusche, geheimnisvolles Geraschel, Blätter, die sich im leichten Wind bewegten und wie menschliche Seufzer klangen, verstohlenes Getrippel im Unterholz, das fledermausähnliche Pfeifen eines Tieres beunruhigend nahe. Die Nacht schien den Atem anzuhalten, als Cordelia zu dem Holunderbusch hinausschlich. Sie wartete, hörte auf ihr eigenes Herz, ehe sie den Mut fand, sich umzudrehen und ihre Hand auszustrecken, um nach der Pistole zu tasten. Sie war noch da. Vor Erleichterung seufzte sie hörbar auf und fühlte sich sofort wohler. Die Pistole war nicht geladen, aber das spielte keine große Rolle. Die schreckliche Angst hatte sich gelegt, und sie ging zurück ins Haus.

Es verging fast eine Stunde, bis sie endlich zu Bett ging. Sie zündete die Lampe an und durchsuchte mit der Pistole in der Hand das ganze Haus. Dann überprüfte sie das Fenster. Es war ziemlich eindeutig, wie er hereingekommen war. Das Fenster hatte keine Haken und konnte leicht von außen aufgestoßen werden. Cordelia holte eine Rolle durchsichtiges Klebeband aus ihrem Utensilienköfferchen, schnitt zwei schmale Streifen ab, wie Bernie es ihr gezeigt hatte, und klebte sie über den unteren Rand des Fensters und über den Holzrahmen. Sie glaubte nicht, dass die vorderen Fenster geöffnet werden konnten, aber sie wollte kein Risiko eingehen und versiegelte sie genauso. Das würde keinen Eindringling aufhalten, aber am nächsten Morgen wüsste sie wenigstens, ob sich jemand Zutritt verschafft hatte. Nachdem sie sich in der Küche gewaschen hatte, ging sie schließlich nach oben zu Bett. Die Tür hatte kein

Schloss, aber Cordelia ließ sie einen kleinen Spalt offen und legte einen Topfdeckel auf den oberen Rahmen. Falls jemand eindringen konnte, würde er sie zumindest nicht überraschen. Im Gedanken, dass sie es mit einem Mörder zu tun hatte, lud sie die Pistole und legte sie auf den Nachttisch. Sie untersuchte die Schnur, mit der das Kissen an die Decke geknüpft worden war. Es war ein über ein Meter langes Stück gewöhnlicher starker Bindfaden, offenbar nicht neu und an einem Ende ausgefranst. Es war hoffnungslos, seine Herkunft feststellen zu wollen, und das entmutigte Cordelia. Dennoch beschriftete sie ihn sorgfältig, wie Bernie es ihr beigebracht hatte, und packte ihn in ihr Köfferchen. Dasselbe machte sie mit dem zusammengerollten Riemen und dem getippten Abschnitt aus Blake, die sie aus ihrer Umhängetasche herausholte und in ihre Plastikhüllen für Beweisstücke legte. Sie war so abgespannt, dass sie selbst für diese Routinearbeit ihre ganze Willenskraft aufwenden musste. Dann legte sie das Keilkissen wieder aufs Bett, obwohl es sie Überwindung kostete, es nicht auf den Boden zu werfen und ohne es zu schlafen. Doch inzwischen hätte sie nichts mehr wach halten können – weder Angst noch Unbequemlichkeit. Sie lag nur ein paar Minuten und lauschte dem Ticken ihrer Uhr, bis die Müdigkeit sie überwältigte und unwiderstehlich hinab in den dunklen Strom des Schlafes zog.

4. Kapitel

Früh am nächsten Morgen wurde Cordelia vom schrillen Gezwitscher der Vögel und vom starken, klaren Licht eines weiteren schönen Tages geweckt. Sie blieb noch einige Minuten liegen, streckte sich in ihrem Schlafsack und genoss den Duft eines ländlichen Morgens, jene feine, Erinnerungen weckende Mischung aus Erde, duftendem nassem Gras und starkem Bauernhofgeruch. Sie wusch sich in der Küche, wie Mark es offenbar getan hatte, indem sie sich in die Zinkwanne aus dem Schuppen stellte und, nach Luft schnappend, Kochtöpfe voll kalten Leitungswassers über ihren nackten Körper goss. Cordelia hielt es für unwahrscheinlich, dass sie, unter welchen Umständen auch immer, in London freiwillig in kaltem Wasser gebadet hätte, dass sie den Geruch des Gaskochers, der über dem appetitanregenden Brutzeln des bratenden Specks lag, ertragen und das Aroma ihres ersten Bechers mit starkem Tee so sehr genossen hätte. Aber das einfache Leben hatte etwas an sich, das einen zu diesen Kasteiungen bereit machte.

Das Gartenhaus war vom Sonnenlicht durchflutet, ein warmes, freundliches Heiligtum, von dem aus sie sich sicher an alles heranwagen konnte, was der Tag bringen mochte. Im stillen Frieden des Sommermorgens schien das kleine Wohnzimmer von dem tragischen Tod Mark Callenders unberührt. Der Haken an der Decke sah so harmlos aus, als hätte er nie seinem schrecklichen Zweck gedient. Das Entsetzen jenes Augenblicks, als ihre Taschenlampe den dunklen gedunsenen Schatten des Keilkissens gefunden hatte, war jetzt so unwirklich wie ein Traum. Selbst die Erinnerung an die Vorsichtsmaßnahmen der vergangenen Nacht war peinlich, wenn man sie in dem unzweideutigen Licht des Tages besah. Sie kam sich ziemlich lächerlich vor, als sie die Waffe entlud, die Munition unter ihrer Unterwäsche verbarg und die Pistole wieder im Holunderbusch versteckte, wobei sie sich gründlich umschaute, ob sie nicht beobachtet wurde. Als das Geschirr gespült und das einzige Tischdeckchen ausgewaschen und zum Trocknen ins Freie gehängt war, pflückte Cordelia in einer Ecke des Gartens einen kleinen Strauß aus Stiefmütterchen, Schlüsselblumen und Mädesüß und stellte ihn in einem der geriffelten Becher auf den Tisch.

Sie hatte entschieden, dass sie als Nächstes versuchen müsste, Marks Kindermädchen, Miss Pilbeam, ausfindig zu machen. Selbst wenn die Frau ihr nichts über Marks Tod oder den Grund, warum er das College verlassen hatte, sagen konnte, würde sie von seiner Kindheit und Jugend erzählen können; sie wusste wahrscheinlich besser als jeder andere, was für ein Mensch er wirklich gewesen war. Sie hatte ihn so lieb gehabt, dass sie an der Beisetzung teilgenommen und einen teuren

Kranz geschickt hatte. Sie hatte ihn an seinem einundzwanzigsten Geburtstag im College besucht. Er war vermutlich mit ihr in Verbindung geblieben, hatte sich ihr vielleicht sogar anvertraut. Er war ohne Mutter aufgewachsen, und Nanny Pilbeam mochte in gewisser Hinsicht ein Ersatz gewesen sein.

Als sie nach Cambridge fuhr, dachte Cordelia über ihr Vorgehen nach. Vermutlich wohnte Miss Pilbeam irgendwo in der Umgebung. Es war unwahrscheinlich, dass sie in der Stadt selbst lebte, da Hugo Tilling sie nur einmal gesehen hatte. Aus seiner kurzen Schilderung ließ sich heraushören, dass sie alt und vermutlich arm war. Es war daher nicht wahrscheinlich, dass sie weit reisen würde, um an der Beisetzung teilzunehmen. Offenbar hatte Sir Ronald sie nicht zur Trauerfeier eingeladen. Laut Hugo hatte keiner der Anwesenden auch nur ein Wort mit ihr geredet. Daraus ließ sich kaum schließen, dass Miss Pilbeam die alte geschätzte Hüterin der Tradition war, fast zur Familie gehörig. Dass Sir Ronald sie bei einer solchen Gelegenheit übersehen hatte, fand Cordelia höchst interessant. Sie fragte sich, welche Stellung Miss Pilbeam wohl in der Familie gehabt hatte.

Falls die alte Dame in der Nähe von Cambridge wohnte, hatte sie den Kranz wahrscheinlich in einem der Blumengeschäfte in der Stadt bestellt. Es war kaum anzunehmen, dass Dörfer solche Dienste anboten. Es war ein auffälliger Kranz gewesen, was zeigte, dass Miss Pilbeam bereit gewesen war, viel Geld dafür auszugeben, und vermutlich in eines der größeren Blumengeschäfte gegangen war. Vieles sprach dafür, dass sie ihn persönlich bestellt hatte. Ältere Damen, ohnehin selten im Besitz eines Telefons, erledigten diese Dinge lieber direkt, da sie, wie Cordelia vermutete, einen wohlbegründeten Verdacht hatten, nur dann aufs Beste bedient zu werden, wenn sie im persönlichen Gespräch ihre Wünsche ganz genau vortrugen. Falls Miss Pilbeam mit dem Zug oder Bus aus ihrem Dorf gekommen war, hatte sie vermutlich ein Geschäft im Stadtzentrum ausgesucht. Cordelia beschloss, ihre Suche zu beginnen, indem sie Passanten fragte, ob sie ihr ein gutes Blumengeschäft empfehlen könnten.

Sie hatte bereits gelernt, dass Cambridge keine Stadt war, in der man mit dem Auto herumkurvte. Sie hielt an und zog die Faltkarte hinten in ihrem Stadtführer zurate, dann beschloss sie, den Mini auf dem Parkplatz am Parker's Piece abzustellen. Ihre Suche würde vielleicht eine Weile dauern und war zu Fuß am besten zu erledigen. Sie wollte nicht riskieren, einen Strafzettel zu bekommen oder sogar abgeschleppt zu werden. Sie sah auf die Uhr. Es war erst kurz nach neun. Sie war gut in den Tag gestartet.

Die erste Stunde war enttäuschend. Die Leute, die sie fragte, bemühten sich zu helfen, aber ihre Vorstellungen von dem, was einen zuverlässigen Blumenhändler in der Stadtmitte ausmachte, waren eigenartig. Cordelia wurde an kleine Gemüsehändler verwiesen, die nebenbei ein paar Schnittblumen verkauften, an einen Lieferanten von Gartengeräten, der mit Pflanzen handelte, aber nicht mit Kränzen, und einmal an ein Bestattungsunternehmen. Die beiden Blumengeschäfte, die auf den ersten Blick infrage zu kommen schienen, hatten nie von Miss Pilbeam gehört und keine Kränze für Mark Callenders Beisetzung geliefert. Ein wenig müde vom vielen Laufen fühlte Cordelia sich allmählich entmutigt. Sie war wohl voreilig gewesen mit ihrem Optimismus. Wahrscheinlich war Miss Pilbeam von Bury St Edmunds oder Newmarket rübergekommen und hatte den Kranz in ihrer eigenen Stadt gekauft.

Aber ihr Besuch bei dem Bestattungsunternehmen war nicht umsonst. Als Antwort auf ihre Frage empfahl man ihr eine Firma, die »eine sehr hübsche Art von Kränzen liefert, Miss, wirklich sehr hübsch«. Das Geschäft lag weiter von der Stadtmitte entfernt, als Cordelia erwartet hatte. Selbst auf dem Bürgersteig davor roch es nach Hochzeiten und Begräbnissen, je nach Stimmung, und als Cordelia die Tür aufstieß, wurde sie von einem Schwall warmer Luft empfangen, der ihr das Atmen schwer machte. Alles war voller Blumen. Große grüne Eimer voller Lilien, Iris und Lupinen standen an der Wand aufgereiht; kleinere Behälter waren zum Bersten gefüllt mit Goldlack, Ringelblumen und Levkojen; es gab kühle Sträuße von Rosen mit festen Knospen und dornenlosen Stielen, eine Blüte wie die andere in Größe und Farbe, als seien sie in der Retorte gezüchtet worden. Töpfe mit Zimmerpflanzen, verziert mit bunten Bändern, säumten den Weg zum Ladentisch wie eine blühende Ehrengarde.

In einem Raum an der Rückseite des Geschäfts arbeiteten zwei Verkäuferinnen. Durch die offene Tür beobachtete Cordelia sie. Die jüngere, eine träge Blondine mit fleckigem Teint, war der Hilfshenker, der Rosen und Freesien bereitlegte, ausgewählte Opfer, sortiert nach Art und Farbe. Die ältere, deren Stellung durch eine besser passende Kittelschürze und eine gewichtige Miene gekennzeichnet war, drehte die Blütenköpfe ab, durchstach jede verstümmelte Blume mit Draht und fädelte sie dicht auf eine große herzförmige Unterlage aus Moos. Cordelia wandte entsetzt die Augen ab.

Eine vor Gesundheit strotzende Dame in einem rosa Kittel tauchte anscheinend aus dem Nichts hinter dem Ladentisch auf. Sie duftete genauso stark wie der Laden, hatte aber offenbar entschieden, dass hier kein gewöhnliches Blütenparfum konkurrieren konnte und sie deshalb besser auf Exotisches zurückgriff. Sie roch so stark nach Currypulver und Ananas, dass die Wirkung fast betäubend war.

Cordelia sagte ihren vorbereiteten Spruch: »Ich komme von Sir Ronald Callender aus Garforth House. Sein Sohn wurde am 3. Juni eingeäschert, und das alte Kindermädchen war so freundlich, einen Kranz zu schicken, ein Kreuz aus roten Rosen. Sir Ronald hat ihre Adresse verloren und möchte ihr gern schreiben. Der Name ist Pilbeam.«

»Hm, ich glaube, wir haben keine derartige Bestellung für den 3. Juni ausgeführt.«

»Wenn Sie so freundlich wären, mal in Ihrem Buch nachzusehen …«

Plötzlich sah die junge Blondine von ihrer Arbeit auf und rief: »Es ist Goddard.«

»Wie bitte, Shirley?«, sagte die dralle Dame streng.

»Der Name ist Goddard. Auf der Schleife sollte Nanny Pilbeam stehen, aber die Kundin war eine Mrs. Goddard. Es war schon eine andere Dame von Sir Ronald Callender da und hat nachgefragt. Ich habe für sie nachgesehen: Mrs. Goddard, Lavender Cottage, Ickleton. Ein Kreuz, einen Meter lang, aus roten Rosen. Sechs Pfund. Es steht hier im Buch.«

»Vielen Dank«, sagte Cordelia begeistert. Sie bedachte unparteiisch alle drei mit einem Lächeln und ging schnell hinaus, um nicht in eine Debatte über die andere wissbegierige Dame aus Garforth House verwickelt zu werden. Es musste komisch ausgesehen haben, das war ihr klar, aber den drei Frauen würde es Spaß machen, das zu bereden, wenn sie erst weg war. Lavender Cottage, Ickleton. Sie sagte sich die Adresse immer wieder vor, bis sie in sicherer Entfernung vom Geschäft war und stehen bleiben konnte, um sie aufzuschreiben.

Ihre Müdigkeit schien wie durch ein Wunder verflogen, als sie eilig zum Parkplatz zurückging. Sie sah auf ihrer Straßenkarte nach. Ickleton war ein Dorf nahe der Grenze zu Essex, ungefähr zehn Meilen von Cambridge. Es war nicht weit von Duxford, sodass sie denselben Weg zurückfahren würde. Sie konnte in weniger als einer halben Stunde dort sein.

Aber sie brauchte länger, als sie gedacht hatte, um sich durch den Verkehr in Cambridge zu schlängeln, und war erst fünfunddreißig Minuten später an der hübschen Feldsteinkirche von Ickleton mit ihrer achteckigen Turmspitze. Sie fuhr den Mini direkt vor das Tor und war in Versuchung, einen raschen Blick hineinzuwerfen, aber sie widerstand ihr. Mrs. Goddard machte sich vielleicht in diesem Augenblick fertig, um den Bus nach Cambridge zu erreichen, dachte Cordelia und ging auf die Suche nach Lavender Cottage.

Tatsächlich war es alles andere als ein Cottage, nämlich die Hälfte eines kleinen Doppelhauses aus hässlichen roten Backsteinen am Ende der High Street. Zwischen der Haustür und der Straße gab es nur einen schmalen Streifen Rasen, und vom namengebenden Lavendel war weder etwas zu riechen noch zu sehen. Der eiserne Türklopfer in Form eines Löwenkopfes fiel schwer auf das Holz und ließ die Tür erzittern. Die Antwort kam nicht aus dem Lavender Cottage, sondern aus dem Nachbarhaus. Eine ältere Frau erschien, dürr, fast zahnlos und in eine umfangreiche Schürze mit Rosenmuster gehüllt. Sie hatte Pantoffeln an den Füßen, auf dem Kopf eine Wollmütze, die mit einem Bommel verziert war, und trug eine Miene zur Schau, die ein lebhaftes Interesse an der Welt im Allgemeinen ausdrückte.

»Sie möchten bestimmt zu Mrs. Goddard.«

»Ja. Können Sie mir sagen, wo ich sie finde?«

»Sie ist sicher auf dem Friedhof. Dort ist sie um diese Zeit immer bei schönem Wetter.«

»Ich komme gerade von der Kirche. Ich habe niemanden gesehen.«

»Du lieber Gott, Miss, bei der Kirche doch nicht! Dort begraben sie schon seit vielen Jahren niemanden mehr. Ihr Mann ist dort, wo man auch sie hinbringt, wenn es so weit ist, auf dem Friedhof an der Hinxton Road. Sie können es nicht verfehlen. Gehen Sie nur immer geradeaus.«

»Ich muss erst noch zur Kirche zurücklaufen, mein Auto holen«, sagte Cordelia. Es war klar, dass sie beobachtet würde, bis sie außer Sicht war, und sie hielt es deshalb für nötig zu erklären, warum sie in einer Richtung wegging, die der angegebenen genau entgegengesetzt war. Die alte Frau lächelte und nickte, kam heraus, um sich über ihr Gartentor zu lehnen, damit sie Cordelias Marsch die High Street hinunter besser im Auge hatte, und wackelte mit dem Kopf wie eine Marionette, sodass der leuchtende Bommel in der Sonne tanzte.

Der Friedhof war in der Tat leicht zu finden. Cordelia parkte den Mini auf einem Stück Rasen, wo ein Wegweiser den Fußweg nach Duxford anzeigte, und ging die wenigen Schritte zu dem Eisentor zurück. Eine kleine Kapelle aus Feldsteinen stand dort, und neben der Apsis am Ostende stand eine alte Holzbank, grün von Flechten und von Vogeldreck verspritzt. Von hier aus überblickte man den ganzen Friedhof. Ein breiter Grasstreifen lief gerade durch die Mitte hinunter, und zu beiden Seiten lagen die Gräber, abwechslungsreich gekennzeichnet mit weißen Marmorkreuzen, grauen Grabsteinen, kleinen rostigen Eisenbogen, die in dem weichen Rasen steckten, und leuchtenden Farbflecken von Blumen, die wie Flickenteppiche über der frisch umgegrabenen Erde lagen. Es war sehr friedlich. Der Friedhof war von Bäumen umgeben, deren Blätter sich in der stillen, heißen Luft kaum regten. Es war fast kein Laut zu hören, nur das Zirpen der Grillen im Gras und ab und zu das Klingeln des Signals am nahe gelegenen Bahnübergang und das dröhnende Signalhorn eines Dieselzugs.

Auf dem Friedhof war nur eine einzige andere Person, eine ältere Frau, die sich über eines der Gräber am anderen Ende beugte. Cordelia saß, die Hände im Schoß gefaltet, eine Weile still auf der Bank, bevor sie leise den Graspfad hinunter auf die Frau zuging. Sie wusste mit Sicherheit, dass dieses Gespräch entscheidend sein würde, und dennoch hatte sie seltsamerweise keine Eile, es zu beginnen. Sie ging auf die Frau zu und blieb, immer noch unbemerkt, am Fuß des Grabes stehen.

Es war eine kleine Frau in Trauerkleidung, deren altmodischer Strohhut mit einem Kranz aus verblichenem Tüll um den Rand mit einer gewaltigen schwarzen Hutnadel am Haar festgesteckt war. Sie kniete mit dem Rücken zu Cordelia und zeigte die Sohlen eines Paars unförmiger Schuhe, aus denen ihre dünnen Beine wie Stöcke hervorragten. Sie säuberte das Grab von Unkraut; ihre Finger schossen gezielt über das Gras und zupften an kleinen, fast unsichtbaren Pflänzchen. Neben ihr stand ein Bastkorb, der eine gefaltete Zeitung und eine kleine Gärtnerschaufel enthielt. Von Zeit zu Zeit ließ sie ein kleines Häufchen Unkraut in den Korb fallen.

Nach ein paar Minuten, in denen Cordelia ihr schweigend zugesehen hatte, hielt die Frau zufrieden inne und begann die Oberfläche des Grases zu glätten, als streichle sie die Knochen darunter. Cordelia las die Inschrift auf dem Grabstein. *Dem Gedenken von Charles Albert Goddard geweiht, dem geliebten Gatten Annies, der am 27. August 1962 dieses Leben im Alter von siebzig Jahren verließ. Er ruhe in Frieden.* In Frieden – der gewöhnlichste Grabspruch einer Generation, für die Frieden der äußerste Luxus, die höchste Segnung gewesen sein musste.

Die Frau lehnte sich einen Augenblick auf die Fersen zurück und betrachtete das Grab mit Genugtuung. Jetzt erst bemerkte sie Cordelia. Sie wandte ihr ein gescheites, sehr runzliges Gesicht zu und sagte ohne Neugier oder Unmut über ihre Anwesenheit: »Es ist ein schöner Stein, nicht wahr?«

»Ja, wirklich. Ich habe die Inschrift bewundert.«

»Tief eingemeißelt ist sie. Das hat einen Haufen Geld gekostet, aber das ist sie wert. Das hält ewig, wissen Sie. Nicht wie die meisten von den Inschriften hier, sie sind zu flach. Es nimmt einem die Freude an einem Friedhof. Ich lese gern die Grabsteine, ich will wissen, wer die Leute waren und wann sie gestorben sind und wie lange die Frauen noch gelebt haben, nachdem sie ihre Männer begraben haben. Dann fängt man an zu überlegen, wie sie es geschafft haben und ob sie einsam waren. Ein Stein taugt nichts, wenn man die Inschrift nicht lesen kann. Natürlich sieht das Ganze jetzt ein bisschen unausgewogen aus. Ich habe nämlich darum gebeten, Platz für mich zu lassen: *Und für Annie, seine Frau, die dieses Leben* … und dann das Datum. Das bringt es dann schön ins Gleichgewicht. Ich habe Geld zurückgelegt, um es zu bezahlen.«

»An was für einen Text haben Sie gedacht?«, erkundigte sich Cordelia.

»Ach, keinen Text! ›In Frieden‹ reicht für uns beide. Um mehr wollen wir den lieben Gott nicht bitten.«

Cordelia sagte: »Dieses Kreuz aus Rosen, das Sie zu Mark Callenders Beisetzung geschickt haben, war wunderschön.«

»Oh, haben Sie es gesehen? Sie waren aber nicht bei der Beisetzung, oder? Ja, mir hat es auch sehr gut gefallen. Sie haben es sehr hübsch gemacht. Der arme Junge, er bekam ja sonst nicht viel, nicht wahr?« Sie sah Cordelia mit freundlichem Interesse an. »Dann haben Sie also Mr. Mark gekannt? Waren Sie vielleicht seine Freundin?«

»Nein, das nicht, aber mir liegt viel an ihm. Es ist seltsam, dass er nie von Ihnen, seinem alten Kindermädchen, gesprochen hat.«

»Aber ich war nicht seine Nanny, meine Liebe, oder wenigstens nur einen oder zwei Monate lang. Er war damals ein Säugling, er konnte nichts davon wissen. Nein, ich war das Kindermädchen seiner lieben Mutter.«

»Aber Sie haben Mark an seinem einundzwanzigsten Geburtstag besucht?«

»Das hat er Ihnen erzählt? Ich habe mich gefreut, ihn nach all den Jahren wiederzusehen, aber ich hätte mich ihm nicht aufgedrängt. Es wäre nicht recht gewesen, so wie sein Vater darüber denkt. Nein, ich bin hingegangen, um ihm etwas von seiner Mutter zu geben, um etwas zu erledigen, worum sie mich gebeten hatte, als sie starb. Wissen Sie, ich hatte Mark über zwanzig Jahre nicht gesehen – wirklich eigenartig, wenn man bedenkt, dass wir nicht weit auseinander gewohnt haben –, aber ich habe ihn sofort erkannt. Er sah seiner Mutter sehr ähnlich, der arme Junge.«

»Können Sie mir davon erzählen? Es ist nicht bloße Neugier; es ist sehr wichtig für mich, das zu wissen.«

Mrs. Goddard stützte sich auf den Korbhenkel und kam schwerfällig auf die Beine. Sie zupfte an ein paar kurzen Grashalmen, die an ihrem Rock hingen, holte ein Paar graue baumwollene Handschuhe aus ihrer Tasche und zog sie an. Langsam gingen sie zusammen den Weg hinunter.

»Wichtig, ja? Ich weiß nicht, was daran wichtig sein könnte. Das gehört jetzt alles der Vergangenheit. Sie ist tot, die arme Frau, und er auch. Die ganzen Hoffnungen und Erwartungen waren umsonst. Ich habe mit keinem darüber gesprochen, aber wer wird es auch wissen wollen?«

»Vielleicht könnten wir uns auf diese Bank setzen und uns ein wenig unterhalten?«

»Ja, warum nicht. Es wartet nichts zu Hause, weshalb ich mich beeilen müsste. Wissen Sie, meine Liebe, ich habe meinen Mann erst geheiratet, als ich dreiundfünfzig war, und trotzdem vermisse ich ihn, als hätten wir uns schon als Kinder geliebt. Die Leute haben gesagt, ich wäre verrückt, in diesem

Alter noch zu heiraten, aber sehen Sie, ich habe seine Frau vierzig Jahre gekannt, wir waren zusammen in der Schule, und ich habe ihn gekannt. Wenn ein Mann gut zu einer Frau ist, wird er auch gut zu einer anderen sein. Das habe ich damals gedacht, und ich habe mich nicht getäuscht.«

Sie saßen nebeneinander auf der Bank und blickten über den grünen Streifen zum Grab hin.

Cordelia sagte: »Erzählen Sie mir von Marks Mutter.«

»Sie war eine Miss Bottley, Evelyn Bottley. Ich kam als zweites Kindermädchen zu ihrer Mutter, bevor sie geboren wurde. Damals war nur der kleine Harry da. Er wurde bei seinem ersten Angriff über Deutschland abgeschossen. Sein Vater nahm es sehr schwer, es gab niemanden, der Harry gleichgekommen wäre, aus seinen Augen schien für ihn die Sonne. Der Herr kümmerte sich nie richtig um Miss Evie, für ihn gab es nur den Jungen. Mrs. Bottley starb, als Evie geboren wurde, und das mag an allem schuld sein. Viele sagen das, aber ich habe nie daran geglaubt. Ich habe Väter gekannt, die ein Baby dann nur noch mehr geliebt haben – die armen, unschuldigen Dinger, wie kann man ihnen die Schuld an irgendetwas geben? Wenn Sie mich fragen, hat er seine mangelnde Liebe einfach damit gerechtfertigt, dass das Kind seine Mutter getötet habe.«

»Ja, ich kenne auch einen Vater, der sich damit gerechtfertigt hat. Aber wir dürfen es ihnen nicht verübeln. Wir können uns nicht dazu zwingen, jemanden zu lieben, nur weil wir es uns wünschen.«

»Ja, das ist das Unglück, meine Liebe, sonst wäre die Welt ein bequemerer Ort. Aber sein eigenes Kind, das ist nicht natürlich!«

»Liebte sie ihn?«

»Wie konnte sie! Man erhält keine Liebe von einem Kind, wenn man keine Liebe gibt. Sie hat es nie verstanden, ihm Freude zu bereiten, ihn aufzuheitern – er war ein großer Mann, sehr impulsiv, redete laut, Furcht einflößend für ein Kind. Er wäre besser mit einem hübschen, vorlauten kleinen Ding zurechtgekommen, das keine Angst vor ihm gehabt hätte.«

»Wie ist es ihr dann ergangen? Wie hat sie Sir Ronald Callender kennengelernt?«

»Damals war er nicht Sir Ronald, meine Liebe. Oh, weiß Gott nicht! Er war Ronny Callender, der Gärtnerssohn. Sie wohnten in Harrogate, wissen Sie. Und was für ein wunderschönes Haus sie hatten! Als ich dorthin in Stellung kam, hatten sie drei Gärtner. Das war natürlich vor dem Krieg. Mr. Bottley arbeitete in Bradford; er war im Wollgeschäft. Aber Sie haben nach Ronny Callender gefragt. Ich erinnere mich gut an ihn, er war ein kämpferischer, gut aussehender junger Kerl, aber einer, der seine Gedanken für sich behielt. Er war klug, der Junge, ja, das war er! Er bekam ein Stipendium für das Gymnasium, und er machte sich sehr gut.«

»Und Evelyn Bottley verliebte sich in ihn?«

»Vielleicht verliebte sie sich. Was zwischen ihnen war, als sie jung waren, wer kann das sagen. Aber dann kam der Krieg, und er ging weg. Sie wollte etwas Nützliches tun und wurde als Krankenpflegerin angenommen, obwohl mir unerklärlich ist, wie sie die ärztliche Untersuchung bestanden hat. Dann trafen sie sich in London wieder, wie das den Leuten im Krieg so ging, und als Nächstes hörten wir, dass sie verheiratet waren.«

»Und sie zogen hierher in die Nähe von Cambridge?«

»Erst nach dem Krieg. Zuerst arbeitete sie weiter als Krankenschwester, und er wurde nach Übersee geschickt. Er erlebte, was die Männer einen richtigen Krieg nennen; wir würden es allerdings einen schlimmen Krieg nennen, all das Töten und Kämpfen, Gefangenschaft und Flucht. Es hätte Mr. Bottley stolz auf ihn machen und mit der Heirat aussöhnen müssen, aber das war nicht der Fall. Ich glaube, er dachte, dass Ronny hinter dem Geld her sei, denn Geld war da zu erwarten, da gibt es keine Zweifel. Er hatte vielleicht recht, aber wer wollte den Jungen deswegen tadeln? Meine Mutter sagte immer: ›Heirate nicht wegen des Geldes, aber heirate, wo Geld ist!‹ Es ist nichts Schlimmes, wenn man aufs Geld sieht, solange auch Zuneigung vorhanden ist.«

»Und meinen Sie, dass Zuneigung da war?«

»Ich habe nie eine Lieblosigkeit gesehen, und sie jedenfalls war verrückt nach ihm. Nach dem Krieg ging er zum Studium nach Cambridge. Er hatte immer Naturwissenschaftler werden wollen, und als ehemaliger Soldat bekam er ein Stipendium. Sie hatte etwas Geld von ihrem Vater, und sie kauften das Haus, in dem er jetzt lebt, sodass er zu Hause wohnen konnte, während er studierte. Es sah damals natürlich nicht genauso aus. Er hat seitdem eine ganze Menge daran gemacht. Sie waren ziemlich arm, und Miss Evie kam praktisch ohne jede Hilfe aus, abgesehen von mir. Mr. Bottley kam hin und wieder zu Besuch. Sie fürchtete sich immer vor seinen Besuchen, das liebe, arme Ding. Er wartete auf ein Enkelkind, müssen Sie wissen, aber es wollte keins kommen. Und dann beendete Mr. Callender die Universität und bekam eine Stelle als Lehrer. Er wollte weiter am College bleiben, als Tutor oder so etwas, aber sie wollten ihn nicht nehmen. Er sagte immer, das kam daher, dass er keine Beziehungen hatte, aber ich denke, er war vielleicht nicht intelligent genug. In Harrogate dachten wir, er sei der klügste Junge des Gymnasiums. Aber Cambridge ist schließlich voll von klugen Männern.«

»Und dann wurde Mark geboren?«

»Ja, am 25. April 1951, neun Jahre nach ihrer Heirat. In Italien. Mr. Bottley freute sich so sehr, als seine Tochter schwanger wurde, dass er seine finanzielle Unterstützung erhöhte, und sie verbrachten viele Ferien in der Toskana. Die gnädige Frau liebte Italien, sie hatte es schon immer geliebt, und ich glaube, sie wollte, dass das Kind dort zur Welt kam. Sonst wäre sie nicht im letzten Monat der Schwangerschaft in die Ferien gefahren. Ich besuchte sie ungefähr einen Monat nach ihrer Rückkehr mit dem Baby, und ich habe nie eine so glückliche Frau gesehen. Ach, er war ein wunderschöner kleiner Junge!«

»Aber warum haben Sie sie besucht? Haben Sie denn nicht dort gewohnt und gearbeitet?«

»Nein, meine Liebe. Ein paar Monate lang nicht. Sie fühlte sich am Anfang ihrer Schwangerschaft nicht wohl. Ich konnte selbst sehen, dass sie erschöpft und unglücklich war, und dann ließ mich Mr. Callender eines Tages holen und sagte mir, dass sie eine Abneigung gegen mich gefasst hätte und dass ich gehen müsste. Ich wollte es nicht glauben, aber als ich zu ihr ging, streckte sie nur ihre Hand aus und sagte: ›Es tut mir leid, Nanny, ich glaube, es ist besser, wenn Sie gehen.‹ Schwangere Frauen haben seltsame Launen, das weiß ich, und das Baby war so wichtig für beide. Ich dachte, sie würde mich vielleicht bitten, später wieder zurückzukommen, und das tat sie auch, aber nicht, um bei ihnen zu wohnen. Ich nahm mir ein Zimmer im Dorf bei der Postfrau und widmete mich vier Vormittage in der Woche der gnädigen Frau und sonst anderen Frauen im Dorf. Es klappte wirklich sehr gut, nur vermisste ich das Baby, wenn ich nicht bei ihm war. Ich hatte Miss Evie während ihrer Schwangerschaft nicht oft gesehen, aber einmal begegneten wir uns in Cambridge. Sie muss nahe vor der Niederkunft gestanden haben. Sie war sehr schwer und schleppte sich dahin, die Ärmste. Zuerst tat sie so, als habe sie mich nicht bemerkt, dann überlegte sie es sich anders und kam über die Straße. ›Wir fahren nächste Woche nach Italien, Nanny‹, sagte sie. ›Ist das nicht herrlich?‹ Ich sagte: ›Wenn Sie nicht aufpassen, meine Liebe, dann wird das Baby ein kleiner Italiener‹, und sie lachte. Es schien, als könne sie nicht erwarten, zurück in die Sonne zu kommen.«

»Und was geschah, nachdem sie wieder zu Hause war?«

»Sie starb neun Monate später, meine Liebe. Sie war nie kräftig gewesen, wie ich schon sagte, und sie bekam eine Grippe. Ich half sie zu versorgen, und ich hätte noch mehr getan, aber Mr. Callender übernahm die Pflege dann selbst. Er konnte keinen anderen in ihrer Nähe ertragen. Wir hatten nur ein paar Minuten zusammen, bevor sie starb, und bei dieser Gelegenheit bat sie mich, Mark an seinem einundzwanzigsten Geburtstag ihr Gebetbuch zu geben. Ich kann sie jetzt noch hören: ›Geben Sie es Mark, wenn er einundzwanzig wird, Nanny. Packen Sie es gut ein und bringen Sie es ihm, wenn er volljährig wird. Sie werden es doch nicht vergessen?‹ Ich sagte: ›Ich werde es nicht vergessen, meine Liebe, das wissen Sie.‹ Und dann sagte sie etwas Seltsames: ›Wenn Sie es vergessen oder vorher sterben, oder wenn er es nicht versteht, macht es eigentlich nichts. Dann hat Gott es so gewollt!‹«

»Was, glauben Sie, meinte sie damit?«

»Wer kann das sagen, meine Liebe? Sie war sehr fromm, unsere Miss Evie, frommer, als gut für sie war, dachte ich manchmal. Ich glaube, wir sollten die Verantwortung für uns selbst auf uns nehmen, unsere Probleme selbst lösen, nicht alles Gott überlassen, als ob Er bei dem Zustand, in dem sich die Welt befindet, nicht genug zu bedenken hätte. Aber das sagte sie jedenfalls, keine drei Stunden bevor sie starb, und ich habs ihr versprochen. Als Mark also einundzwanzig wurde, sah ich nach, in welchem College er war, und besuchte ihn.«

»Und wie war es?«

»Oh, wir verbrachten eine sehr schöne Zeit zusammen. Wissen Sie, sein Vater hatte nie von seiner Mutter geredet. Das gibt es manchmal, wenn eine Frau stirbt, aber ich meine, ein Sohn sollte alles über seine Mutter wissen. Er war voller Fragen über Dinge, die sein Vater ihm hätte erzählen müssen, denke ich.

Er freute sich über das Gebetbuch. Ein paar Tage darauf besuchte er mich. Er fragte nach dem Namen des Arztes, der seine Mutter behandelt hatte. Ich sagte ihm, dass es der alte Dr. Gladwin war. Mr. Callender und sie hatten nie einen anderen Arzt. Ich habe manchmal gedacht, dass das ein Jammer war, wo Miss Evie doch so zart war. Dr. Gladwin muss damals schon siebzig gewesen sein, und obwohl es Leute gab, die nichts auf ihn kommen ließen, habe ich nie viel von ihm gehalten. Der Alkohol, müssen Sie wissen, meine Liebe; man konnte sich nie richtig auf ihn verlassen. Aber ich nehme an, er hat seit Langem seinen Frieden gefunden, der arme Mann. Jedenfalls sagte ich Mr. Mark den Namen, und er schrieb ihn auf. Dann tranken wir Tee und unterhielten uns ein wenig, und er ging fort. Ich habe ihn nie wiedergesehen.«

»Und sonst weiß keiner von dem Gebetbuch?«

»Keiner in der ganzen Welt, meine Liebe. Miss Leaming hatte den Namen des Blumengeschäfts auf der Kranzschleife gesehen und dort nach meiner Adresse gefragt. Sie kam am Tag nach der Beisetzung zu mir, um mir für meine Teilnahme zu danken, aber ich konnte sehen, dass es nur Neugier war. Wenn sie und Sir Ronald sich so sehr gefreut hätten, mich zu sehen, was hätte sie daran hindern sollen, zu mir zu kommen und mir die Hand zu geben? Sie deutete an, ich sei ja ohne Einladung dort gewesen. Eine Einladung zu einer Trauerfeier! Hat man jemals so etwas gehört?«

»Sie haben ihr also nichts gesagt?«, fragte Cordelia.

»Ich habe es niemandem außer Ihnen erzählt, meine Liebe, und ich weiß nicht einmal genau, warum ich es Ihnen erzählt habe. Nein, bestimmt nicht, ich habe ihr nichts gesagt. Ich habe sie nie leiden können. Ich will nicht sagen, dass zwischen ihr und Sir Ronald etwas war, jedenfalls nicht, solange Miss Evie lebte. Es gab nie irgendwelchen Klatsch; sie wohnte in einer Mietwohnung in Cambridge und lebte für sich, das will ich ihr zugestehen. Mr. Callender lernte sie kennen, als er an einer Dorfschule Naturwissenschaften unterrichtete. Sie war die Englischlehrerin. Erst nachdem Miss Evie gestorben war, baute er sein eigenes Laboratorium auf.«

»Wollen Sie damit sagen, dass Miss Leaming ein Examen in Englisch hat?«

»Aber ja doch, meine Liebe! Sie hat keine Ausbildung als Sekretärin. Natürlich gab sie die Schule auf, als sie anfing, für Mr. Callender zu arbeiten.«

»Und Sie? Sie verließen also Garforth House nach Mrs. Callenders Tod? Sie sind nicht geblieben, um sich um das Baby zu kümmern?«

»Ich war nicht erwünscht. Mr. Callender stellte eines von diesen neuen, am College ausgebildeten Mädchen an, und dann kam Mark früh ins Internat. Sein Vater gab zu verstehen, er wolle nicht, dass ich das Kind sähe, und ein Vater hat schließlich seine Rechte. Ich hätte Mr. Mark niemals weiter besucht, da ich wusste, dass sein Vater es nicht guthieß. Es hätte den Jungen nur in eine dumme Lage gebracht. Aber jetzt ist er tot, und wir alle haben ihn verloren. Der Untersuchungsrichter hat gesagt, er habe sich selbst umgebracht, und vielleicht hat er recht.«

Cordelia sagte: »Ich glaube nicht, dass er sich selbst umgebracht hat.«

»Wirklich nicht, meine Liebe? Das ist nett von Ihnen. Aber er ist tot, nicht wahr, was spielt das also für eine Rolle? Ich glaube, es ist Zeit für mich, nach Hause zu gehen. Wenn Sie mir nicht böse sind, lade ich Sie nicht zum Tee ein, ich bin heute ein bisschen müde. Aber Sie wissen, wo Sie mich finden, meine Liebe, und wenn Sie mich einmal wiedersehen wollen, sind Sie jederzeit willkommen.«

Sie verließen zusammen den Friedhof und trennten sich am Tor. Mrs. Goddard tätschelte Cordelia die Schulter, eine Geste der unbeholfenen Zuneigung, mit der sie vielleicht auch ein Tier gestreichelt hätte, dann ging sie langsam auf das Dorf zu.

Als Cordelia um die Straßenbiegung fuhr, kam der Bahnübergang in Sicht. Ein Zug war gerade vorbeigefahren, und die Schranken gingen hoch. Drei Autos waren am Übergang aufgehalten worden, und das letzte in der Schlange zog an den beiden vorderen Autos vorbei, als sie langsam über die Gleise holperten, und war am schnellsten fort. Cordelia sah, dass es ein kleiner schwarzer Lieferwagen war.

Später konnte sich Cordelia kaum an die Rückfahrt zum Gartenhaus erinnern. Sie fuhr schnell, konzentrierte sich auf die Straße vor sich und versuchte, ihre wachsende Erregung durch erhöhte Aufmerksamkeit auf Gangschaltung und Bremse im Zaum zu halten. Sie fuhr den Mini hart an die vordere Hecke und achtete nicht darauf, ob er gesehen werden könnte. Das Gartenhaus roch und sah genauso aus, wie sie es verlassen hatte. Sie hatte fast damit gerechnet, dass man es durchstöbert hätte und das Gebetbuch verschwunden wäre. Mit einem Seufzer der Erleichterung sah sie, dass der weiße Rücken noch zwischen den größeren, dunkleren Einbänden stand. Cordelia schlug das Buch auf. Sie wusste nicht recht, was sie zu finden hoffte; eine Eintragung vielleicht oder eine Botschaft, einen Brief, zusammengefaltet zwischen den Blättern. Aber die einzige Eintragung konnte keine denkbare Bedeutung für den Fall haben. Sie war in einer zittrigen altmodischen Handschrift geschrieben; wie eine Spinne war die Feder über die Seite gekrochen. *Für Evelyn Mary zu ihrer Konfirmation – mit herzlichen Grüßen von ihrer Patin. 5. August 1934.*

Cordelia schüttelte das Buch. Kein Papierschnipsel flatterte heraus. Sie überflog die Seiten. Nichts.

Sie saß auf dem Bett und ließ enttäuscht den Kopf hängen. War es unvernünftig gewesen, sich vorzustellen, dass das Vermächtnis des Gebetbuches etwas Wichtiges zu bedeuten hatte? Hatte sie bloß ein vielversprechendes Gebäude aus Vermutungen und Geheimnissen auf den verworrenen Erinnerungen einer alten Frau an eine vollkommen alltägliche und verständliche Handlung errichtet – eine gläubige Mutter auf dem Sterbebett, die ihrem Sohn ein Gebetbuch hinterlässt? Und selbst wenn sie sich nicht geirrt hatte – warum sollte die Botschaft noch da sein? Falls Mark eine zwischen die Seiten gelegte Mitteilung von seiner Mutter gefunden hatte, war es gut möglich, dass er sie gelesen und dann vernichtet hatte. Und falls er sie nicht vernichtet hatte, hätte ein anderer das tun können. Die Mitteilung, wenn es jemals eine gegeben hatte, war jetzt vermutlich Teil des vergänglichen Haufens weißer Asche im Kamin des Gartenhauses.

Sie riss sich aus ihrer mutlosen Stimmung. In einer Richtung musste sie noch Nachforschungen anstellen. Sie würde versuchen, Dr. Gladwin ausfindig zu machen. Sie überlegte kurz und steckte das Gebetbuch in ihre Tasche. Dann sah sie auf ihre Armbanduhr und stellte fest, dass es fast ein Uhr war. Sie beschloss, ein kleines Mittagessen aus Käse und Obst im Garten zu sich zu nehmen und dann wieder nach Cambridge zu fahren, um die Zentralbibliothek aufzusuchen und im Ärzteverzeichnis nachzuschlagen.

Weniger als eine Stunde später fand sie die gewünschte Auskunft. Es gab in dem Verzeichnis nur einen Dr. Gladwin, der vor zwanzig Jahren, als alter Mann von über siebzig, Mrs. Callender behandelt haben konnte. Er hieß Emlyn Thomas

Gladwin und hatte seine Ausbildung 1904 am St.-Thomas-Krankenhaus abgeschlossen. Cordelia trug die Adresse in ihr Notizbuch ein: Pratts Way 4, Ixworth Road, Bury St Edmunds. St Edmunds! Die Stadt, von der Isabelle erzählt hatte, dass sie und Mark auf ihrem Weg ans Meer dort gewesen waren.

Also war der Tag doch nicht vergeudet – sie folgte Marks Schritten. Um sofort auf einer Straßenkarte nachzusehen, ging sie in die Kartenabteilung der Bibliothek. Es war jetzt Viertel nach zwei. Wenn sie die A 45 nach Newmarket nahm, konnte sie in ungefähr einer Stunde in Bury St Edmunds sein. Vorausgesetzt, er lebte noch, würde sie etwa eine Stunde für den Besuch bei dem Arzt und eine weitere Stunde für die Rückfahrt benötigen. Dann wäre sie vor halb sechs wieder im Gartenhaus.

Sie fuhr durch die freundliche, gleichförmige Landschaft kurz vor Newmarket, als sie den schwarzen Lieferwagen bemerkte, der ihr folgte. Er war zu weit entfernt, als dass sie den Fahrer hätte erkennen können, aber sie nahm an, dass es Lunn war und dass er allein war. Sie beschleunigte und versuchte, die Entfernung zu ihm zu halten, aber der Lieferwagen schloss ein wenig auf. Es gab natürlich keinen Grund, warum Lunn nicht im Auftrag Sir Ronald Callenders nach Newmarket fahren sollte, aber der ständige Anblick des gedrungenen kleinen Lieferwagens in ihrem Rückspiegel beunruhigte sie. Cordelia beschloss, ihn abzuschütteln. Es gab nur wenige Abzweigungen an der Straße, auf der sie fuhr, und die Gegend war ihr fremd. Sie wollte warten, bis sie Newmarket erreicht hatte, und dann die erste Gelegenheit, die sich bieten würde, ergreifen.

Auf der Hauptstraße in der Stadt herrschte dichter Verkehr,

und jede Ecke schien blockiert. Erst an der zweiten Ampel sah Cordelia ihre Chance. Der schwarze Lieferwagen wurde an der Kreuzung ungefähr fünfzig Meter hinter ihr aufgehalten. Als die Ampel auf Grün umsprang, fuhr Cordelia schnell an und bog nach links ab. Dann kam noch eine Seitenstraße nach links, in die sie einbog, dann eine nach rechts. Sie fuhr durch unbekannte Straßen weiter, dann, nach ungefähr fünf Minuten, hielt sie an einer Kreuzung und wartete. Der schwarze Lieferwagen tauchte nicht auf. Es sah so aus, als hätte sie es geschafft, ihn abzuschütteln. Sie wartete noch einmal fünf Minuten, dann fuhr sie langsam zur Hauptstraße zurück und reihte sich in den nach Osten fließenden Verkehr ein. Eine halbe Stunde später hatte sie Bury St Edmunds hinter sich, fuhr langsam die Ixworth Road hinunter und hielt nach dem Pratts Way Ausschau. Fünfzig Meter weiter fand sie ihn, eine Reihe von sechs kleinen verputzten Häusern, die zurückgesetzt an einer schmalen Anliegerstraße standen. Sie hielt das Auto vor Nummer vier an, wobei sie an die gehorsame und willige Isabelle dachte, die offenbar hatte ein Stück weiterfahren und im Auto warten müssen. Und warum? Weil Mark den weißen Renault für zu auffällig hielt? Sogar die Ankunft des Mini hatte Interesse geweckt. Hinter den oberen Fenstern klebten Gesichter, und eine kleine Kinderschar war am Gartentor des Nachbarhauses aufgetaucht und beobachtete sie mit großen ausdruckslosen Augen.

Das Haus Nummer vier war in einem trostlosen Zustand; im Vorgarten stand das Unkraut, und der Zaun wies Lücken auf, wo die Latten verfault oder zur Seite gedrückt waren. Die Außenfarbe war bis auf das blanke Holz abgeblättert, und der braune Anstrich der Haustür hatte sich in der Sonne geschält und Blasen geworfen. Aber Cordelia sah, dass die Erdgeschossfenster blitzten und die weißen Tüllgardinen sauber waren. Mrs. Gladwin war vermutlich eine tüchtige Hausfrau, die sich abmühte, ihren selbst gesetzten Maßstäben gerecht zu werden, aber zu alt war für die schwere Arbeit und zu arm, um sich eine Hilfe leisten zu können. Cordelia empfand Sympathie für sie. Aber die Frau, die nach ein paar Minuten auf ihr Klopfen – die Klingel funktionierte nicht – die Tür öffnete, wirkte wie ein bestürzendes Gegenmittel auf ihr zartfühlendes Mitleid. Es erstarb vor diesen harten, misstrauischen Augen, diesem zusammengekniffenen Mund, den dünnen Armen, die sie wie eine knöcherne Schranke gegen ihre Brust drückte, als wolle sie jeden menschlichen Kontakt abweisen. Es war schwierig, ihr Alter zu schätzen. Ihr straff zu einem kleinen festen Knoten zurückgekämmtes Haar war noch schwarz, aber ihr Gesicht war stark zerfurcht, und die Sehnen und Adern traten an dem mageren Hals wie Schnüre hervor. Sie trug Hausschuhe und eine bunte Kittelschürze.

Cordelia sagte: »Mein Name ist Cordelia Gray. Ich möchte fragen, ob ich Dr. Gladwin sprechen könnte, wenn er zu Hause ist. Es geht um eine alte Patientin.«

»Er ist zu Hause, wo sollte er sonst sein. Er ist im Garten. Sie gehen am besten gleich durch.«

Das Haus roch entsetzlich, eine Mischung von extrem hohem Alter, dem sauren Geruch von menschlichen Ausscheidungen und verdorbenem Essen, überdeckt von starken Desinfektionsmitteln. Cordelia ging durchs Haus in den Garten und vermied dabei den Blick auf die Diele oder die Küche, weil Neugier vielleicht unhöflich erschienen wäre.

Dr. Gladwin saß in einem Lehnstuhl, der in die Sonne gerückt war. Cordelia hatte noch nie einen so alten Mann gesehen. Er trug einen wollenen Trainingsanzug, seine geschwollenen Beine steckten in übergroßen Filzpantoffeln, und über seinen Knien lag eine gestrickte Flickendecke. Seine beiden Hände hingen über die Armlehnen, als seien sie zu schwer für die zerbrechlichen Gelenke; sie waren fleckig und spröde wie Herbstlaub und zitterten mit leiser Ausdauer. Der längliche Schädel, von dem ein paar graue Borsten abstanden, sah klein und verletzlich aus wie der eines Kindes. Die Augen waren bleiche Dotter, die in ihrem klebrigen blauädrigen Weiß schwammen.

Cordelia ging auf den Mann zu und sprach ihn leise bei seinem Namen an. Es kam keine Antwort. Sie kniete sich zu seinen Füßen ins Gras und sah zu ihm auf.

»Dr. Gladwin, ich möchte mit Ihnen über eine Patientin sprechen. Es ist schon lange her. Mrs. Callender. Erinnern Sie sich an Mrs. Callender vom Garforth House?«

Es kam keine Antwort. Cordelia verstand schnell, dass auch keine mehr kommen würde. Sogar eine Wiederholung ihrer Frage kam ihr wie ein Frevel vor. Mrs. Gladwin stand neben ihr, als zeige sie ihn einer staunenden Welt.

»Machen Sie nur weiter, fragen Sie ihn! Es ist alles in seinem Kopf, wissen Sie. Das hat er immer gesagt. ›Berichte und Aufzeichnungen sind nicht meine Art. Es ist alles in meinem Kopf.‹«

Cordelia fragte: »Was ist aus den Krankenberichten geworden, als er die Praxis aufgab? Hat sie irgendjemand übernommen?«

»Das habe ich Ihnen doch gerade gesagt. Es hat nie irgendwelche Aufzeichnungen gegeben. Und es hat keinen Sinn, mich zu fragen. Das habe ich auch schon dem Jungen gesagt. Der Doktor hat mich zwar gern geheiratet, als er eine Krankenschwester brauchte, aber er hat nie von seinen Patienten gesprochen. Oh, weiß Gott nicht! Er hat den ganzen Verdienst aus der Praxis versoffen, aber er brachte es nicht fertig, seine ärztliche Schweigepflicht zu brechen.«

Die Bitterkeit in ihrer Stimme war schrecklich. Cordelia konnte ihr nicht in die Augen sehen. Gerade da glaubte sie, die Lippen des alten Mannes sich bewegen zu sehen. Sie beugte den Kopf hinunter und schnappte das eine Wort auf: »Kalt.«

»Ich glaube, er versucht zu sagen, dass ihm kalt ist. Haben Sie noch einen Schal, den man ihm um die Schultern legen könnte?«

»Kalt! In dieser Sonne! Ihm ist immer kalt!«

»Aber vielleicht würde eine zusätzliche Decke helfen. Soll ich eine holen?«

»Sie lassen ihn in Ruhe, Miss. Wenn Sie sich um ihn kümmern wollen, bitte, nur zu. Sehen Sie selbst, wie lustig es ist, ihn sauber zu halten wie ein Baby, seine Windeln zu waschen, sein Bett jeden Morgen frisch zu beziehen. Ich hole ihm noch einen Schal, aber in zwei Minuten wird er ihn wegschieben. Er weiß nicht, was er will.«

»Es tut mir leid«, sagte Cordelia hilflos. Sie fragte sich, ob Mrs. Gladwin alle verfügbare Hilfe bekam, ob die Bezirksschwester vorbeischaute, ob sie ihren Arzt gebeten hatte, sich um ein Krankenhausbett zu bemühen. Aber das waren im Grunde unsinnige Fragen. Sie konnte die hoffnungslose Zurückweisung jeglicher Hilfe förmlich sehen, die Verzweiflung, die nicht mehr die Energie übrig ließ, auch nur nach Erleichterung zu suchen. Sie sagte: »Es tut mir leid; ich will Sie beide nicht länger belästigen.«

Sie gingen zusammen durchs Haus zurück bis vor die Tür.

Aber eine Frage musste Cordelia noch stellen. »Sie sprachen von einem Jungen, der Sie besucht hat. War es Mark?«

»Mark Callender. Er fragte nach seiner Mutter. Und etwa zehn Tage später hatten wir dann den anderen hier.«

»Welchen anderen?«

»Oh, das war ein feiner Herr! Kam herein, als gehörte ihm das Haus. Er stellte sich nicht vor, aber irgendwo habe ich sein Gesicht schon gesehen. Er bat darum, Dr. Gladwin zu sprechen, und ich führte ihn hinein. Wir saßen im hinteren Wohnzimmer, weil es an diesem Tag windig war. Er ging auf den Doktor zu und sagte laut, als redete er mit einem Diener: ›Guten Tag, Gladwin.‹ Dann beugte er sich hinunter und sah ihn an. Auge in Auge waren sie. Dann richtete er sich auf, wünschte mir einen guten Tag und ging wieder. Sie sehen, wir werden beliebt! Noch so ein paar wie Sie, und ich werde Eintritt für die Vorstellung verlangen müssen.«

Sie standen zusammen am Gartentor. Cordelia fragte sich, ob sie ihre Hand ausstrecken sollte, aber sie spürte, dass Mrs. Gladwin sie noch nicht gehen lassen wollte. Plötzlich sprach die Frau mit lauter, schroffer Stimme, ohne Cordelia anzusehen.

»Dieser Freund von Ihnen, der Junge, der hierherkam. Er hat seine Adresse hinterlassen. Er sagte, es würde ihm nichts ausmachen, an einem Sonntag bei dem Doktor zu sitzen, wenn ich Unterstützung brauchte; er sagte, er könne für sie beide auch ein kleines Essen kochen. Ich habe Lust, diesen Sonntag meine Schwester in Haverhill zu besuchen. Sagen Sie ihm, dass er rüberkommen kann, wenn er möchte.«

Die Kapitulation klang unfreundlich, die Einladung widerwillig. Cordelia konnte sich denken, was es Mrs. Gladwin gekostet hatte, das auszusprechen. Sie sagte impulsiv: »Ich könnte an seiner Stelle am Sonntag kommen. Ich habe ein Auto, ich könnte früh hier sein.« Der Tag ginge Sir Ronald Callender verloren, aber sie würde ihn nicht in Rechnung stellen. Und gewiss hatte auch ein Privatdetektiv ein Recht auf einen arbeitsfreien Sonntag.

»Er kann kein junges Mädchen gebrauchen. Es sind Dinge zu tun, die einen Mann erfordern. Er hat Gefallen an dem Jungen gefunden. Das konnte ich sehen. Sagen Sie ihm, dass er kommen kann.«

Cordelia drehte sich zu ihr um. »Er wäre gern gekommen, das weiß ich. Aber er kann nicht. Er ist tot.«

Mrs. Gladwin sagte nichts. Cordelia streckte zögernd ihre Hand aus und berührte ihren Ärmel. Es kam keine Reaktion. Sie flüsterte: »Es tut mir leid. Ich gehe jetzt.«

Beinahe hätte sie hinzugefügt: Falls ich nichts für Sie tun kann, aber sie hielt sich rechtzeitig zurück. Es gab nichts, was sie oder irgendein anderer tun konnte.

Sie blickte einmal zurück, bevor die Straße nach Bury abbog, und sah die starre Gestalt immer noch am Gartentor stehen.

Cordelia wusste nicht genau, was sie zu dem Entschluss veranlasste, in Bury haltzumachen und in den Abteigärten spazieren zu gehen. Aber sie fühlte, dass sie die Rückfahrt nach Cambridge einfach nicht durchstehen konnte, ohne ihrer Erregung Herr zu werden, und der flüchtige Anblick des Grases und der Blumen durch die große normannische Pforte war zu verlockend. Sie parkte den Mini am Angel Hill, dann ging sie durch die Gärten zum Flussufer. Dort saß sie fünf Minuten in der Sonne. Es fiel ihr ein, dass sie Geld für Benzin ausgegeben hatte, was sie aufschreiben musste, und sie suchte in ihrer Tasche nach dem Notizbuch. Ihre Hand zog das weiße Gebetbuch heraus. Sie saß in Gedanken versunken da. Angenommen, sie wäre Mrs. Callender gewesen und hätte eine Botschaft hinterlassen wollen, eine Botschaft, die Mark finden würde, andere, die suchten, aber übersahen. Wo hätte sie sie untergebracht? Die Antwort schien auf einmal kinderleicht. Sicher irgendwo auf der Seite der Kollekte, des Evangeliums und der Epistel zum St.-Markustag. Er war am 25. April geboren. Er war nach dem Heiligen genannt worden. Sie fand die Stelle schnell. In dem hellen Sonnenlicht, das vom Wasser zurückgeworfen wurde, sah sie, was ihr beim schnellen Durchblättern entgangen war. Da hob sich gegen Erzbischof Cranmers milde Bitte um die Gnade der Kraft, den verderblichen Einflüssen falscher Lehre zu widerstehen, ein kleines Hieroglyphenmuster ab, so schwach, dass die Zeichen auf dem Papier kaum mehr als ein Fleck waren. Sie sah, dass es eine Gruppe von Buchstaben und Ziffern war:

EMC AA 14.1.52

Die ersten drei Buchstaben waren natürlich die Initialen seiner Mutter. Das Datum musste der Tag sein, an dem sie die Botschaft aufgeschrieben hatte. Hatte Mrs. Goddard nicht gesagt, dass Mrs. Callender starb, als ihr Sohn ungefähr neun Monate alt war? Aber das zweifache A? Cordelia brütete über allerlei Abkürzungen, bis ihr die Karte in Marks Brieftasche einfiel. Bestimmt konnten die zwei Buchstaben neben den Initialen nur auf eine Sache hinweisen, auf die Blutgruppe. Mark hatte B gehabt. Seine Mutter war AA. Es gab nur einen einzigen Grund, warum sie ihm diese Auskunft hatte zukommen lassen wollen. Jetzt galt es, Sir Ronalds Blutgruppe herauszufinden.

Cordelia schrie fast auf vor Triumph, als sie durch die Gärten rannte und ihren Mini wieder in Richtung Cambridge wendete. Sie hatte noch nicht zu Ende gedacht, was diese Entdeckung eigentlich bedeuten konnte oder ob ihre Folgerungen stichhaltig waren. Aber sie hatte wenigstens etwas zu tun, hatte wenigstens einen Anhaltspunkt. Sie fuhr schnell, weil sie unbedingt in die Stadt kommen wollte, bevor die Post zumachte. Dort war es möglich, wie sie sich vage erinnerte, ein Exemplar des amtlichen Verzeichnisses der ortsansässigen Ärzte zu bekommen. Es wurde ihr ausgehändigt. Und jetzt zum Telefon. Sie kannte nur ein Haus in Cambridge, wo es die Möglichkeit gab, ungestört vielleicht eine Stunde lang zu telefonieren. Sie fuhr zur Norwich Street 57.

Sophie und Davie waren zu Hause und spielten im Wohnzimmer Schach, der blonde und der dunkle Kopf berührten sich fast über dem Brett. Sie zeigten sich nicht überrascht, als Cordelia bat, das Telefon für eine Reihe von Gesprächen benutzen zu dürfen.

»Ich bezahle es natürlich. Ich schreibe auf, wie viele.«

»Sie möchten allein im Zimmer sein, nehme ich an«, sagte Sophie. »Komm, wir spielen die Partie im Garten zu Ende, Davie.«

Ganz und gar nicht neugierig, trugen sie das Schachbrett vorsichtig durch die Küche und stellten es auf den Gartentisch. Cordelia zog einen Stuhl an den Tisch und setzte sich mit ihrer Liste hin. Sie war erschreckend lang. Es gab keinen Anhaltspunkt, wo sie beginnen sollte, aber vielleicht hatte sie bei Gemeinschaftspraxen und Adressen nahe der Stadtmitte die größten Chancen. Sie würde mit ihnen anfangen und die Namen nach jedem Anruf abhaken. Sie erinnerte sich an eine weitere überlieferte Perle der Weisheit des Superintendent: »Die Detektivarbeit erfordert eine geduldige Beharrlichkeit, die an Starrsinn grenzt.« Sie dachte an Dalgliesh, als sie die erste Nummer wählte. Was für ein unerträglich anspruchsvoller und lästiger Chef er gewesen sein musste! Aber mittlerweile war er vermutlich schon recht alt – vielleicht war er inzwischen ein bisschen umgänglicher geworden.

Cordelias Stunde der Beharrlichkeit war leider fruchtlos. Ihre Anrufe wurden stets entgegengenommen; ein Vorteil, wenn man eine Arztpraxis anrief, war, dass das Telefon wenigstens besetzt war. Doch die Antworten, die sie erhielt, höflich, knapp oder in gequältem und gehetztem Ton von einer bunten Mischung von Gesprächspartnern, von den Ärzten selbst bis zu zuvorkommenden Vorzimmerdamen, die bereit waren, eine Nachricht weiterzugeben, die Antworten waren stets die gleichen: Sir Ronald Callender war kein Patient dieser Praxis. Cordelia wiederholte ihren Spruch: »Es tut mir wirklich leid, dass ich Sie belästigt habe. Ich muss den Namen missverstanden haben.«

Aber nach fast siebzig Minuten geduldigen Wählens hatte sie Glück.

»Sie sind leider mit der falschen Praxis verbunden. Um Sir Ronald Callenders Haushalt kümmert sich Dr. Venables.«

Das war in der Tat Glück! Dr. Venables stand nicht auf ihrer vorrangigen Liste, und zum V wäre Cordelia frühestens in einer weiteren Stunde gekommen. Ihr Finger lief die Namen hinunter, und sie wählte zum letzten Mal.

Dr. Venables' Sprechstundenhilfe antwortete. Cordelia sagte: »Ich rufe im Auftrag von Miss Leaming vom Garforth House an. Es tut mir leid, Sie zu belästigen, aber könnten Sie uns bitte Sir Ronald Callenders Blutgruppe in Erinnerung bringen? Er möchte es vor der Tagung in Helsinki im nächsten Monat wissen.«

»Einen Augenblick bitte.« Sie musste kurz warten, dann hörte sie die Schritte zurückkommen. »Sir Ronald hat Blutgruppe A. Notieren Sie sich das besser. Sein Sohn musste vor etwa einem Monat wegen derselben Sache anrufen.«

Cordelia beschloss, ein Risiko einzugehen. »Ich bin neu hier, als Hilfe von Miss Leaming, und sie hat mir beim letzten Mal tatsächlich gesagt, ich soll es aufschreiben, aber ich habe es dummerweise vergessen. Wenn sie zufällig anrufen sollte, sagen Sie ihr bitte nicht, dass ich Sie noch einmal belästigen musste.«

Die Sprechstundenhilfe lachte nachsichtig über die Unzulänglichkeit der Jugend. Schließlich hatte es ihr ja nicht allzu viel Mühe gemacht.

»Machen Sie sich keine Gedanken, ich werde ihr nichts sagen. Ich bin froh, dass sie sich endlich eine Hilfe besorgt hat. Ich hoffe, alle sind gesund?«

»O ja! Es geht allen gut. Vielen Dank.«

Cordelia legte den Hörer auf. Sie schaute aus dem Fenster und sah, dass Sophie und Davie eben ihr Spiel beendeten und die Figuren wieder in das Kästchen legten. Sie war gerade rechtzeitig fertig geworden. Sie wusste nun die Antwort auf ihre Frage, aber sie musste sie noch überprüfen. Die Auskunft war zu wichtig, als dass sie sich auf ihre eigene schwache Erinnerung an die Mendel'schen Vererbungsgesetze verlassen hätte, die sie sich in dem Kapitel über Blut und Identität in Bernies gerichtsmedizinischem Handbuch angelesen hatte. Davie wüsste es natürlich. Aber sie fragte ihn lieber nicht. Das bedeutete, dass sie wieder in die öffentliche Bibliothek gehen musste, und sie musste sich beeilen, wenn sie vor der Schließung dort sein wollte.

Sie kam gerade noch rechtzeitig an. Der Bibliothekar, der sich inzwischen daran gewöhnt hatte, sie zu sehen, war so hilfsbereit wie immer. Das benötigte Nachschlagewerk wurde rasch gebracht. Cordelia stellte fest, was sie bereits gewusst hatte: Ein Mann und eine Frau, die beide die Blutgruppe A hatten, konnten kein Kind mit der Gruppe B zeugen.

Cordelia war sehr müde, als sie ins Gartenhaus zurückkehrte. So viel war während eines Tages passiert, so viel war aufgedeckt worden. War es denn möglich, dass noch keine zwölf Stunden vergangen waren, seit sie sich auf die Suche nach Nanny Pilbeam gemacht hatte? Und sie hatte nur eine vage

Hoffnung gehabt, die Frau würde, falls sie sie fände, vielleicht einen Schlüssel zu Marks Persönlichkeit liefern, ihr vielleicht etwas über seine Entwicklungsjahre erzählen. Sie war erregt vom Erfolg des Tages, rastlos vor Aufregung, aber geistig zu erschöpft, um das wirre Knäuel von Vermutungen, das verknotet irgendwo in ihrem Kopf lag, zu entheddern. Im Augenblick waren die Tatsachen durcheinandergeraten. Es gab kein klares Muster, keine Theorie, die das Geheimnis um Marks Geburt, Isabelles Entsetzen, Hugos und Sophies heimliches Wissen, Miss Marklands zwanghaftes Interesse am Gartenhaus, Sergeant Maskells fast widerwilligen Argwohn, das Sonderbare und die ungeklärten Widersprüche, die Marks Tod umgaben, auf einmal geklärt hätte.

Sie machte sich im Haus zu schaffen mit einer Energie, die geistiger Übermüdung entsprang. Sie wischte den Küchenboden, legte für den Fall, dass der nächste Abend kühl würde, Holz auf den Aschehaufen, jätete das kleine Blumenbeet hinter dem Haus, bereitete sich dann ein Pilzomelett und aß es, wie Mark es getan haben musste, an dem einfachen Tisch. Zuallerletzt holte sie die Pistole aus ihrem Versteck und legte sie auf den Tisch neben dem Bett. Sie schloss die Hintertür sorgfältig ab, zog die Vorhänge vor das Fenster und prüfte noch einmal, ob die Siegel unversehrt waren. Aber sie legte keinen Topfdeckel oben auf die Tür. Heute Nacht erschien ihr diese Vorsichtsmaßnahme kindisch und unnötig. Sie zündete die Kerze neben dem Bett an und ging dann zum Fenster, um ein Buch auszusuchen. Der Abend war mild und windstill; die Flamme der Kerze brannte stetig in der reglosen Luft. Draußen war die Nacht noch nicht voll angebrochen, aber der Garten war sehr still, der Frieden wurde nur von einem fernen, auf der Hauptstraße vorbeifahrenden Auto oder dem Ruf eines Nachtvogels gestört. Und dann erblickte sie, undeutlich durch das Zwielicht, eine Gestalt am Gartentor.

Es war Miss Markland. Die Frau zögerte, die Hand auf der Klinke, als überlege sie, ob sie den Garten betreten solle. Cordelia glitt zur Seite und drückte sich an die Wand. Die dunkle Gestalt stand so still, dass es schien, als habe sie die Anwesenheit eines Beobachters gespürt und sei erstarrt wie ein überraschtes Tier. Dann, nach zwei Minuten, ging sie weg und verlor sich zwischen den Bäumen des Obstgartens. Cordelia entspannte sich, nahm Trollopes *Spitalvorsteher* aus Marks Bücherreihe und kroch in ihren Schlafsack. Eine halbe Stunde später löschte sie die Kerze und streckte sich aus, um sich langsam und ergeben in den Schlaf sinken zu lassen.

In den frühen Morgenstunden schreckte sie auf und war sofort wach, die Augen weit geöffnet im Halbdunkel. Die Zeit schien aufgehoben; die stille Luft voller Erwartung, als sei der Tag überrascht worden. Sie konnte das Ticken ihrer Armbanduhr auf dem Nachttisch hören und daneben den tröstlichen gekrümmten Umriss der Pistole und den schwarzen Zylinder ihrer Taschenlampe sehen. Sie lag still und lauschte auf die Nacht. Man erlebte diese ruhigen Stunden so selten, eine Zeit, die man fast immer schlafend oder träumend verbrachte, dass man sich nur zögernd und ungeübt wie ein neugeborenes Kind auf sie einstellte. Sie empfand keine Angst, nur eine alles umarmende Stille, eine sanfte Mattigkeit. Ihr Atem erfüllte das Zimmer, und die ruhige, reine Luft schien im Einklang mit ihr zu atmen.

Plötzlich merkte sie, was sie geweckt hatte. Besucher näherten sich dem Gartenhaus. Sie musste unterbewusst in einer Phase unruhigen Schlafes das Geräusch eines Autos erkannt haben. Jetzt hörte sie das Quietschen des Gartentors, das Rascheln von Füßen, verstohlen wie von einem Tier im Unterholz, ein schwaches, gebrochenes Gemurmel von Stimmen. Sie wand sich aus ihrem Schlafsack und schlich zum Fenster. Mark hatte die Scheiben des vorderen Fensters nicht gesäubert; vielleicht hatte er keine Zeit gehabt, vielleicht war ihm ihr abschirmender Schmutz willkommen gewesen. Cordelia rieb mit ihren Fingern in verzweifelter Eile an der sandigen Ablagerung von Jahren. Aber schließlich spürte sie das kalte, glatte Glas. Es quietschte unter den reibenden Fingern, hoch und dünn wie das Quieken eines Tieres, sodass sie glaubte, der Lärm müsse sie verraten. Sie spähte durch den schmalen Streifen von klarem Glas in den Garten hinunter.

Der Renault war fast gänzlich durch die hohe Hecke verborgen, aber sie konnte den vorderen Teil der Motorhaube sehen, die am Gartentor glänzte, und die zwei Lichtflecke von den Parkleuchten, die wie Zwillingsmonde auf den Pfad schienen. Isabelle trug etwas Langes und eng Anliegendes; ihre helle Gestalt flirrte vor dem Dunkel der Hecke. Hugo war nur ein schwarzer Schatten an ihrer Seite. Aber dann drehte er sich um, und Cordelia sah eine weiße Hemdbrust aufblitzen. Sie waren beide in Abendkleidung. Sie kamen leise zusammen den Pfad herauf und besprachen sich kurz an der Vordertür, dann bewegten sie sich auf die Hausecke zu.

Cordelia griff zu ihrer Taschenlampe, eilte auf leisen, nackten Füßen die Treppe hinunter und stürzte durch das Wohnzimmer, um die Hintertür aufzuschließen. Der Schlüssel ließ sich leicht und lautlos drehen. Sie wagte kaum zu atmen, als sie sich in den Schatten am Fuß der Treppe zurückzog. Sie hatte es gerade rechtzeitig geschafft. Die Tür öffnete sich und ließ einen Streifen helleren Lichts herein. Sie hörte Hugos Stimme: »Einen Augenblick, ich zünde ein Streichholz an.«

Das Streichholz flammte auf und beleuchtete in einem milden Licht flüchtig die beiden ernsten, erwartungsvollen Gesichter, Isabelles große ängstliche Augen. Dann ging es aus. Sie hörte Hugos gemurmelten Fluch, gefolgt vom Kratzen des zweiten Streichholzes, das über die Schachtel gestrichen wurde. Diesmal hielt er es hoch. Es schien auf den Tisch, auf den stummen, anklagenden Haken, auf den schweigenden Zuschauer am Fuß der Treppe.

Hugo rang nach Luft, seine Hand zuckte, und das Streichholz ging aus. Sofort begann Isabelle zu schreien.

Hugos Stimme war scharf. »Was zum Teufel …«

Cordelia knipste ihre Taschenlampe an und trat vor. »Ich bins nur – Cordelia.«

Aber Isabelle hörte nichts. Ihr Schrei war von einer so durchdringenden Stärke, dass Cordelia fast fürchtete, die Marklands müssten sie hören. Der Klang war unmenschlich, ein Schrei von tierischer Angst. Er wurde plötzlich durch eine Bewegung von Hugos Arm, dem Geräusch eines Klapses, einem Keuchen beendet. Darauf folgte ein Augenblick völliger Stille, dann fiel Isabelle Hugo leise schluchzend in die Arme.

Er wandte sich schroff an Cordelia: »Warum zum Teufel haben Sie das getan?«

»Was getan?«

»Sie haben sie erschreckt, wie Sie da gelauert haben. Was machen Sie hier überhaupt?«

»Das könnte ich Sie fragen.«

»Wir sind gekommen, um den Antonello zu holen, den Isabelle Mark geliehen hat, als sie zum Abendessen hier war, und um sie von einer gewissen krankhaften Besessenheit von diesem Ort zu heilen. Wir waren auf dem Ball des Pitt-Clubs. Wir dachten, es wäre eine gute Idee, auf dem Heimweg hier vorbeizuschauen. Aber anscheinend war es eine verdammt dumme Idee. Gibt es hier etwas zu trinken?«

»Nur Bier.«

»O Gott, Cordelia, das habe ich befürchtet! Sie braucht aber etwas Stärkeres.«

»Es gibt nichts Stärkeres, aber ich kann einen Kaffee kochen. Zünden Sie das Feuer an. Es ist schon gerichtet.«

Sie legte die Taschenlampe auf dem Tisch ab, zündete die Tischlampe an und drehte den Docht herunter. Dann half sie Isabelle auf einen der Stühle neben dem Kamin.

Das Mädchen zitterte. Cordelia holte einen von Marks dicken Pullovern und legte ihn ihr um die Schultern. Das Holz begann unter Hugos vorsichtigen Händen zu brennen. Cordelia ging in die Küche, um Kaffee zu kochen, und legte die Taschenlampe seitlich auf die Fensterbank, damit sie auf den Kocher schien. Sie zündete die stärkere der beiden Flammen an und nahm vom Brett einen braunen Steingutkrug, die zwei blaurandigen Becher und eine Tasse für sich selbst. Eine zweite, angeschlagene Tasse enthielt den Zucker. Es dauerte nur ein paar Minuten, das Wasser im halb vollen Kessel zum Kochen zu bringen und über das Kaffeepulver zu gießen. Sie konnte

Hugos Stimme aus dem Wohnzimmer hören, leise, eindringlich, tröstend, unterbrochen von Isabelles einsilbigen Antworten. Ohne abzuwarten, bis sich der Kaffee gesetzt hatte, stellte sie ihn auf das einzige Tablett, ein verbeultes aus Blech, verziert mit einem zerkratzten Bild von Edinburgh Castle, und trug es ins Wohnzimmer. Das Reisig zischte und flackerte und wirbelte einen Regen von hellen Funken auf, der im Fallen Isabelles Kleid mit einem Sternenmuster übersäte. Dann erklomm die Flamme ein dickeres Scheit, und das Feuer glühte mit einer stärkeren, weicheren Wärme.

Als Cordelia sich vorbeugte, um den Kaffee umzurühren, sah sie einen kleinen Käfer, der in verzweifelter Eile an der Kante eines kleinen Scheits entlangkrabbelte. Sie hob einen Zweig vom Anmachholz auf, das noch im Kamin lag, und hielt ihn als Fluchtweg hin. Aber das verwirrte den Käfer noch mehr. Er machte erschreckt kehrt und lief auf die Flamme zu, schlug dann einen Haken auf seinem Weg und fiel schließlich in einen Spalt zwischen den Scheiten. Cordelia fragte sich, ob er in dem kurzen Augenblick sein schreckliches Ende erfasste. Ein Streichholz an ein Stück Holz zu halten war eine so unbedeutende Handlung und erzeugte doch solche Todesangst, solchen Schrecken.

Sie reichte Isabelle und Hugo ihre Becher und nahm ihre Tasse. Der erquickende Duft des frischen Kaffees mischte sich mit dem harzigen Geruch des brennenden Holzes. Das Feuer malte lange Schatten auf den Fliesenboden, und die Petroleumlampe warf ihr sanftes Licht über die Gesichter. Bestimmt waren noch keine Mordverdächtigen in einer gemütlicheren Umgebung verhört worden, dachte Cordelia. Sogar Isabelle hatte ihre Ängste verloren. Ob es das beruhigende Gefühl von Hugos Arm um ihre Schultern, die belebende Wirkung des Kaffees oder die gemütliche Wärme und das Knistern des Feuers war – sie schien sich fast wohlzufühlen.

Cordelia wandte sich an Hugo. »Sie haben gesagt, dass Isabelle krankhaft besessen ist von diesem Ort. Warum eigentlich?«

»Isabelle ist sehr sensibel; sie ist nicht so robust wie Sie.«

Cordelia dachte insgeheim, dass alle schönen Frauen robust waren – wie könnten sie sonst überleben? – und dass Isabelles Nerven sich an Spannkraft sehr wohl mit ihren messen konnten. Aber sie würde nichts gewinnen, wenn sie Hugos Illusionen infrage stellte: Schönheit war zerbrechlich, vergänglich, verletzlich. Isabelles Empfindsamkeit musste geschützt werden. Die Robusten konnten sich selbst um sich kümmern.

Sie sagte: »Nach dem, was Sie sagen, ist sie bis jetzt nur einmal hier gewesen. Ich weiß, dass Mark Callender in diesem Zimmer starb, aber Sie erwarten wohl kaum von mir, dass ich glaube, sie trauert um Mark. Es gibt irgendetwas, das Sie beide wissen, und es wäre besser, wenn Sie es mir jetzt sagen. Wenn nicht, werde ich Sir Ronald Callender berichten müssen, dass Isabelle, Ihre Schwester und Sie irgendwie mit dem Tod seines Sohnes zu tun haben, und dann hat er zu entscheiden, ob er die Polizei hinzuzieht. Ich kann mir nicht vorstellen, dass Isabelle selbst ein noch so freundliches Verhör durch die Polizei durchstehen würde, Sie etwa?«

Sogar in ihren eigenen Ohren klang ihr Diskurs wie eine hochtrabende, lehrhafte kleine Rede, eine aus der Luft gegriffene, auf eine leere Drohung gestützte Beschuldigung. Cordelia erwartete fast, dass Hugo ihr belustigt und geringschätzig widersprechen würde. Aber er sah sie eine Weile an, als schätze er mehr als nur die Echtheit der Gefahr ab.

Dann sagte er ruhig: »Können Sie nicht mein Wort gelten lassen, dass Mark durch eigene Hand starb und es seinem Vater nur Trauer und Schmerz bereiten und keinem auch nur im Geringsten helfen wird, wenn Sie die Polizei einschalten?«

»Nein, Hugo, das kann ich nicht.«

»Wollen Sie uns dann versprechen, dass es keine Folgen haben wird, wenn wir Ihnen sagen, was wir wissen?«

»Wie könnte ich das; genauso wenig, wie ich versprechen kann, Ihnen zu glauben.«

Plötzlich rief Isabelle: »Oh, jetzt sag es ihr, Hugo! Was macht es schon?«

Cordelia ergänzte: »Ich glaube, Sie haben keine andere Wahl.«

»Es scheint so. Nun gut.« Er stellte seinen Kaffeebecher auf den Rost und blickte ins Feuer. »Ich habe Ihnen ja erzählt, dass wir – Sophie, Isabelle, Davie und ich – in der Nacht, in der Mark starb, im Arts Theatre waren, aber das war, wie Sie wahrscheinlich vermutet haben, nur zu drei Vierteln wahr. Sie hatten nur noch drei Plätze frei, als ich die Karten bestellte, und wir verteilten sie auf die drei Leute, die wahrscheinlich am meisten Spaß an dem Stück haben würden. Isabelle geht eher ins Theater, um gesehen zu werden, als um etwas zu sehen, und langweilt sich in jeder Vorstellung, in der nicht wenigstens fünfzig Leute mitspielen. Da sie von ihrem derzeitigen Liebhaber so vernachlässigt wurde, beschloss sie vernünftigerweise, bei dem vorigen Trost zu suchen.«

Isabelle sagte mit einem verstohlenen, bedeutungsvollen Lächeln: »Mark war nicht mein Liebhaber, Hugo.« Sie sprach ohne Bitterkeit oder Groll. Es schien ihr nur darum zu gehen, die Sache ins rechte Licht zu rücken.

»Ich weiß, Mark war ein Romantiker«, fuhr Hugo fort. »Er nahm nie ein Mädchen mit ins Bett – oder sonst wohin, soweit ich das beobachten konnte –, bevor er entschieden hatte, dass es zwischen ihnen eine angemessene Tiefe interpersoneller Kommunikation gab oder wie immer er sich ausdrückte. Nein, das ist jetzt ungerecht. Das ist mein Vater, der solche verdammt scheußlichen, bedeutungslosen Phrasen benutzt. Aber Mark war im Großen und Ganzen der gleichen Ansicht. Ich bezweifle, dass er den Sex genießen konnte, bevor er davon überzeugt war, dass er und das Mädchen sich liebten. Es war eine notwendige Einleitung – wie das Ausziehen. Ich schließe, dass die Beziehung zu Isabelle nicht die notwendigen Tiefen erreicht hatte, dass sie nicht zu dem erforderlichen emotionalen Verhältnis gediehen war. Es war natürlich nur eine Frage der Zeit. Was Isabelle betraf, war Mark genauso wie wir alle der Selbsttäuschung fähig.« Die plötzlich hohe, ein wenig zögernde Stimme klang scharf vor Eifersucht.

Isabelle sagte, langsam und geduldig wie eine Mutter, die einem sich dumm stellenden Kind etwas erklärt: »Mark hat nie mit mir geschlafen, Hugo.«

»Das sage ich ja! Armer Mark! Er tauschte die Wirklichkeit gegen ein Traumbild ein, geblieben ist ihm weder das eine noch das andere.«

»Aber was geschah in jener Nacht?«

Cordelia hatte Isabelle angesprochen, aber es war Hugo,

der ihr antwortete: »Isabelle fuhr hierher und kam kurz nach halb acht an. Der Vorhang am hinteren Fenster war zugezogen, das Fenster nach vorn ist sowieso undurchsichtig, aber die Tür war offen. Sie kam herein. Mark war bereits tot. Sein Körper hing an einem Riemen von diesem Haken. Aber er sah nicht so aus wie am nächsten Morgen, als Miss Markland ihn fand.« Er wandte sich an Isabelle: »Sag es ihr selbst.«

Sie zögerte, Hugo beugte sich vor und küsste sie leicht auf die Lippen.

»Nun komm, sag es ihr. Es gibt einige Unannehmlichkeiten, die auch Papas ganzes Geld nicht völlig von dir fernhalten kann, und das hier, mein Schatz, ist eine davon.«

Isabelle wandte den Kopf und blickte angespannt in die vier Ecken des Zimmers, als wollte sie sich vergewissern, dass die drei wirklich allein waren. Die Iris ihrer auffallenden Augen waren purpurn im Feuerschein. Sie lehnte sich zu Cordelia hinüber. Die Geste erinnerte ein wenig an das Vergnügen einer Dorfklatschbase, die gerade vom letzten Skandal berichten will. Cordelia sah, dass die Angst von ihr abgefallen war. Isabelles Seelenängste waren elementar, heftig, jedoch offenbar kurzlebig und leicht zu beschwichtigen. Sie hätte ihr Geheimnis für sich behalten, solange Hugo sie anwies, es nicht preiszugeben, aber sie schien erleichtert über die Entlassung aus der Pflicht. Vermutlich sagte ihr der Instinkt, dass die Geschichte, wenn sie erst einmal erzählt war, den Stachel des Schreckens verlieren würde.

Sie sagte: »Ich dachte, ich könnte Mark besuchen und wir würden vielleicht zusammen zu Abend essen. Mademoiselle de Congé fühlte sich nicht wohl, Hugo und Sophie waren im Theater, und ich langweilte mich. Ich kam an die Hintertür, weil Mark mir gesagt hatte, dass sich die Vordertür nicht öffnen ließ. Ich dachte, ich würde ihn vielleicht im Garten sehen, aber er war nicht da, nur der Spaten steckte in der Erde, und seine Schuhe standen vor der Tür. Also stieß ich die Tür auf. Ich klopfte nicht, weil ich ihn überraschen wollte.«

Sie zögerte und blickte in ihren Kaffeebecher, den sie in den Händen drehte.

»Und dann?«, drängte Cordelia.

»Und dann sah ich ihn. Er hing am Gürtel von diesem Haken da an der Decke, und ich wusste, dass er tot war. Cordelia, es war entsetzlich! Er war wie eine Frau angezogen, mit einem schwarzen Büstenhalter und schwarzen Spitzenhöschen. Sonst nichts. Und sein Gesicht! Er hatte seine Lippen angemalt, ganz dick, Cordelia, wie ein Clown! Es war schrecklich, aber auch ein bisschen komisch. Ich wollte gleichzeitig lachen und schreien. Er sah nicht wie Mark aus. Und auf dem Tisch lagen drei Bilder. Keine schönen Bilder. Bilder von nackten Frauen.«

Ihre großen Augen starrten Cordelia an, die nicht einordnen konnte, was sie da hörte.

Hugo sagte: »Jetzt gucken Sie nicht so, Cordelia. Es war damals entsetzlich für Isabelle, und jetzt ist es unschön, daran zu denken. Aber es ist nicht so furchtbar ungewöhnlich und wahrscheinlich eine der harmloseren sexuellen Abweichungen. Er hat keinen anderen hineingezogen, nur sich selber. Und er hatte nicht vor, sich umzubringen; das war einfach Pech. Ich stelle mir vor, dass die Schnalle des Gürtels verrutscht ist und er nichts mehr machen konnte.«

Cordelia sagte: »Das glaube ich nicht.«

»Ich dachte mir schon, dass Sie es nicht glauben würden. Aber es ist wahr, Cordelia. Kommen Sie doch mit uns, und wir rufen Sophie an. Sie wird es bestätigen.«

»Ich brauche keine Bestätigung für Isabelles Geschichte. Ich meine, ich glaube immer noch nicht, dass Mark sich umgebracht hat.«

Im selben Augenblick, als sie das sagte, war ihr klar, dass es ein Fehler gewesen war. Sie hätte ihren Verdacht nicht aufdecken sollen. Aber jetzt war es zu spät, und es gab noch Fragen, die sie stellen musste. Sie sah Hugos Gesicht, ein schnelles, ungeduldiges Stirnrunzeln über ihre Begriffsstutzigkeit, ihre Hartnäckigkeit. Und dann entdeckte sie eine fast unmerkliche Veränderung seiner Stimmung: War es Ärger, Angst, Enttäuschung?

Sie wandte sich direkt an Isabelle: »Sie haben gesagt, die Tür war offen. Haben Sie den Schlüssel bemerkt?«

»Er steckte auf dieser Seite der Tür. Ich sah ihn, als ich hinausging.«

»Und die Vorhänge?«

»Sie waren wie jetzt vor die Fenster gezogen.«

»Und wo war der Lippenstift?«

»Was für ein Lippenstift, Cordelia?«

»Der benutzt wurde, um Marks Lippen anzumalen. Er war nicht in den Taschen seiner Jeans, sonst hätte ihn die Polizei gefunden, wo war er also? Haben Sie ihn auf dem Tisch gesehen?«

»Es lag nichts auf dem Tisch als die Bilder.«

»Was für eine Farbe hatte der Lippenstift?«

»Purpur. Eine Farbe für ältere Damen. Wer sucht schon so eine Farbe aus?«

»Und die Unterwäsche? Können Sie sie beschreiben?«

»O ja. Sie war von Marks & Spencer. Ich habe sie erkannt.«

»Sie meinen, dass Sie speziell diese erkannt haben, dass es Ihre war?«

»Nein, Cordelia! Es war nicht meine. Ich trage keine schwarze Unterwäsche. Ich mag nur Weiß direkt auf der Haut. Aber es war die Marke, die ich gewöhnlich kaufe. Ich kaufe meine Unterwäsche immer bei Marks & Spencer.«

Cordelia überlegte, dass kein anderer Zeuge so zuverlässig wäre, wenn es um Kleinigkeiten ging, besonders bei Kleidungsstücken. Sogar in jenem Augenblick des größten Entsetzens und Ekels war Isabelle die Marke der Unterwäsche aufgefallen. Wenn sie also sagte, sie habe den Lippenstift nicht gesehen, dann deshalb, weil kein Lippenstift zu sehen gewesen war.

Cordelia fuhr unerbittlich fort: »Haben Sie etwas angefasst, vielleicht Marks Körper, um zu sehen, ob er tot war?«

Isabelle verneinte energisch. Die Gegebenheiten des Lebens meisterte sie spielend, nicht aber die des Todes.

»Ich konnte Mark nicht berühren! Ich habe nichts angefasst. Und ich wusste, dass er tot war.«

Hugo sagte: »Ein ehrbarer, vernünftiger, gehorsamer Bürger hätte das nächste Telefon aufgesucht und die Polizei angerufen. Zum Glück passt keines dieser Attribute auf Isabelle. Ihr Instinkt sagte ihr, zu mir zu kommen. Sie wartete, bis das Stück zu Ende war, und fing uns dann vor dem Theater ab. Als wir herauskamen, wartete sie auf dem Bürgersteig gegenüber. Davie, Sophie und ich kamen mit ihr im Renault wieder hierher. Wir hielten nur kurz in der Norwich Street, um Davies Fotoapparat und Blitzlicht zu holen.«

»Warum das?«

»Das war meine Idee. Wir hatten natürlich nicht vor, die Bullen und Ronald Callender wissen zu lassen, wie Mark gestorben war. Wir wollten einen Selbstmord vortäuschen. Wir planten, ihm seine eigenen Kleider anzuziehen, sein Gesicht zu waschen und es dann jemand anderem zu überlassen, ihn zu finden. Wir kamen nicht auf die Idee, einen Abschiedsbrief zu fingieren; das war eine Raffinesse, die außerhalb unseres Fokus lag. Wir holten den Fotoapparat, um Mark zu fotografieren, wie er war. Wir wussten nicht, welches Gesetz wir brachen, wenn wir einen Selbstmord vortäuschten, aber es dürfte eins geben. Man kann heutzutage seinen Freunden nicht den einfachsten Dienst erweisen, ohne dass die Bullen es einem falsch auslegen. Falls Probleme auftauchen würden, wollten wir einen Beweis für die Wahrheit. Wir alle hatten Mark auf unsere Art gern, aber doch nicht genug, um eine Mordanklage zu riskieren. Unsere guten Absichten waren umsonst. Irgendein anderer war vor uns hier gewesen.«

»Erzählen Sie.«

»Da gibt es nichts zu erzählen. Wir sagten den beiden Mädchen, sie sollten im Auto warten, Isabelle, weil sie schon genug gesehen hatte, und Sophie, weil Isabelle zu viel Angst hatte, um allein gelassen zu werden. Außerdem schien es gegenüber Mark einfach anständig, Sophie herauszuhalten, sie daran zu hindern, ihn so zu sehen. Finden Sie das nicht eigenartig, Cordelia, diese Rücksicht, die man auf die Gefühle von Toten nimmt?«

Cordelia dachte an ihren Vater und an Bernie und sagte: »Vielleicht können wir erst, wenn Menschen tot sind, ungefährdet zeigen, wie viel uns an ihnen gelegen war. Wir wissen dann, dass es für sie zu spät ist, irgendwie darauf zu reagieren.«

»Das klingt bitter, aber es ist wahr. Jedenfalls gab es für uns nichts mehr zu tun. Wir fanden Marks Leiche und das Zimmer vor, wie Miss Markland es bei Gericht beschrieben hat. Die Tür war offen, die Vorhänge waren zugezogen. Mark war bis auf seine Jeans nackt. Auf dem Tisch lagen keine Zeitschriftenbilder mehr, und es war kein Lippenstift auf seinem Gesicht. Aber in der Schreibmaschine steckte ein Abschiedsbrief, und im Kamin lag ein Häufchen Asche. Es sah so aus, als hätte der Besucher gründliche Arbeit geleistet. Wir hielten uns nicht auf. Irgendjemand – vielleicht jemand aus dem Haus – hätte jeden Augenblick auftauchen können. Zugegeben, es war inzwischen sehr spät, aber anscheinend war es ja ein Abend für Überraschungsbesuche. Mark muss in dieser Nacht mehr Gäste gehabt haben als während seiner ganzen Zeit im Gartenhaus; zuerst Isabelle, dann der unbekannte Samariter, dann wir.«

Cordelia dachte allerdings, dass schon vor Isabelle jemand da gewesen war. Marks Mörder war zuerst da gewesen. Sie fragte plötzlich: »Irgendjemand hat mir letzte Nacht einen dummen Streich gespielt. Als ich von der Party hierher zurückkam, hing ein Kissen von diesem Haken: Haben Sie das getan?«

Falls seine Überraschung nicht echt war, dann war Hugo ein besserer Schauspieler, als Cordelia für möglich hielt.

»Natürlich nicht! Ich dachte, Sie wohnen in Cambridge. Und warum um Himmels willen sollte ich so etwas tun?«

»Um mich aus dem Haus zu treiben.«

»Aber das wäre doch verrückt! Und es würde Sie auch nicht vertreiben, oder? Eine andere Frau geriete vielleicht in Panik, aber Sie nicht. Wir wollten Sie davon überzeugen, dass es bei Marks Tod nichts zu untersuchen gibt. So ein Scherz hätte Sie doch nur vom Gegenteil überzeugt. Irgendein anderer hat versucht, Sie zu erschrecken. Am ehesten kommt dafür die Person infrage, die vor uns hier gewesen ist.«

»Ich weiß. Irgendwer hat etwas für Mark riskiert. Er – oder sie – möchte nicht, dass ich hier herumspioniere. Aber er wäre mich auf eine vernünftigere Art losgeworden, indem er mir die Wahrheit gesagt hätte.«

»Wie sollte er wissen, ob er Ihnen vertrauen kann?« Er versuchte, seine Stimme beiläufig klingen zu lassen, aber Cordelia glaubte, eine unterschwellige Angst herauszuhören. »Was werden Sie jetzt tun, Cordelia? Wieder nach London fahren?«

Sie antwortete: »Ich glaube schon. Aber vorher muss ich Sir Ronald aufsuchen.«

»Was werden Sie ihm sagen?«

»Ich denke mir etwas aus. Machen Sie sich keine Sorgen.«

Die Dämmerung färbte den Himmel im Osten, und die erste Schar Vögel bekräftigte lautstark den Tagesbeginn, als Hugo und Isabelle aufbrachen. Sie nahmen den Antonello mit. Cordelia spürte einen Stich des Bedauerns, als sie ihn von der Wand nahmen; ihr war, als verließe ein Stück von Mark das Gartenhaus. Isabelle untersuchte das Bild mit ernstem, fachmännischem Blick, bevor sie es unter den Arm klemmte. Cordelia dachte, dass sie wahrscheinlich ziemlich großzügig mit ihren Besitztümern umging, mit Menschen wie mit Bildern, vorausgesetzt, dass sie nur ausgeliehen wurden, um auf Verlangen umgehend und im selben Zustand, wie sie sich von ihnen getrennt hatte, zurückgegeben zu werden. Cordelia beobachtete vom Gartentor aus, wie der Renault sich mit Hugo am Steuer aus dem Schatten der Hecke löste. Sie hob ihre Hand in einer förmlichen Abschiedsgeste wie eine müde Gastgeberin, die ihre letzten Gäste auf den Heimweg schickt, dann ging sie ins Haus zurück.

Das Wohnzimmer schien leer und kalt ohne die beiden. Das Feuer war am Erlöschen, und Cordelia schob hastig die restlichen Zweige vom Rost hinein und pustete sie an, um sie in Brand zu setzen. Sie ging unruhig im Zimmer auf und ab. Sie war zu unruhig, um wieder zu Bett zu gehen, und doch unsäglich müde. Aber ihre Gedanken wurden von etwas Wesentlicherem als dem Mangel an Schlaf gequält. Zum ersten Mal war ihr bewusst, dass sie Angst hatte. Das Böse existierte – es hatte nicht der Erziehung in einer Klosterschule bedurft, um sie von dieser Realität zu überzeugen –, und es war in diesem Zimmer gegenwärtig gewesen. Etwas hier war noch stärker gewesen als Bosheit, Rücksichtslosigkeit, Grausamkeit oder Berechnung. Das Böse. Sie zweifelte nicht daran, dass Mark ermordet worden war, aber mit welch teuflischer Klugheit war das ausgeführt worden! Wenn Isabelle ihre Geschichte erzählte, wer würde jetzt jemals glauben, dass er durch fremde Absicht gestorben war und nicht durch eigene Hand? Cordelia brauchte nicht in ihrem Buch über Gerichtsmedizin nachzuschlagen, um zu wissen, wie es für die Polizei aussehen würde. Wie Hugo gesagt hatte, waren derlei Unfälle nicht so furchtbar ungewöhnlich. Er als Sohn eines Psychiaters hatte natürlich davon gehört oder gelesen. Wer würde es noch wissen? Vermutlich jede vernünftige, lebenserfahrene Person. Doch Hugo konnte es nicht gewesen sein. Er hatte ein Alibi. Ihr Inneres lehnte sich gegen den Gedanken auf, Davie und Sophie könnten an dieser Ungeheuerlichkeit beteiligt gewesen sein. Aber wie typisch war es, dass sie den Fotoapparat geholt hatten. Sogar ihr Mitgefühl war hinter den Bedacht auf ihren eigenen Vorteil zurückgetreten. Hätten Hugo und Davie wirklich hier unter Marks groteskem Körper stehen und ruhig über Entfernung und Belichtung sprechen können, bevor sie das Bild knipsten, das sie, wenn nötig, auf seine Kosten entlastete?

Sie ging in die Küche, um Tee zu kochen, froh, von der tückischen Faszination jenes Hakens an der Decke befreit zu sein. Vorher hatte er sie kaum beunruhigt, jetzt war er so aufdringlich wie ein Fetisch. Er schien seit der vorigen Nacht gewachsen zu sein, schien immer noch zu wachsen, während er ihre Augen zwanghaft anzog. Und das Wohnzimmer war bestimmt geschrumpft, war kein gemütlicher Rückzugsort mehr, sondern eine beängstigend enge Zelle, grell und anstößig wie ein Hinrichtungsverschlag. Sogar die klare Morgenluft roch nach dem Bösen.

Während sie wartete, bis das Wasser kochte, zwang sie sich, darüber nachzudenken, wie sie den Tag nutzen sollte. Es war noch zu früh, Theorien aufzustellen. Ihre Gedanken waren zu sehr von dem Entsetzen in Anspruch genommen, als dass sie sich vernünftig mit ihrem neuen Wissen hätte beschäftigen können. Isabelles Geschichte hatte den Fall erschwert, nicht erhellt. Aber es gab immer noch wichtige Fakten aufzudecken. Sie würde mit dem bereits geplanten Programm weitermachen. Heute würde sie nach London fahren, um das Testament von Marks Großvater einzusehen.

Aber sie musste noch zwei Stunden hinter sich bringen, ehe es Zeit war aufzubrechen. Sie hatte beschlossen, mit dem Zug zu fahren und das Auto am Bahnhof in Cambridge stehen zu lassen, weil das schneller und bequemer war. Es war ärgerlich, einen Tag in der Stadt verbringen zu müssen, wenn der Kern des Geheimnisses ganz offensichtlich in Cambridgeshire zu suchen war, aber dieses eine Mal war sie über die Aussicht, das Gartenhaus zu verlassen, nicht allzu betrübt. Aufgeregt und unruhig wanderte sie ziellos von Zimmer zu Zimmer, durchstreifte den Garten und konnte den Aufbruch kaum abwarten. Schließlich griff sie in ihrer Verzweiflung zum Spaten und grub die von Mark angefangene Reihe weiter um. Sie war sich nicht ganz sicher, ob das klug war; Marks unterbrochene Arbeit war ein Teil der Beweisführung für seine Ermordung. Aber andere Personen, darunter Sergeant Maskell, hatten es gesehen und konnten es notfalls bezeugen, und der Anblick der halb fertigen Arbeit, des immer noch schräg in der Erde steckenden Spatens, war unerträglich herausfordernd. Als die Reihe fertig war, fühlte sie sich ruhiger und grub ohne Pause eine Stunde lang weiter das Beet um, ehe sie den Spaten gründlich säuberte und zu den anderen Gartengeräten in den Schuppen stellte.

Endlich war es Zeit zu gehen. Die Wettervorhersage um sieben Uhr hatte gewittrige Schauer im Südosten angekündigt. Deshalb zog sie ihr Kostüm an, den besten Schutz, den sie mitgenommen hatte. Sie hatte es seit Bernies Tod nicht mehr getragen, und sie stellte fest, dass der Bund unangenehm locker saß. Sie hatte etwas abgenommen. Nach kurzem Nachdenken holte sie Marks Gürtel aus ihrem Köfferchen und schlang ihn zweimal um die Taille. Sie empfand keinen Widerwillen, als sie das Leder am Körper spürte. In gewisser Weise glaubte sie, dass nichts, das Mark Callender jemals angefasst oder besessen hatte, sie ängstigen oder bedrücken könnte. Die Stärke und der Druck des Leders so nahe auf ihrer Haut waren sogar seltsam tröstlich und beruhigend, als wäre der Gürtel ein Talisman.

5. Kapitel

Das Unwetter brach los, als Cordelia gerade vor dem Somerset House aus dem Bus Nr. 11 ausstieg. Sie sah einen gezackten Blitz, und fast gleichzeitig krachte der Donner wie Sperrfeuer in ihren Ohren. Sie rannte über den Innenhof zwischen den Reihen von geparkten Autos durch eine Wand aus Wasser, während der Regen um ihre Knöchel spritzte, als würden die Pflastersteine mit Kugeln beschossen. Sie stieß die Tür auf, ließ das Wasser von sich abtropfen, das auf der Fußmatte Pfützen bildete, und lachte vor Erleichterung laut auf. Ein paar Leute, die Testamente durchblätterten, sahen auf und lächelten ihr zu, während eine mütterlich aussehende Frau hinter dem Schalter ein besorgtes Schnalzen hören ließ. Cordelia schüttelte ihre Jacke über der Fußmatte aus, hängte sie dann über eine Stuhllehne und versuchte vergebens, mit einem Taschentuch ihre Haare trocken zu reiben, bevor sie zum Schalter ging.

Die Empfangsdame war hilfsbereit. Als Cordelia sie nach dem richtigen Vorgehen fragte, wies sie auf die Regale mit dicken gebundenen Bänden in der Mitte des Saales und erklärte ihr, dass die Testamente unter dem Nachnamen des Erblassers und dem Jahr, in dem das Dokument im Somerset House hinterlegt worden war, registriert waren. Cordelia musste die Katalognummer ermitteln und den Band zum Schalter bringen. Dann würde man das Originaltestament holen lassen, und sie könnte es gegen eine Gebühr von 20 Pence durchsehen.

Da Cordelia nicht wusste, wann George Bottley gestorben war, machte es ihr Kopfzerbrechen, wo sie mit der Suche anfangen sollte. Aber sie folgerte, dass das Testament nach Marks Geburt oder zumindest nach der Empfängnis aufgesetzt worden sein musste, weil ihm von seinem Großvater ein Vermögen hinterlassen worden war. Mr. Bottley hatte jedoch auch seiner Tochter Geld hinterlassen, und dieser Teil seines Vermögens war nach deren Tod an den Ehemann gefallen. Es war sehr wahrscheinlich, dass er vor ihr gestorben war, weil er andernfalls sicher ein neues Testament verfasst hätte. Cordelia beschloss, ihre Suche 1951, im Jahr von Marks Geburt, zu beginnen.

Ihre Folgerungen erwiesen sich als richtig. George Albert Bottley aus Stonegate Lodge, Harrogate, war am 26. Juli 1951 gestorben, genau drei Monate und einen Tag nach der Geburt seines Enkels und nur drei Wochen nach Abfassung seines Testaments. Cordelia fragte sich, ob sein Tod plötzlich und unerwartet eingetreten war oder ob dies das Testament eines Sterbenden war. Sie sah, dass er ein Vermögen von fast einer Dreiviertelmillion Pfund hinterlassen hatte, und fragte sich, wie er wohl dazu gekommen war. Gewiss nicht allein mit Wolle. Sie schleppte den schweren Band zum Schalter, die Angestellte trug die Daten auf ein weißes Formular ein und zeigte ihr den Weg zur Kasse. Innerhalb von wenigen Minuten hatte Cordelia die bescheidene Gebühr bezahlt und saß unter der Lampe an einem der Schreibtische in Fensternähe mit dem Testament in der Hand.

Es hatte ihr nicht gefallen, was sie von Nanny Pilbeam über George Bottley hörte, und er gefiel ihr keinen Deut besser, nachdem sie sein Testament gelesen hatte. Sie hatte befürchtet, das Dokument könnte lang, verwickelt und schwer verständlich sein, aber es war erstaunlich kurz, einfach und klar. Mr. Bottley verfügte, dass sein gesamter Besitz verkauft werden sollte, »weil ich das übliche ungehörige Gezänk um Nippes verhindern möchte«. Den Dienern, die zur Zeit seines Todes bei ihm angestellt waren, hinterließ er eine bescheidene Summe, sein Gärtner hingegen wurde, wie Cordelia auffiel, nicht erwähnt. Die Hälfte seines übrigen Vermögens vermachte er seiner Tochter, in vollem Umfang, »jetzt, wo sie bewiesen hat, dass sie wenigstens über eine der normalen Eigenschaften einer Frau verfügt«. Die verbleibende Hälfte hinterließ er seinem geliebten Enkel Mark Callender bei Erreichen seines fünfundzwanzigsten Geburtstages, »wenn er entweder den Wert des Geldes zu schätzen gelernt hat oder wenigstens in einem Alter sein wird, sich nicht ausnutzen zu lassen«. Die Kapitalzinsen gingen an sechs Bottleys, von denen einige offenbar nur entfernte Verwandte waren. Das Testament begründete ein Treuhandverhältnis; wenn einer der Nutznießer starb, würde sein Anteil nicht auf die Überlebenden verteilt. Der Erblasser war zuversichtlich, dass diese Regelung bei den Nutznießern ein lebhaftes Interesse an der Gesundheit und dem Überleben aller anderen fördern und sie ermuntern würde, sich durch ein langes Leben auszuzeichnen, da keine andere Auszeichnung für sie erreichbar war. Sollte Mark vor seinem fünfundzwanzigsten Geburtstag sterben, würde die Familienstiftung weiterbestehen, bis alle Nutznießer tot wären, und das Kapital würde dann auf eine lange Liste von Wohltätigkeitseinrichtungen verteilt, die, soweit Cordelia es überblickte, ausgewählt worden waren, weil sie gut bekannt und erfolgreich waren, und nicht so sehr, weil ihnen das besondere Interesse oder Mitgefühl des Erblassers galt. Es sah so aus, als habe er seine Anwälte um eine Liste der vertrauenswürdigsten Wohltätigkeitseinrichtungen gebeten, weil es ihm im Grunde gleichgültig war, was aus seinem Vermögen würde, wenn seine eigenen Nachkommen nicht mehr am Leben wären, um es zu erben.

Es war ein eigenartiges Testament. Mr. Bottley hatte seinem Schwiegersohn nichts hinterlassen, hatte sich jedoch anscheinend keine Gedanken über die Möglichkeit gemacht, dass seine Tochter, deren schwache Gesundheit ihm bekannt war, sterben und ihr Vermögen ihrem Mann hinterlassen könnte. Es schien das Testament eines Spielers, und Cordelia fragte sich noch einmal, wie George Bottley wohl zu seinem Vermögen gekommen war. Aber trotz der spöttischen Lieblosigkeit seiner Bemerkungen war das Testament weder ungerecht noch knauserig. Anders als viele reiche Männer hatte er nicht versucht, sein großes Vermögen von jenseits des Grabes zu kontrollieren, zwanghaft entschlossen, keinen Penny jemals in unerwünschte Hände gelangen zu lassen. Seiner Tochter und seinem Enkel waren ihre Vermögen zur vollen Verfügung hinterlassen worden. Es war nicht möglich, Mr. Bottley zu mögen, aber schwer, ihm die Achtung zu versagen. Und die Folgerungen aus seinem Testament waren sehr klar. Keiner außer einer Reihe von hochgeachteten Wohlfahrtseinrichtungen konnte durch Marks Tod gewinnen.

Cordelia notierte die wichtigsten Klauseln des Testaments, allerdings eher, weil Bernie auf genauester Dokumentation bestanden hatte, als weil sie fürchtete, sie zu vergessen, legte die Quittung über die 20 Pence in die Ausgabenseite ihres Notizbuchs, schrieb den Preis ihrer ermäßigten Tagesrückfahrkarte und den Busfahrpreis dazu und gab das Testament am Schalter zurück.

Das Gewitter war kurz, aber heftig gewesen. Die heiße Sonne trocknete bereits die Fenster, und die Pfützen glitzerten in dem vom Regen gereinigten Hof. Cordelia beschloss, Sir Ronald nur einen halben Tag zu berechnen und ihre restliche Zeit in London im Büro zu verbringen. Vielleicht war Post abzuholen; vielleicht wartete sogar ein anderer Fall auf sie.

Aber der Entschluss erwies sich als Fehler. Das Büro schien noch heruntergekommener, als sie es verlassen hatte, und die Luft war abgestanden im Gegensatz zu den Straßen draußen, die der Regen gereinigt hatte. Eine dicke Staubschicht lag auf den Möbeln, und der Blutfleck auf dem Teppich war zu einem Rostbraun nachgedunkelt, das noch unheimlicher aussah als das ursprüngliche helle Rot. Im Briefkasten lagen nur eine letzte Zahlungsaufforderung von den Stadtwerken und eine Rechnung vom Papierhändler. Bernie hatte für das verschmähte Briefpapier teuer bezahlt – oder vielmehr nicht bezahlt.

Cordelia schrieb einen Scheck für die Stromrechnung aus, staubte die Möbel ab, unternahm einen letzten vergeblichen

Versuch, den Teppich zu säubern. Dann schloss sie das Büro ab und machte sich auf den Weg zum Trafalgar Square, um in der Nationalgalerie Trost zu suchen.

Sie nahm den Zug um 18:16 Uhr vom Bahnhof Liverpool Street, und es war fast acht Uhr, als sie im Gartenhaus ankam. Sie parkte den Mini an seinem üblichen Platz im Schutz des Gestrüpps und ging um das Haus herum. Sie zögerte einen Augenblick und überlegte, ob sie die Pistole aus ihrem Versteck holen sollte, beschloss aber, das auf später zu verschieben. Sie war hungrig, und das Wichtigste war jetzt, etwas zu essen zu bekommen. Sie hatte die Hintertür sorgfältig abgeschlossen und einen schmalen Streifen Klebeband über den Fensterrahmen geklebt, bevor sie am Morgen weggegangen war. Falls es noch mehr heimliche Besucher gab, wollte sie gewarnt sein. Aber der Klebestreifen war noch unberührt. Sie fühlte in ihrer Umhängetasche nach dem Schlüssel und beugte sich hinunter, um ihn ins Schloss zu stecken. Sie rechnete nicht mit irgendwelchen Gefahren außerhalb des Hauses, und so kam der Überfall völlig überraschend. Sie merkte es, eine halbe Sekunde bevor ihr das Licht ausging, aber da war es zu spät. Eine Schnur um ihren Hals zog die Maske aus heißer Wolle, die ihr den Atem nahm, fest gegen Mund und Nase. Sie schnappte nach Luft und schmeckte die trockenen, stark riechenden Fasern auf ihrer Zunge. Dann zerriss ihr ein scharfer Schmerz die Brust, und sie erinnerte sich an nichts mehr.

Die befreiende Bewegung war Wunder und Schrecken zugleich. Die Decke wurde weggerissen. Sie sah ihren Angreifer nicht. Sie spürte einen Augenblick lang die milde, belebende

Luft, erhaschte einen Blick, so kurz, dass sie es kaum begriff, auf einen blendenden Himmel durch das Grün hindurch, und dann fühlte sie sich fallen, in hilflosem Erstaunen in kalte Dunkelheit fallen. Es war ein Wirbel von alten Albträumen, unglaublichen Sekunden erinnerter Kindheitsängste. Dann schlug ihr Körper auf das Wasser. Eiskalte Hände zogen sie in einen Strudel des Schreckens. Unwillkürlich hatte sie ihren Mund im Augenblick des Aufpralls geschlossen, und sie kämpfte sich durch eine anscheinend endlose, kalte Dunkelheit, die alles einhüllte, an die Oberfläche. Sie schüttelte den Kopf und blickte durch brennende Augen nach oben. Der schwarze Tunnel, der sich über ihr dehnte, endete in einem Mond aus blauem Licht. Gerade als sie hinsah, wurde der Brunnendeckel langsam wie ein Kameraverschluss darübergezogen. Der Mond wurde ein Halbmond, dann eine Sichel. Schließlich gab es nichts mehr als acht schmale Lichtschlitze.

Verzweifelt trat sie Wasser und versuchte, den Grund zu erreichen. Es gab keinen Grund. Entsetzt bewegte sie Hände und Füße, dann zwang sie sich, nicht in Panik zu geraten, und tastete die Brunnenwand ringsum nach einem möglichen Halt ab. Sie fand nichts. Die Röhre aus Ziegelstein, glatt, schwitzend vor Feuchtigkeit, wölbte sich um sie und über ihr wie ein kreisrundes Grab. Als sie nach oben blickte, krümmte und weitete sich die Röhre, schwankte und drehte sich wie der Bauch einer riesigen Schlange.

Und dann verspürte sie den rettenden Zorn. Sie würde sich nicht ersäufen lassen, würde nicht an diesem entsetzlichen Ort sterben, allein und voller Angst. Der Brunnen war tief, aber eng, der Durchmesser kaum ein Meter. Wenn sie ruhig Blut bewahrte und sich Zeit ließe, könnte sie Beine und Schultern gegen die Steine stemmen und sich nach oben arbeiten.

Sie hatte sich nicht an den Wänden gestoßen und war nicht bewusstlos geworden, als sie fiel. Wie durch ein Wunder war sie unverletzt. Es war ein sauberer Fall gewesen. Sie war am Leben und in der Lage nachzudenken. Sie war bisher immer davongekommen. Sie würde überleben.

Sie schwamm auf dem Rücken und stützte die Schultern gegen die kalten Wände, indem sie die Arme ausbreitete und die Ellbogen in die Zwischenräume zwischen den Steinen drückte, um einen besseren Halt zu bekommen. Sie befreite sich mühsam von ihren Schuhen und stemmte beide Füße fest an die gegenüberliegende Wand. Knapp unter der Wasseroberfläche konnte sie fühlen, dass einer der Ziegelsteine nicht ganz in der Reihe war. Sie klammerte sich mit den Zehen daran fest. Das gab ihr einen unsicheren, aber willkommenen Halt, um mit dem Aufstieg zu beginnen. Durch diese Stütze konnte sie ihren Körper über das Wasser heben und für kurze Zeit die Anspannung ihrer Rücken- und Beinmuskeln lockern.

Dann begann sie langsam zu klettern, indem sie zuerst ihre Füße einen nach dem anderen in winzigen gleitenden Schritten hochschob, dann rückte sie ihren Körper qualvoll Stückchen um Stückchen nach oben. Sie richtete ihre Augen starr auf die gekrümmte Wand vor sich, zwang sich, weder nach unten noch nach oben zu blicken, maß ihr Fortkommen an der Breite jedes einzelnen Steins. Die Zeit verging. Sie konnte Bernies Armbanduhr nicht sehen, obgleich das Ticken ihr unnatürlich laut vorkam, ein regelmäßiger, aufdringlicher Taktmesser zum Klopfen ihres Herzens und zum heftigen Keuchen ihres Atems. Der Schmerz in ihren Beinen war stark, und die Bluse klebte an ihrem Rücken mit einer warmen, fast tröstlichen Flüssigkeit, die, wie ihr klar war, Blut sein musste. Sie zwang sich, nicht an das Wasser unter sich oder an die schmalen, aber breiter werdenden Lichtstreifen über sich zu denken. Wenn sie überleben wollte, musste sie ihre ganze Energie für das nächste quälende Stückchen nutzen.

Einmal glitten ihre Beine ab, und sie rutschte mehrere Meter hinunter, ehe ihre Füße, die vergeblich über die schlüpfrige Wand kratzten, endlich einen Angriffspunkt fanden. Der Fall hatte ihren verletzten Rücken aufgeschürft, und sie wimmerte vor Selbstmitleid und Enttäuschung. Sie redete sich Mut ein und begann wieder zu klettern. Einmal bekam sie einen Krampf und lag ausgestreckt wie auf einer Folterbank, bis der schneidende Schmerz nachließ und ihre steifen Muskeln sich wieder bewegen konnten. Ab und zu fanden ihre Füße einen anderen kleinen Halt, und sie konnte die Beine strecken und sich ausruhen. Die Versuchung, in der relativen Sicherheit und Bequemlichkeit zu verharren, war fast unwiderstehlich, und sie musste sich zwingen, den langsamen Aufstieg wieder aufzunehmen.

Es schien ihr, als wäre sie schon Stunden geklettert, als ginge sie durch schwierige Wehen einer hoffnungslosen Geburt entgegen. Die Dunkelheit brach an. Die Lichtstreifen vom Brunnenrand waren jetzt breiter, aber weniger hell. Sie sagte sich, dass das Klettern eigentlich nicht schwierig sei. Es waren nur die Dunkelheit und die Einsamkeit, die es so erscheinen ließen. Wenn dies Teil eines Hindernisrennens, eine Übung im Schulturnen gewesen wäre, hätte sie es bestimmt ziemlich leicht geschafft. Sie führte sich tröstliche Bilder von Hockern und Sprungpferden vor Augen, Bilder von der fünften Klasse, die anfeuernd schrie. Schwester Perpetua war da. Aber warum sah sie Cordelia nicht an? Warum hatte sie sich abgewandt? Cordelia rief sie, und die Gestalt drehte sich langsam um und lächelte sie an. Aber es war gar nicht Schwester Perpetua. Es war Miss Leaming, das hagere, blasse Gesicht höhnisch verzogen unter dem weißen Schleier.

Und jetzt, als ihr klar war, dass sie ohne Hilfe nicht weiterkommen konnte, sah Cordelia die Rettung. Nicht viel über ihr war die unterste Sprosse einer kurzen Holzleiter, die am obersten Abschnitt des Brunnens festgemacht war. Zuerst dachte sie, es sei eine Sinnestäuschung, ein aus Erschöpfung und Verzweiflung geborenes Trugbild. Sie schloss die Augen für ein paar Minuten; ihre Lippen bewegten sich. Dann schlug sie die Augen wieder auf. Die Leiter war immer noch da, verschwommen, aber tröstlich stabil im schwindenden Licht. Sie streckte ohnmächtig die Hände danach aus, obgleich sie im selben Augenblick wusste, dass sie außer Reichweite war. Die Leiter konnte ihr Leben retten, und sie wusste, dass sie nicht die Kraft hatte, sie zu erreichen.

Und dann fiel ihr Marks Gürtel ein. Ihre Hand glitt auf ihre Taille hinab und fühlte nach der schweren Messingschnalle. Sie löste sie und zog die lange, lederne Schlange von ihrem Körper. Vorsichtig warf sie das Ende mit der Schnalle nach der untersten Leitersprosse. Die ersten drei Male schlug das Metall mit einem harten Knall an das Holz, fiel aber nicht über die Sprosse; beim vierten Mal klappte es. Sie schob das andere Ende des Gürtels vorsichtig nach oben, und die Schnalle kam auf sie zu, bis sie ihre Hand ausstrecken und sie packen konnte. Sie machte sie an dem anderen Ende fest. Dann zog sie, zuerst ganz leicht, dann stärker, bis fast ihr ganzes Gewicht an dem Riemen hing. Ihre Erleichterung war unbeschreiblich. Sie stützte sich gegen das Mauerwerk, um Kraft für die letzte Anstrengung zu sammeln. Da geschah es. Die Sprosse, an ihren Fugen verfault, brach mit einem harten, krachenden Geräusch und trudelte an ihr vorbei in die Dunkelheit, wobei sie knapp ihren Kopf verfehlte. Es schien eher Minuten als Sekunden zu dauern, bis das ferne Klatschen an dem Mauerwerk widerhallte.

Sie stemmte Rücken und Füße erneut gegen die Brunnenwände, löste den Gürtel und versuchte es noch einmal. Die nächste Sprosse hing ein ganzes Stück höher, und der Wurf war schwerer. Die Anstrengung erschöpfte Cordelia augenblicklich, und sie zwang sich dazu, sich Zeit zu lassen. Jeder vergebliche Wurf machte den nächsten schwieriger. Sie zählte nicht, wie oft sie es versuchte, aber schließlich fiel die Schnalle über die Sprosse und kam ihr entgegen. Als sie sich in ihre Reichweite schlängelte, stellte sie fest, dass sie den Riemen gerade noch zuschnallen konnte. Die nächste Sprosse würde zu hoch sein. Wenn diese brach, war es das Ende.

Aber die Sprosse hielt. Cordelia hatte keine klare Erinnerung an die letzte halbe Stunde des Aufstiegs, aber schließlich erreichte sie die Leiter und band sich mit dem Gürtel an einen Pfosten. Zum ersten Mal war sie äußerlich in Sicherheit. Solange die Leiter hielt, brauchte sie nicht zu fürchten hinabzustürzen. Sie ließ sich in eine kurze Bewusstlosigkeit fallen. Aber dann griffen die Gedankenrädchen, die sich einen Moment glücklich und frei gedreht hatten, wieder, und sie begann zu überlegen. Sie wusste, dass es keine Hoffnung gab, die schwere hölzerne Abdeckung ohne Hilfe zu bewegen. Sie streckte beide Hände aus und drückte dagegen, aber sie bewegte sich nicht, und die hohe, gewölbte Kuppel machte es unmöglich, sich mit den Schultern gegen das Holz zu stemmen. Sie würde sich auf Hilfe von außen verlassen müssen, und diese würde bis Tagesanbruch nicht kommen. Sie kam vielleicht nicht einmal dann, aber den Gedanken schob Cordelia von sich. Früher oder später würde jemand kommen. Sie konnte hoffen, so festgebunden, mehrere Tage durchzuhalten. Selbst wenn sie ohnmächtig werden sollte, gab es eine Möglichkeit, dass sie lebend herausgeholt würde. Miss Markland wusste, dass sie im Gartenhaus war; ihre Sachen waren noch dort. Miss Markland würde kommen.

Sie überlegte, wie sie auf sich aufmerksam machen könnte. Die Schlitze waren breit genug, um etwas zwischen den Holzplanken durchzuschieben, wenn sie nur etwas hätte, das steif genug war, um sich schieben zu lassen. Mit der Kante der Schnalle war es wohl möglich, wenn sie sich enger anband. Aber sie musste bis zum Morgen warten. Im Augenblick konnte sie nichts tun. Sie würde schlafen und auf Rettung warten.

Und dann brach das endgültige Grausen über sie herein. Es würde keine Rettung geben. Jemand würde zwar zum Brunnen kommen, würde auf leisen, verstohlenen Sohlen im Schutz der Dunkelheit kommen. Aber es würde ihr Mörder sein. Er musste zurückkommen; das gehörte zu seinem Plan. Der Überfall, der im Augenblick so erstaunlich, so grenzenlos dumm geschienen hatte, war durchaus nicht dumm gewesen.

Alles war so geplant, dass es wie ein Unfall aussah. Er würde in der Nacht zurückkommen und den Brunnendeckel wieder zur Seite schieben. Dann, am nächsten Tag oder innerhalb der nächsten Tage, würde Miss Markland zufällig durch den Garten gehen und entdecken, was geschehen war. Niemand würde jemals beweisen können, dass es kein Unfall war. Sergeant Maskells Worte fielen ihr ein: »Nicht was Sie vermuten, sondern was Sie beweisen können, das zählt.« Aber würde diesmal überhaupt ein Verdacht auftauchen? Da war eine junge, impulsive, überneugierige Frau, die ohne Erlaubnis des Eigentümers in dem Gartenhaus wohnte. Sie hatte offenbar beschlossen, den Brunnen zu untersuchen. Sie hatte das Vorhängeschloss zerschlagen, den Deckel mit der Seilschlinge, die der Mörder liegen lassen würde, damit sie jemand fände, weggezogen und sich, von der Leiter verführt, die wenigen Tritte hinuntergelassen, bis die letzte Sprosse unter ihr zerbrochen war. Man würde bloß ihre Fingerabdrücke auf der Leiter finden, wenn man sich die Mühe machte nachzusehen. Das Gartenhaus war völlig verlassen; die Möglichkeit, dass jemand ihren Mörder zurückkommen sah, war äußerst gering. Sie konnte nichts tun als warten, bis der Deckel langsam weggezogen würde, um sein Gesicht zu enthüllen.

Nach dem ersten heftigen Schrecken wartete Cordelia auf den Tod ohne Hoffnung und ohne weiteren Kampf. Es lag sogar eine Art von Frieden in dieser Ergebung. Wie ein Opfer an die Leiterpfosten angebunden, ließ sie sich dankbar in ein kurzes Vergessen treiben und betete, dass es genauso sein möge, wenn ihr Mörder zurückkäme, dass sie im Augenblick des letzten Schlages nicht bei Bewusstsein wäre. Sie war nicht mehr daran interessiert, das Gesicht ihres Mörders zu sehen. Sie würde sich nicht demütigen, indem sie um ihr Leben flehte, sie würde den Mann, der Mark aufgeknüpft hatte, nicht um Gnade bitten. Sie wusste, dass es keine Gnade gab.

Aber sie war bei Bewusstsein, als sich der Brunnendeckel langsam zu bewegen begann. Das Licht fiel über ihren gesenkten Kopf herein. Der Spalt wurde breiter. Und dann hörte sie eine Stimme, eine Frauenstimme, leise, drängend und schrill vor Entsetzen: »Cordelia!«

Sie blickte auf. Auf dem Brunnenrand – ihr bleiches Gesicht schwebte groß und scheinbar körperlos über Cordelia wie das Trugbild eines Albtraums – kniete Miss Markland. Und die Augen, die in Cordelias Gesicht starrten, waren genauso wild vor Entsetzen wie ihre eigenen.

Zehn Minuten später lag Cordelia zusammengekrümmt im Sessel am Kamin. Ihr ganzer Körper schmerzte, und sie war machtlos, ihr heftiges Zittern zu beherrschen. Ihre dünne Bluse klebte an ihrem Rücken, und jede kleine Bewegung bereitete Schmerzen. Miss Markland hatte Feuer gemacht und kochte jetzt Kaffee. Cordelia konnte sie in der kleinen Küche hin und her gehen hören, konnte den Gaskocher riechen, als er angestellt wurde, und bald darauf das anregende Aroma des Kaffees. Diese vertrauten Anblicke und Geräusche wären normalerweise beruhigend und tröstlich gewesen, aber jetzt wollte sie unbedingt allein sein. Der Mörder würde zurückkommen. Er musste zurückkommen, und wenn er kam, wollte sie dort sein, um ihm entgegenzutreten. Miss Markland brachte zwei Becher herein und drückte einen in Cordelias zitternde Hände. Sie stapfte nach oben und kam mit einem von Marks

Pullovern herunter, den sie Cordelia um die Schultern wickelte. Das Entsetzen war von ihr abgefallen, aber sie war aufgeregt wie ein junges Mädchen bei seinem ersten, etwas ungehörigen Abenteuer. Ihre Augen waren wild, ihr ganzer Körper bebte vor Aufregung. Sie setzte sich direkt vor Cordelia und sah sie mit ihren scharfen, neugierigen Augen fest an.

»Wie ist das passiert? Sie müssen es mir erzählen.«

Cordelia hatte das Denken nicht verlernt. »Ich weiß nicht. Ich kann mich an nichts erinnern, was passiert ist, bevor ich auf das Wasser schlug. Ich muss beschlossen haben, den Brunnen zu untersuchen, und habe das Gleichgewicht verloren.«

»Aber der Brunnen war doch verschlossen!«

»Ja. Irgendjemand muss den Deckel wieder an seinen Platz gelegt haben.«

»Aber warum? Wer könnte schon hier vorbeigekommen sein?«

»Ich weiß es nicht. Aber jemand muss ihn gesehen haben. Jemand muss den Deckel über den Brunnen gezogen haben.« Sie sagte freundlicher: »Sie haben mir das Leben gerettet. Wie haben Sie gemerkt, was geschehen war?«

»Ich kam zum Gartenhaus, um nachzusehen, ob Sie noch hier sind. Ich war heute schon einmal hier, aber da war nichts von Ihnen zu sehen. Die Seilschlinge lag noch auf dem Pfad, und ich stolperte darüber. Dann merkte ich, dass der Deckel nicht richtig auflag und dass das Vorhängeschloss aufgebrochen worden war.«

»Sie haben mir das Leben gerettet«, sagte Cordelia noch einmal, »aber gehen Sie jetzt bitte. Bitte gehen Sie. Es geht mir gut, wirklich.«

»Aber Sie sind nicht in der Verfassung, allein gelassen zu werden! Und dieser Mann – der den Deckel wieder hingelegt hat –, er könnte zurückkommen. Ich mag nicht daran denken, dass Fremde um das Haus schleichen und Sie allein hier sind.«

»Ich bin völlig in Sicherheit. Außerdem habe ich eine Pistole. Ich möchte nur allein sein, um mich auszuruhen. Machen Sie sich bitte keine Sorgen um mich.«

Cordelia konnte den Ton der Verzweiflung, der Hysterie fast, aus ihrer eigenen Stimme heraushören.

Aber Miss Markland schien nichts zu hören. Plötzlich kniete sie vor Cordelia und ließ einen Schwall von lautem, aufgeregtem Geplapper hervorsprudeln. Ohne Überlegung oder Taktgefühl vertraute sie Cordelia ihre schreckliche Geschichte an, die Geschichte von ihrem Sohn, den sie mit ihrem Liebhaber hatte, wie er sich als Vierjähriger einen Weg durch die Hecken um das Gartenhaus geschlagen hatte und durch den Brunnen in den Tod gestürzt war. Cordelia versuchte, sich von den wilden Augen loszureißen. Es war gewiss alles Einbildung. Die Frau musste verrückt sein. Und falls es die Wahrheit war, dann war es grässlich und unvorstellbar, und sie konnte nicht ertragen, es zu hören. Irgendwann später würde sie sich daran erinnern, würde sich an jedes Wort erinnern und an das Kind denken, an seinen letzten Schrecken, seinen verzweifelten Schrei nach seiner Mutter, während das kalte, würgende Wasser es hinuntergezogen hatte. Sie würde seinen Todeskampf in Albträumen durchleben, wie sie ihren eigenen wiedererleben würde. Aber nicht jetzt. Durch den Wortschwall, die Selbstbezichtigungen, das wieder wachgerufene Entsetzen erkannte Cordelia den Ton der Befreiung. Was für sie Grausen gewesen war, bedeutete für Miss Markland Erlösung. Ein Leben für ein Leben. Plötzlich hielt Cordelia es nicht länger aus.

Sie sagte heftig: »Es tut mir leid! Es tut mir leid! Sie haben mir das Leben gerettet, und ich bin Ihnen dankbar. Aber ich halte es nicht mehr aus, Ihnen zuzuhören. Ich möchte Sie nicht hier haben. Gehen Sie, um Himmels willen!«

Ihr ganzes Leben lang würde sie sich an das verletzte Gesicht der Frau, an ihren schweigenden Rückzug erinnern. Cordelia hörte sie nicht gehen, erinnerte sich nicht an das leise Schließen der Tür. Sie wusste nur, dass sie allein war. Das Zittern war jetzt vorbei, obwohl sie immer noch sehr fror. Sie ging nach oben, zog ihre Hose an, löste dann Marks Pullover von ihrem Hals und zog ihn über. Er würde die Blutflecken auf ihrer Bluse verdecken, und die Wärme machte sich sofort angenehm bemerkbar. Sie bewegte sich sehr schnell. Sie tastete nach der Munition, nahm ihre Taschenlampe und schlüpfte durch die Hintertür des Hauses hinaus. Die Pistole war, wo sie sie gelassen hatte, in der Astgabel des Holunderbusches. Sie lud sie und spürte ihre vertraute Form, ihr vertrautes Gewicht in der Hand. Dann trat sie zurück zwischen die Büsche und wartete.

Es war zu dunkel, um das Zifferblatt ihrer Armbanduhr zu sehen, aber Cordelia schätzte, dass sie fast eine halbe Stunde reglos im Schatten gewartet haben musste, ehe ihre Ohren das Geräusch einfingen, auf das sie wartete. Ein Auto näherte sich auf dem Weg. Cordelia hielt den Atem an. Das Motorengeräusch erreichte einen kurzen Höhepunkt und nahm wieder ab. Das Auto war weitergefahren, ohne anzuhalten. Es war ungewöhnlich, dass ein Auto nach Einbruch der Dunkelheit auf diesem Weg vorbeifuhr, und sie fragte sich, wer das gewesen sein mochte. Wieder wartete sie und zog sich noch tiefer in den Schutz des Holunders zurück, sodass sie sich mit ihrem Rücken anlehnen konnte. Sie hatte die Pistole so fest umklammert, dass ihr rechtes Handgelenk schmerzte, und sie nahm die Waffe in die andere Hand, ließ das Gelenk langsam kreisen und streckte die verkrampften Finger aus.

Sie wartete weiter. Die Minuten gingen schleppend dahin. Die Stille wurde nur vom heimlichen Scharren eines kleinen nächtlichen Jägers im Gras und vom plötzlichen wilden Schrei einer Eule unterbrochen. Und dann hörte sie noch einmal das Geräusch eines Motors. Diesmal war der Lärm schwach und kam nicht näher. Irgendjemand hatte sein Auto weiter oben an der Straße angehalten. Sie nahm die Pistole in die rechte Hand und umschloss die Mündung mit der linken. Ihr Herz klopfte so laut, dass sie meinte, sein wildes Hämmern müsse sie verraten. Sie bildete sich das leise Quietschen des Gartentores eher ein, als dass sie es hörte, aber das Geräusch von Füßen, die um das Gartenhaus herumgingen, war unverkennbar und klar. Und jetzt war er zu sehen, eine untersetzte, breitschultrige Gestalt. Er kam in ihre Richtung, und sie sah ihre eigene Umhängetasche von seiner linken Schulter baumeln. Die Entdeckung verwirrte sie. Sie hatte die Tasche vollkommen vergessen. Aber jetzt hatte sie begriffen, warum er sie an sich genommen hatte.

Er hatte sie nach Beweisstücken durchsuchen wollen, aber es war wichtig, dass sie schließlich bei ihrer Leiche im Brunnen entdeckt würde.

Er kam leise auf Zehenspitzen heran, die langen, affenähnlichen Arme steif vom Körper weggestreckt wie die Karikatur eines Filmcowboys, der bereit ist, den Colt zu ziehen. Als er an den Brunnenrand kam, wartete er, und der Mond traf das Weiße seiner Augen, als er sich langsam umschaute. Dann beugte er sich hinunter und tastete im Gras nach der Seilschlinge. Cordelia hatte sie hingelegt, wo Miss Markland sie gefunden hatte, aber irgendetwas daran, vielleicht ein winziger Unterschied in der Art, wie sie geschlungen war, schien ihm aufzufallen. Er richtete sich unsicher auf, stand einen Augenblick da und ließ das Seil in seiner Hand baumeln. Cordelia versuchte, regelmäßig zu atmen. Es erschien ihr unvorstellbar, dass er sie nicht hören, riechen oder sehen sollte, dass er so sehr einem Raubtier ähneln, aber dennoch nicht den Instinkt des Tieres für den Feind im Dunkeln haben sollte. Er bewegte sich vorwärts. Jetzt war er am Brunnen. Er beugte sich hinunter und steckte das Ende des Seils durch einen Eisenring.

Cordelia trat mit einem Schritt aus der Dunkelheit. Sie hielt die Pistole fest und gerade, wie Bernie es ihr gezeigt hatte. Diesmal war das Ziel sehr nahe. Sie wusste, dass sie nicht abdrücken würde, aber in diesem Augenblick wusste sie auch, was es war, das einen Menschen zum Töten veranlassen konnte.

Sie sagte laut: »Guten Abend, Mr. Lunn.«

Sie erfuhr nie, ob er die Pistole gesehen hatte. Aber in der einen unvergesslichen Sekunde, als der von Wolken verhüllte Mond in den offenen Himmel schwamm, sah sie sein Gesicht deutlich, sah den Hass, die Verzweiflung, die Qual und den Abgrund des Entsetzens. Er stieß einen rauen Schrei aus, warf die Umhängetasche und das Seil weg und rannte in blinder Panik durch den Garten. Sie schnappte sich ihre Tasche und verfolgte ihn, kaum wissend, warum oder was sie zu erreichen hoffte, einzig und allein entschlossen, vor ihm im Garforth House anzukommen. Und noch immer feuerte sie die Pistole nicht ab.

Aber er war im Vorteil. Als sie durch das Tor stürzte, sah sie, dass er den Lieferwagen ungefähr fünfzig Meter weiter oben an der Straße geparkt und den Motor laufen gelassen hatte. Sie jagte ihm nach, sah aber ein, dass es aussichtslos war. Ihre einzige Hoffnung, ihn einzuholen, war, den Mini zu holen. Sie rannte den Weg hinunter und wühlte im Laufen in ihrer Umhängetasche. Das Gebetbuch und ihr Notizbuch waren weg, aber ihre Finger fanden die Autoschlüssel. Sie schloss den Mini auf, warf sich hinein und fuhr mit Vollgas rückwärts auf die Straße. Die Rücklichter des Lieferwagens waren ungefähr hundert Meter vor ihr. Sie wusste nicht, wie schnell er fahren konnte, glaubte aber nicht, dass er den Mini abschütteln könnte. Sie trat auf das Gaspedal und nahm die Verfolgung auf. Sie bog von dem Weg links ab auf die Landstraße und konnte den Lieferwagen immer noch vor sich sehen. Er fuhr schnell und sie konnte den Abstand nicht verringern. Jetzt machte die Straße eine Biegung, und ein paar Sekunden lang war er außer Sicht. Er musste jetzt ganz nahe an der Kreuzung mit der Straße nach Cambridge sein.

Sie hörte den Aufprall gerade, bevor sie selbst die Kreuzung erreichte, einen ganz kurzen Knall, der die Hecken schüttelte und den Mini erzittern ließ. Cordelias Hände umklammerten für einen Augenblick das Steuer, und der Mini kam mit einem Ruck zum Stehen. Sie rannte um die Ecke und sah vor sich die glänzende, von Scheinwerfern beleuchtete Fläche der Hauptstraße nach Cambridge. Sie war voll von rennenden Gestalten.

Der Lastwagen, der noch auf seinen vier Rädern stand, war eine riesengroße längliche Masse, die den Horizont verstellte, eine quer über die Straße geschleuderte Barrikade. Der Lieferwagen hatte sich unter den Vorderrädern zusammengedrückt wie ein Kinderspielzeug. Es roch nach Benzin, eine Frau schrie schrill auf, bremsende Reifen quietschten. Cordelia ging langsam auf den Lastwagen zu. Der Fahrer saß noch auf dem Sitz und blickte starr geradeaus, sein Gesicht war eine Maske gespannter Aufmerksamkeit. Menschen riefen ihm zu, streckten ihre Arme aus. Er rührte sich nicht. Irgendjemand – ein Mann mit schwerem Ledermantel und Motorradbrille – sagte: »Das ist der Schock. Wir ziehen ihn besser raus.«

Drei Gestalten bewegten sich zwischen Cordelia und dem Fahrer. Schultern hoben sich im Einklang. Sie hörte ein Ächzen vor Anstrengung. Der Fahrer wurde herausgehoben, steif wie eine Puppe, mit gebogenen Knien, die verkrampften Hände ausgestreckt, als packten sie immer noch das riesige Steuerrad. Die Schultern beugten sich in geheimer Beratung über ihn.

Andere Gestalten standen um den zerquetschten Lieferwagen herum. Cordelia schloss sich dem Kreis von namenlosen Gesichtern an. Zigarettenenden glühten auf und erloschen wie Signale, warfen einen kurzen Schein auf zitternde Hände, auf aufgerissene entsetzte Augen.

Sie fragte: »Ist er tot?«

Der Mann mit der Motorradbrille antwortete lakonisch: »Was glauben Sie denn?«

Dann kam eine Mädchenstimme, zaghaft, atemlos: »Hat jemand den Krankenwagen gerufen?«

»Ja. Ja. Der Mann im Cortina ist telefonieren gefahren.«

Die Gruppe stand unschlüssig da. Das Mädchen und der junge Mann, an den es sich klammerte, zogen sich zurück. Ein weiteres Auto hielt an. Eine große Gestalt schob sich durch die Menge. Cordelia hörte eine laute, herrische Stimme: »Ich bin Arzt. Hat jemand den Krankenwagen gerufen?«

»Ja, Sir.«

Die Antwort kam respektvoll. Sie traten zur Seite, um den Fachmann durchzulassen. Er wandte sich an Cordelia, vielleicht weil sie am nächsten stand.

»Falls Sie den Unfall nicht beobachtet haben, junge Frau, dann fahren Sie lieber weiter. Und Sie da, treten Sie bitte zurück. Sie können hier nichts ausrichten. Und machen Sie die Zigaretten da aus!«

Cordelia ging langsam zu ihrem Wagen zurück, indem sie vorsichtig einen Fuß vor den anderen setzte, wie eine Genesende, die die ersten schmerzhaften Schritte probiert. Sie fuhr langsam um die Unfallstelle herum, wobei der Mini über den Grasstreifen holperte. Näher kommende Sirenen heulten auf. Als sie von der Hauptstraße abbog, glühte ihr Rückspiegel plötzlich rot auf, und sie hörte ein zischendes Geräusch, gefolgt von einem leisen mehrstimmigen Stöhnen, das von dem lauten Aufschrei einer Frau durchbrochen wurde. Eine Wand aus Flammen zog sich über die Straße. Die Warnung des Arztes war zu spät gekommen. Der Lieferwagen stand in Flammen. Jetzt gab es endgültig keine Hoffnung mehr für Lunn; falls denn vorher noch welche bestanden hätte.

Cordelia wusste, dass sie unberechenbar fuhr. Entgegenkommende Autos hupten und blendeten auf, und ein Fahrer verringerte seine Geschwindigkeit und schrie sie wütend an.

Sie sah ein Tor, bog hinein und schaltete den Motor ab. Die Stille war vollkommen. Ihre Hände waren feucht und zitterten. Sie wischte sie an ihrem Taschentuch ab und legte sie in den Schoß, wobei sie ein Gefühl hatte, als wären sie von ihrem Körper losgelöst. Sie nahm kaum wahr, dass ein Auto vorbeifuhr, dann langsamer wurde und anhielt. Ein Gesicht tauchte an ihrem Fenster auf. Die Stimme war undeutlich und aufgeregt, aber widerlich einschmeichelnd. Sie konnte die Alkoholfahne riechen.

»Was nicht in Ordnung, Miss?«

»Nein. Ich habe hier nur gehalten, um mich auszuruhen.«

»Sie sollten sich nicht allein ausruhen – ein hübsches Mädchen wie Sie.«

Seine Hand war am Türgriff. Cordelia griff in ihre Umhängetasche und zog die Pistole heraus. Sie hielt sie ihm ins Gesicht.

»Sie ist geladen. Verschwinden Sie sofort, oder ich schieße.«

Die Drohung in ihrer Stimme klang selbst in ihren eigenen Ohren kalt. Das blasse, schwitzende Gesicht zerfiel vor Überraschung, die Kinnlade klappte herunter. Er wich zurück.

»Tut mir leid, Miss, ehrlich. Ein Missverständnis. Nehmen Sie's mir nicht krumm.«

Cordelia wartete, bis sein Auto außer Sicht war. Dann ließ sie den Motor an. Aber sie wusste, dass sie nicht weiterfahren konnte. Sie schaltete den Motor wieder aus. Wellen von Müdigkeit schlugen über ihr zusammen, eine unwiderstehliche Flut, sanft wie eine Gnade, gegen die sich weder ihr erschöpftes Gehirn noch ihr Körper sträuben wollte. Ihr Kopf fiel nach vorn, und Cordelia schlief ein.

6. KAPITEL

Cordelia schlief tief, aber kurz. Sie wusste nicht, was sie geweckt hatte, entweder das blendende Licht eines vorbeifahrenden Autos, das über ihre geschlossenen Augen gehuscht war, oder ihr unterbewusstes Wissen, dass die Ruhepause auf eine knappe halbe Stunde beschränkt werden musste; das absolute Minimum, damit sie in der Lage war, zu tun, was getan werden musste. Als sie sich aufsetzte, spürte sie den stechenden Schmerz in ihren überanstrengten Muskeln und das fast wohltuende Jucken des angetrockneten Blutes auf ihrem Rücken. Die Nachtluft trug schwer an der Hitze und den Gerüchen des Tages; sogar die Straße, die sich vor ihr wand, sah im grellen Licht ihrer Scheinwerfer klebrig aus. Aber Cordelias durchgefrorener und schmerzender Körper war noch immer dankbar für die Wärme von Marks Pullover. Zum ersten Mal, seit sie ihn angezogen hatte, merkte sie, dass er dunkelgrün war. Wie seltsam, dass ihr seine Farbe nicht vorher aufgefallen war!

Sie fuhr den Rest des Weges wie eine Anfängerin, kerzengerade sitzend, die Augen streng geradeaus, Hände und Füße verkrampft an den Hebeln. Da waren endlich die Tore von Garforth House. Sie ragten im Scheinwerferlicht höher auf und schienen reicher verziert, als Cordelia sie in Erinnerung hatte, und sie waren geschlossen. Sie stieg aus dem Mini, rannte darauf zu und betete, dass sie nicht abgeschlossen wären. Aber der Eisenriegel hob sich, wenn auch schwer, unter ihren verzweifelten Händen. Die Türen schwangen lautlos auf.

Es standen keine Autos an der Auffahrt, und sie parkte den Mini ein kleines Stück vom Haus entfernt. Die Fenster waren dunkel, und das einzige Licht schien durch die offene Haustür, weich und einladend. Cordelia nahm die Pistole in die Hand und trat, ohne zu klingeln, in die Halle. Sie war körperlich erschöpfter als damals, als sie zum ersten Mal zum Garforth House gekommen war, aber in dieser Nacht sah sie es mit einer neuen Intensität, mit Nerven, die überempfindlich jede Einzelheit aufnahmen. Die Halle war leer, Erwartung hing in der Luft. Es schien, als habe das Haus selbst auf sie gewartet. Derselbe Duft nach Rosen und Lavendel strömte ihr entgegen, aber heute Nacht sah sie, dass der Lavendelduft aus einer großen Schale auf einem Tischchen kam. Sie erinnerte sich an das eindringliche Ticken einer Uhr, aber jetzt bemerkte sie zum ersten Mal die zierliche Schnitzerei am Uhrenkasten, die verschlungenen Schnörkel und Wirbel auf dem Zifferblatt. Sie stand leicht schwankend mitten in der Halle, hielt die Pistole locker in ihrer herunterhängenden rechten Hand und sah nach unten. Der Teppich hatte ein strenges geometrisches Muster in satten Olivtönen, blassen Blautönen und Karmesinrot, jedes Bild glich dem Schatten eines knienden Mannes. Er schien auch Cordelia auf ihre Knie ziehen zu wollen. War es vielleicht ein orientalischer Gebetsteppich?

Dann nahm sie wahr, dass Miss Leaming leise die Treppe herunter auf sie zukam, in einem langen roten Morgenrock, der ihr um die Knöchel wehte. Die Pistole wurde Cordelia unvermittelt, aber bestimmt aus der Hand genommen. Sie wusste, dass sie weg war, weil ihre Hand sich plötzlich leichter anfühlte. Es war ihr gleich. Sie würde sich niemals damit verteidigen, niemals einen Menschen töten können. Das war ihr bewusst geworden, als Lunn erschrocken vor ihr davongelaufen war.

Miss Leaming sagte: »Es ist niemand hier, gegen den Sie sich verteidigen müssten, Miss Gray.«

Cordelia sagte: »Ich bin gekommen, um Sir Ronald zu berichten. Wo ist er?«

»Dort, wo er auch das letzte Mal war, als Sie hier waren, in seinem Arbeitszimmer.«

Wie damals saß er an seinem Schreibtisch. Er hatte diktiert, und das Gerät stand rechts neben ihm. Als er Cordelia sah, schaltete er es ab, stand dann auf und zog den Stecker aus der Steckdose. Er ging an seinen Schreibtisch zurück, und sie nahmen einander gegenüber Platz. Er faltete seine Hände in dem Lichtkreis, den die Schreibtischlampe warf, und sah Cordelia an. Sie schrie fast auf vor Schreck. Sein Gesicht erinnerte sie an Gesichter, wie sie sich nachts verzerrt in schmutzigen Zugfenstern spiegeln – eingefallen, hart hervorstehende Knochen, Augen in bodenlosen Höhlen –, Gesichter von von den Toten Auferstandenen.

Als Sir Ronald zu sprechen anfing, war seine Stimme leise, nachdenklich: »Vor einer halben Stunde habe ich erfahren, dass Chris Lunn verunglückt ist. Er war der beste Laborassistent, den ich jemals hatte. Ich holte ihn vor fünfzehn Jahren aus einem Waisenhaus. Er hat seine Eltern nie kennengelernt. Er war ein hässlicher, schwieriger Junge, der bereits unter Bewährung stand. Die Schule hatte nichts für ihn getan. Aber Lunn war einer der begabtesten Naturwissenschaftler, die ich jemals getroffen habe. Wenn er eine Ausbildung bekommen hätte, wäre er genauso gut wie ich gewesen.«

»Warum haben Sie ihn denn nicht ausgebildet?«

»Weil er für mich als Laborassistent nützlicher war. Ich habe gesagt, er hätte genauso gut sein können wie ich. Das ist aber nicht gut genug. Ich kann eine Menge ebenso guter Wissenschaftler finden. Dagegen hätte ich keinen anderen Laborassistenten finden können, der es mit Lunn aufgenommen hätte. Er konnte erstaunlich gut mit den Apparaten umgehen.« Er blickte zu Cordelia auf, jedoch ohne Neugier, anscheinend ohne Interesse. »Sie sind natürlich gekommen, um mir zu berichten. Es ist sehr spät, Miss Gray, und ich bin müde, wie Sie sehen. Kann das nicht bis morgen warten?«

Cordelia dachte, dass dies einer flehentlichen Bitte so nahekam, wie es ihm nur möglich war. Sie sagte: »Nein. Ich bin auch müde. Aber ich möchte den Fall heute Nacht zu Ende bringen, jetzt.«

Er nahm ein Papiermesser aus Ebenholz vom Schreibtisch und balancierte es auf seinem Zeigefinger. Er sah Cordelia nicht an.

»Dann sagen Sie mir, warum mein Sohn sich das Leben genommen hat. Ich gehe davon aus, dass Sie tatsächlich Neuigkeiten für mich haben. Sie wären wohl kaum um diese Uhrzeit hier hereingeplatzt, wenn Sie nichts zu berichten hätten.«

»Ihr Sohn hat sich nicht das Leben genommen, Sir Ronald. Er wurde ermordet. Er wurde von jemandem ermordet, den er sehr gut kannte. Von jemandem, den er ohne Weiteres in das Gartenhaus einließ und der vorbereitet kam. Er wurde erwürgt oder erstickt, dann mit seinem eigenen Gürtel an jenem Haken aufgehängt. Zuletzt malte der Mörder seine Lippen an, zog ihm Frauenunterwäsche an und breitete Aktfotos auf dem Tisch vor ihm aus. Es sollte nach einem Unfalltod während eines sexuellen Experiments aussehen.«

Eine halbe Minute herrschte Schweigen.

Dann fragte Sir Ronald vollkommen ruhig: »Und wer war dafür verantwortlich, Miss Gray?«

»Sie. Sie haben Ihren Sohn umgebracht.«

»Aus welchem Grund?« Er war wie ein Prüfer, der seine unerbittlichen Fragen stellte.

»Weil er entdeckt hatte, dass Ihre Frau nicht seine Mutter war, dass das Geld, das sein Großvater ihr und ihm hinterlassen hatte, durch einen Betrug an sie gefallen war. Weil er nicht die Absicht hatte, noch einen Augenblick länger seinen Nutzen daraus zu ziehen oder in vier Jahren sein Erbe anzunehmen. Sie hatten Angst, er könnte damit an die Öffentlichkeit gehen. Und was würde dann aus der Wolvington-Stiftung? Wenn die Wahrheit herauskäme, wäre es aus mit der Förderung. Die Zukunft Ihres Labors stand auf dem Spiel. Sie konnten kein Risiko eingehen.«

»Und wer zog ihn wieder aus, tippte diesen Brief, wusch den Lippenstift von seinem Gesicht ab?«

»Ich glaube es zu wissen, aber ich werde es Ihnen nicht sagen.« Cordelia hielt dem kühlen Blick des Hausherrn ungerührt stand. »Das war es eigentlich, was ich in Ihrem Auftrag herausbekommen sollte, nicht wahr? Das war es, was Sie unbedingt wissen mussten. Aber Sie haben Mark getötet. Sie haben sogar ein Alibi vorbereitet, nur für den Fall, dass Sie eines brauchen würden. Sie haben Lunn dazu gebracht, Sie im College anzurufen und sich als Ihr Sohn auszugeben. Er war die einzige Person, auf die Sie sich voll und ganz verlassen konnten. Ich glaube nicht, dass Sie ihm die Wahrheit gesagt haben. Er war nur Ihr Laborassistent. Er verlangte keine Erklärungen, er tat, was Sie ihm sagten. Und selbst wenn er die Wahrheit erraten hätte, es wäre weiterhin Verlass auf ihn gewesen, nicht wahr? Sie arrangierten sich ein Alibi, das Sie dann nicht zu benutzen wagten, weil Sie nicht wussten, wann Marks Leiche entdeckt würde. Wenn jemand ihn vor Ihrer Behauptung, mit ihm am Telefon gesprochen zu haben, gefunden hätte, wäre Ihr Alibi geplatzt, und ein geplatztes Alibi ist vernichtend. Also führten Sie eine Gelegenheit herbei, mit Benskin zu reden, und stellten die Dinge richtig. Sie sagten ihm die Wahrheit; dass es Lunn gewesen war, der Sie angerufen hatte. Sie konnten sich darauf verlassen, dass Lunn Ihre Geschichte stützen würde. Aber hätte es denn überhaupt etwas ausgemacht, wenn er geredet hätte? Kein Mensch hätte ihm geglaubt.«

»Ebenso wenig, wie man Ihnen glauben wird, Miss Gray. Ihre Erklärung ist klug ausgedacht; einige Einzelheiten sind sogar in gewisser Weise glaubwürdig. Aber Sie wissen ebenso gut wie ich, dass kein Polizeibeamter auf der Welt das ernst nehmen würde. Es ist Pech für Sie, dass Sie Lunn nicht mehr befragen können. Aber Lunn ist tot, wie ich gesagt habe. Er starb in den Flammen nach einem Autounfall.«

»Ich weiß, ich habe es gesehen. Er versuchte heute Nacht, mich zu töten. Wussten Sie das? Und vorher versuchte er, mich einzuschüchtern, damit ich die Sache fallen lasse. Hatte er vielleicht angefangen, die Wahrheit zu ahnen?«

»Falls er tatsächlich versucht hat, Sie zu töten, dann ist er über seine Anweisungen hinausgegangen. Ich habe ihn nur gebeten, ein Auge auf Sie zu haben. Ich hatte Sie vertraglich auf Ihre ausschließlichen und ganztägigen Dienste verpflichtet, wenn Sie sich erinnern; ich wollte sichergehen, dass ich den Gegenwert erhielt. Etwas in der Art bekomme ich in diesem Augenblick. Aber Sie dürfen sich nicht außerhalb dieses Zimmers Ihren Fantasien hingeben. Weder die Polizei noch die Justiz haben für üble Nachrede oder hysterischen Unsinn Verständnis. Und was für einen Beweis haben Sie? Keinen. Meine Frau wurde eingeäschert. Es gibt nichts Lebendes oder Totes auf dieser Erde, was beweisen könnte, dass Mark nicht ihr Sohn war.«

Cordelia sagte: »Sie haben Dr. Gladwin aufgesucht und sich überzeugt, dass er zu senil ist, um gegen Sie auszusagen. Sie hätten sich darüber nicht den Kopf zerbrechen müssen. Er hat nie einen Verdacht gehabt, nicht wahr? Sie haben ihn als Arzt Ihrer Frau ausgesucht, weil er alt und unfähig war. Aber ich habe ein kleines Beweisstück. Lunn wollte es Ihnen bringen.«

»Dann hätten Sie besser darauf aufpassen sollen. Nichts von Lunn als seine Knochen haben den Zusammenstoß überstanden.«

»Da sind immer noch die Frauenkleider, die schwarzen Höschen und der Büstenhalter. Irgendjemand könnte sich daran erinnern, wer sie gekauft hat, besonders wenn diese Person ein Mann war.«

»Es gibt doch Männer, die Unterwäsche für ihre Frauen kaufen. Aber wenn ich so einen Mord geplant hätte, glaube ich nicht, dass es mir Kopfzerbrechen bereitet hätte, das Zubehör zu kaufen. Würde irgendeine abgearbeitete Verkäuferin an der Kasse eines viel besuchten Kaufhauses sich an einen ganz bestimmten Kauf erinnern, einen Kauf, der bar bezahlt wurde, einen unter einer ganzen Anzahl von harmlosen Gegenständen, die alle zusammen in der geschäftigsten Tageszeit vorgelegt wurden? Der Mann könnte vielleicht sogar eine einfache Verkleidung getragen haben. Ich bezweifle, dass sie sein Gesicht überhaupt bemerkt hätte. Erwarten Sie tatsächlich von ihr, dass sie sich Wochen später noch an einen von Tausenden von Kunden erinnert, ihn mit ausreichender Gewissheit identifizieren kann, um damit eine Geschworenenversammlung zu überzeugen? Und wenn sie es könnte, was würde das beweisen, wenn Sie die fraglichen Kleidungsstücke nicht haben? Glauben Sie mir eines, Miss Gray – wenn ich es nötig hätte zu töten, würde ich es gründlich tun. Mich würde man nicht entdecken. Falls die Polizei jemals erfährt, wie mein Sohn gefunden wurde, was leicht geschehen kann, weil offenbar noch jemand außer Ihnen es weiß, wird sie nur mit noch größerer Gewissheit glauben, dass er sich selbst umgebracht hat. Marks Tod war notwendig und diente, anders als der Tod der meisten, einem Zweck. Menschenwesen haben einen unwiderstehlichen Drang zur Selbstaufopferung. Sie sterben für jeden beliebigen oder auch ohne jeden Grund, für leere, abstrakte Begriffe wie Patriotismus, Gerechtigkeit, Frieden; für anderer Männer Ideale oder Macht, für ein paar Fußbreit Erde. Auch Sie würden zweifellos Ihr Leben geben, um ein Kind zu retten oder wenn Sie überzeugt wären, dass durch Ihr Opfer ein Heilmittel gegen Krebs gefunden würde.«

»Vielleicht. Ich möchte gern glauben, dass ich so handeln würde. Aber dann sollte die Entscheidung bei mir liegen, nicht bei Ihnen.«

»Natürlich. Das würde Ihnen die notwendige emotionale Befriedigung verschaffen. Aber es würde weder die Tatsache Ihres Sterbens noch das Ergebnis Ihres Todes ändern. Und sagen Sie nicht, das, was ich hier tue, sei nicht ein einzelnes Menschenleben wert. Ersparen Sie mir diese Heuchelei. Sie wissen nichts, und Sie sind unfähig, den Wert dessen, was ich hier tue, zu begreifen. Was macht Ihnen Marks Tod aus? Sie hatten nie von ihm gehört, bevor Sie nach Garforth House kamen.«

Cordelia sagte: »Gary Webber wird es etwas ausmachen.«

»Soll ich etwa alles verlieren, wofür ich hier gearbeitet habe, damit ein kleiner Autist jemanden hat, der mit ihm Squash spielt oder über Geschichte redet?« Unvermittelt sah er Cordelia ins Gesicht. Er sagte heftig: »Was ist los mit Ihnen? Sind Sie krank?«

»Nein, ich bin nicht krank. Ich wusste, dass ich recht haben musste. Ich wusste, dass meine Schlüsse richtig sind. Aber ich kann es nicht glauben. Ich kann nicht glauben, dass ein menschliches Wesen so böse sein kann.«

»Wenn Sie fähig sind, es sich auszumalen, dann bin ich fähig, es zu tun. Haben Sie das noch nicht begriffen, Miss Gray? Es ist der Schlüssel zu dem, was man die Niedertracht des Menschen nennt.«

Plötzlich konnte Cordelia diese menschenverachtenden Reden nicht mehr ertragen. In leidenschaftlichem Protest rief sie: »Aber was für einen Sinn hat es, die Welt schöner zu machen, wenn die Menschen, die darin leben, einander nicht lieben können?«

Damit reizte sie wenigstens seinen Zorn. »Liebe! Das abgegriffenste Wort der Sprache. Hat es irgendeine Bedeutung außer dem besonderen Inhalt, den Sie ihm geben wollen? Was verstehen Sie denn unter Liebe? Dass die Menschen lernen müssen, mit einem unaufdringlichen Interesse am Wohl des anderen miteinander zu leben? Das macht das Gesetz geltend. Möglichst großes Wohlergehen einer möglichst großen Zahl. Neben dieser grundsätzlichen Erklärung des gesunden Menschenverstands sind alle anderen Philosophien metaphysische Theorien. Oder definieren Sie Liebe im christlichen Sinn – als Karitas? Lesen Sie Geschichte, Miss Gray. Sehen Sie, zu welchen Gräueln, zu welcher Gewalt und Unterdrückung, zu welchem Hass die Religion der Liebe die Menschen geführt hat. Aber vielleicht ziehen Sie eine weiblichere, eine individuellere Erklärung vor; Liebe als leidenschaftliche Hingabe an die Persönlichkeit eines anderen. Gefühlsbetonte persönliche Hingabe endet immer in Eifersucht und Versklavung. Liebe ist zerstörerischer als Hass. Wenn Sie Ihr Leben etwas widmen müssen, widmen Sie es einer Idee.«

»Ich meine die Liebe, mit der ein Vater sein Kind liebt.«

»Umso schlimmer für beide vielleicht. Aber wenn er nicht liebt, gibt es keine Macht auf der Erde, die ihn dazu anregen oder zwingen kann. Und wo keine Liebe ist, kann es keine der Verpflichtungen der Liebe geben.«

»Sie hätten ihn leben lassen können! Das Geld war nicht wichtig für ihn. Er hätte Ihre Bedürfnisse verstanden und Stillschweigen gewahrt.«

»Wirklich? Wie hätte er – oder ich – in vier Jahren erklären können, warum er ein so großes Vermögen zurückweist? Menschen, die ihrem Gewissen, wie sie es nennen, ausgeliefert sind, kann man nie vertrauen. Mein Sohn war ein selbstgerechter Snob. Wie konnte ich mich und meine Arbeit in seine Hände legen?«

»Sie sind in meinen, Sir Ronald.«

»Sie irren sich. Keiner hat mich in der Hand. Zu Ihrem Pech läuft das Tonbandgerät hier nicht. Wir haben keine Zeugen. Sie werden nichts, was in diesem Zimmer gesagt wurde, gegenüber irgendjemandem wiederholen. Andernfalls werde ich Sie vernichten müssen. Ich werde verhindern, dass Sie noch einmal eine Anstellung finden. Und zuallererst werde ich Ihre armselige Firma zugrunde richten. Nach dem, was mir Miss Leaming gesagt hat, dürfte das nicht schwer sein. Verleumdung ist ein sehr kostspieliges Vergnügen. Denken Sie daran, falls Sie jemals in Versuchung kommen sollten zu reden. Denken Sie auch an das: Sie werden sich selbst schaden; Sie werden Marks Andenken schaden; mir werden Sie nicht schaden.«

Cordelia erfuhr nie, wie lange die hohe Gestalt in dem roten Morgenmantel im Schatten der Tür gestanden hatte. Sie erfuhr nie, wie viel Miss Leaming gehört hatte oder in welchem Augenblick sie leise weggeschlichen, wann sie zurückgekommen war. Aber jetzt wurde sie des roten Schattens gewahr, der sich lautlos über den Teppich bewegte, die Augen auf die Gestalt hinter dem Schreibtisch gerichtet, die Pistole fest vor der Brust gehalten. Cordelia sah in fasziniertem Entsetzen zu, hielt den Atem an. Sie wusste genau, was geschehen würde. Es konnte nur weniger als drei Sekunden gedauert haben, aber sie gingen so langsam vorbei wie Minuten. Es wäre doch genug Zeit gewesen zu schreien, Zeit, ihn zu warnen, Zeit, vorzuspringen und dieser ruhigen Hand die Pistole zu entreißen? Auch er hätte doch genug Zeit gehabt zu schreien? Aber er gab keinen Laut von sich. Er erhob sich, ungläubig, und starrte die Mündung der Pistole in blindem Zweifel an. Dann wandte er seinen Kopf Cordelia zu, als flehe er sie an. Sie würde diesen letzten Blick nie vergessen. Er war jenseits von Todesangst, jenseits von Hoffnung. Er enthielt nichts als das völlige Eingeständnis der Niederlage.

Es war eine Hinrichtung, sauber, nicht hastig, rituell genau. Die Kugel drang hinter dem rechten Ohr ein. Der Körper machte einen Sprung in die Luft, mit hochgezogenen Schultern, wurde vor Cordelias Augen weich, als zerschmölzen die Knochen zu Wachs, und lag schließlich über dem Schreibtisch wie etwas Weggeworfenes. Ein Ding – wie Bernie, wie ihr Vater.

Miss Leaming sagte: »Er hat meinen Sohn getötet.«

»Ihren Sohn?«

»Natürlich. Mark war mein Sohn. Sein Sohn und meiner. Ich dachte, Sie hätten es vielleicht erraten.«

Sie stand mit der Pistole in der Hand da und starrte mit ausdruckslosen Augen durch das offene Fenster auf den Rasen. Es war vollkommen still. Nichts rührte sich.

Miss Leaming sagte: »Er hatte recht, als er sagte, niemand könne ihm etwas anhaben. Es gab keinen Beweis.«

Cordelia rief entsetzt aus: »Wie konnten Sie ihn dann töten? Wie konnten Sie so sicher sein, dass er Mark getötet hat?«

Ohne den Griff um die Pistole zu lockern, steckte Miss Leaming ihre Hand in die Tasche ihres Morgenmantels und holte etwas heraus. Dann glitt die Hand über die Schreibtischplatte. Ein kleiner goldener Zylinder rollte über das polierte Holz auf Cordelia zu und blieb dann liegen.

Miss Leaming sagte: »Es war mein Lippenstift. Ich habe ihn gerade in der Tasche seines Abendanzugs gefunden. Er hatte ihn seit jenem Festessen im College nicht mehr getragen. Er war immer wie eine Elster. Er steckte kleine Sachen instinktiv in seine Taschen.«

Cordelia hatte nie an Sir Ronalds Schuld gezweifelt, aber jetzt verlangte sie mit jeder Faser eine nochmalige Absicherung.

»Er könnte hineingeschmuggelt worden sein! Lunn könnte ihn hineingesteckt haben, um ihn zu belasten.«

»Lunn hat Mark nicht umgebracht. Er war mit mir im Bett, als Mark starb. Er ließ mich nur fünf Minuten allein, und das war kurz nach acht Uhr, als er telefonieren ging.«

»Sie waren Lunns Geliebte?«

»Sehen Sie mich nicht so an! Ich habe nur einen Mann in meinem Leben geliebt, und das ist der, den ich eben getötet habe. Sprechen Sie von Dingen, die Sie verstehen. Was Lunn und ich einander gaben, hatte nichts mit Liebe zu tun.«

Einen Augenblick herrschte Schweigen. Dann fragte Cordelia: »Ist noch jemand im Haus?«

»Nein, die Angestellten sind in London. Im Labor macht heute Nacht auch niemand Überstunden.«

Und Lunn war tot.

Miss Leaming sagte mit müder Resignation: »Wäre es nicht besser, Sie rufen die Polizei?«

»Möchten Sie, dass ich das tue?«

»Was macht das schon aus?«

»Gefängnis macht etwas aus. Die Freiheit zu verlieren macht etwas aus. Und wollen Sie wirklich, dass die Wahrheit in einer öffentlichen Verhandlung herauskommt? Wollen Sie, dass jeder erfährt, wie Ihr Sohn starb und wer ihn ermordet hat? Hätte Mark das gewollt?«

»Nein. Mark hat nie viel von Strafen gehalten. Sagen Sie mir, was ich tun muss.«

»Wir müssen schnell arbeiten und sorgfältig planen. Wir müssen einander vertrauen, und wir müssen klug sein.«

»Klug sind wir. Was müssen wir tun?«

Cordelia holte ihr Taschentuch heraus und ließ es über die Pistole fallen, nahm Miss Leaming die Waffe weg und legte sie auf den Schreibtisch. Sie packte das Handgelenk der Frau und drückte ihre instinktiv zurückzuckende Hand gegen Sir Ronalds Handfläche, presste die steifen, aber lebendigen Finger mit Gewalt gegen die weiche, nachgiebige Hand des Toten.

»Vielleicht gibt es Schmauchspuren. Ich weiß eigentlich nicht viel davon, aber die Polizei wird seine Hand vielleicht daraufhin untersuchen. Waschen Sie jetzt Ihre Hände und holen Sie mir ein Paar dünne Handschuhe. Schnell.«

Sie ging ohne ein Wort. Allein gelassen, sah Cordelia auf den toten Wissenschaftler hinunter. Er war mit dem Kinn auf die Schreibtischplatte gefallen, und seine Arme pendelten locker an seinem Körper, eine ungeschickte, unbequeme Haltung, die ihn aussehen ließ, als spähe er feindselig über seinen Schreibtisch. Cordelia konnte seine Augen nicht ansehen, aber es war ihr bewusst, dass sie nichts empfand, weder Hass noch Wut oder Mitleid. Zwischen ihren Augen und der liegenden Gestalt pendelte ein langer, dünner Schatten mit hässlich schiefem Kopf und kläglich gestreckten Zehen. Sie ging hinüber zu dem offenen Fenster und sah mit der zwanglosen Neugier eines Gastes, der in einem fremden Zimmer warten muss, in den Garten hinaus. Die Luft war warm und sehr still. Der Duft der Rosen kam in Wellen durch das offene Fenster, mal widerlich süß, dann wieder unbestimmbar wie eine nicht ganz eingeholte Erinnerung.

Dieser seltsame Moment von Frieden und Stillstand konnte nur weniger als eine halbe Minute gedauert haben. Dann begann Cordelia zu planen. Sie dachte an den Clandon-Fall. Die Erinnerung brachte ihr vor Augen, wie sie und Bernie rittlings auf einem umgestürzten Baumstamm im Epping Forest gesessen und ihr Picknick gegessen hatten. Sie erinnerte sich wieder an den hefigen Duft der frischen Brötchen mit Butter und scharfem Käse, den betäubenden Pilzgeruch des sommerlichen Waldes. Er hatte die Pistole auf die Rinde zwischen ihnen gelegt und durch Brot und Käse hindurch undeutlich geredet.

»Wie würdest du dich hinter dem rechten Ohr erschießen? Komm, Cordelia, zeigs mir.«

Cordelia hatte die Pistole in die rechte Hand genommen, wobei ihr Zeigefinger leicht auf dem Abzug ruhte, und dann mit einiger Schwierigkeit ihren Arm nach hinten gebogen, um die Pistolenmündung an die Schädelbasis zu halten.

»So?«

»So würdest du es bestimmt nicht machen. Nicht, wenn du an den Umgang mit einer Pistole gewöhnt wärest. Das ist der kleine Fehler, den Mrs. Clandon gemacht hat, und er hätte sie fast an den Galgen gebracht. Sie erschoss ihren Mann hinter dem rechten Ohr mit seinem Dienstrevolver und versuchte dann, einen Selbstmord vorzutäuschen. Aber sie drückte den falschen Finger auf den Abzug. Wenn er sich wirklich selbst hinter dem rechten Ohr erschossen hätte, dann hätte er den Abzug mit seinem Daumen gedrückt und den Revolver mit der Handfläche um die Rückseite des Kolbens gehalten. Ich erinnere mich gut an diesen Fall. Es war der erste Mord, bei dem ich mit dem Superintendent – damals war er noch Kommissar Dalgliesh – zusammengearbeitet habe. Mrs. Clandon legte am Ende ein Geständnis ab.«

»Und was wurde aus ihr, Bernie?«

»Lebenslänglich. Sie wäre wahrscheinlich mit Totschlag davongekommen, wenn sie nicht versucht hätte, einen Selbstmord vorzutäuschen. Die Geschworenen fanden es nämlich nicht so nett, was sie von Major Clandons kleinen Gewohnheiten hörten.«

Aber Miss Leaming konnte nicht mit Totschlag davonkommen, es sei denn, sie würde die ganze Geschichte von Marks Tod erzählen.

Sie war jetzt wieder ins Zimmer gekommen und reichte Cordelia ein Paar dünne Baumwollhandschuhe.

Cordelia sagte: »Ich halte es für besser, wenn Sie draußen warten. Was Sie nicht sehen, brauchen Sie nicht mühsam zu vergessen. Was haben Sie gerade gemacht, als Sie mich in der Halle trafen?«

»Ich wollte mir eben einen Schlaftrunk holen, einen Whisky.«

»Dann haben Sie mich wieder gesehen, wie ich aus dem Arbeitszimmer kam, als Sie Ihren Whisky nach oben in Ihr Zimmer trugen. Holen Sie ihn und lassen Sie das Glas auf dem kleinen Tisch in der Halle stehen. Solche Einzelheiten zu bemerken, darauf ist die Polizei trainiert.«

Wieder allein, hob Cordelia die Pistole auf. Es war erstaunlich, wie abstoßend ihr dieses tote Stück Metall jetzt erschien. Wie seltsam, dass sie darin jemals ein harmloses Spielzeug gesehen hatte! Sie rieb die Waffe gründlich mit dem Taschentuch ab und tilgte Miss Leamings Fingerabdrücke. Dann fasste sie sie an. Es war ihre Pistole. Sie würden damit rechnen, auf dem Kolben außer denen des Toten ein paar von ihren Fingerabdrücken zu finden. Sie legte sie wieder auf die Schreibtischplatte und zog die Handschuhe an. Sie drückte Sir Ronalds Daumen fest gegen den Abzug und bog die kalte nachgiebige Hand um die Rückseite des Kolbens. Dann löste sie seine Finger und ließ die Pistole fallen. Sie traf den Teppich mit einem dumpfen Schlag. Cordelia streifte die Handschuhe ab, schloss leise die Tür zum Arbeitszimmer hinter sich und ging hinaus in die Halle zu Miss Leaming. Sie gab ihr die Handschuhe.

»Hier, die legen Sie besser wieder dahin, wo Sie sie gefunden haben. Wir dürfen sie nicht so herumliegen lassen, dass die Polizei sie findet.«

Miss Leaming blieb nur wenige Sekunden weg.

Als sie zurückkam, sagte Cordelia: »Jetzt spielen wir den Rest genauso, wie es stattgefunden haben könnte. Sie treffen mich, als ich aus dem Zimmer komme. Ich bin ungefähr zwei

Minuten bei Sir Ronald gewesen. Sie stellen Ihr Whiskyglas auf den Tisch in der Halle und gehen mit mir zur Haustür. Sie sagen – was würden Sie sagen?«

»Hat er Sie bezahlt?«

»Nein, ich komme morgen wegen des Geldes. Es tut mir leid, dass es nicht gut gelaufen ist. Ich habe Sir Ronald gesagt, dass ich den Fall nicht weiter untersuchen will.«

Sie gingen jetzt durch die Haustür nach draußen.

Plötzlich wandte sich Miss Leaming an Cordelia und sagte eindringlich: »Da ist eine Sache, die Sie besser wissen sollten. Ich war es, die Mark zuerst entdeckt und den Selbstmord vorgetäuscht hat. Er hatte mich früher am selben Tag angerufen und gebeten, ihn zu besuchen. Ich konnte wegen Lunn erst nach neun loskommen. Ich wollte ihn nicht misstrauisch machen.«

»Aber ist Ihnen denn nicht der Gedanke gekommen, dass irgendetwas mit seinem Tod möglicherweise nicht in Ordnung war, als Sie ihn so fanden? Die Tür war nicht abgeschlossen, obwohl die Vorhänge zugezogen waren. Der Lippenstift war nicht da.«

»Ich hatte keinen Verdacht bis heute Nacht, als ich da im Dunkeln stand und Sie sprechen hörte. Wir sind heutzutage ja so aufgeklärt über Fragen der Sexualität. Ich habe geglaubt, was ich sah. Es war ganz entsetzlich, aber ich wusste, was ich zu tun hatte. Aus Angst, es könnte jemand vorbeikommen, handelte ich sehr schnell. Ich säuberte sein Gesicht mit meinem Taschentuch, das ich mit Wasser vom Spülstein in der Küche angefeuchtet hatte. Der Lippenstift schien überhaupt nicht mehr abgehen zu wollen. Ich zog ihn aus und streifte ihm seine Jeans über, die über eine Stuhllehne geworfen waren. Ich nahm mir nicht die Zeit, ihm seine Schuhe anzuziehen, das schien mir nicht so wichtig. Den Brief zu tippen war der schlimmste Teil. Ich wusste, dass er seinen Blake irgendwo im Gartenhaus haben musste und dass der Abschnitt, den ich aussuchte, vielleicht mehr überzeugen würde als ein gewöhnlicher Abschiedsbrief. Ich hatte Angst, jemand würde das Geklapper der Schreibmaschine hören. Er hatte eine Art Tagebuch geführt. Ich hatte keine Zeit, es zu lesen, sondern verbrannte die maschinengeschriebenen Blätter im Wohnzimmerkamin. Zuletzt packte ich die Frauenkleider und die Bilder zusammen und brachte sie mit hierher, um sie im Ofen des Labors zu verbrennen.«

»Sie ließen eins der Bilder im Garten fallen. Und Sie schafften es nicht ganz, den Lippenstift von seinem Gesicht zu entfernen.«

»So also haben Sie es erraten?«

Cordelia antwortete nicht sofort. Was auch immer geschehen würde – sie wollte Isabelle de Lasterie aus der Sache heraushalten.

»Ich war nicht sicher, ob Sie es waren, die zuerst dort war, aber ich dachte, so müsste es gewesen sein. Da waren vier Punkte. Sie wollten nicht, dass ich Marks Tod untersuche; Sie haben in Cambridge Englisch studiert und konnten also wissen, wo Sie dieses Blake-Zitat finden würden; Sie haben Übung im Maschinenschreiben, und ich glaubte nicht, dass die Nachricht von einem Amateur geschrieben worden war, trotz des Versuchs am Ende, es wie Marks Arbeit aussehen zu lassen; als ich zum ersten Mal im Garforth House war, sagten Sie das ganze Blake-Zitat auf, aber die getippte Version war zehn Worte kürzer. Ich habe das erst gemerkt, als ich auf dem Polizeikommissariat war und den Abschiedsbrief vorgelegt bekam. Das wies direkt auf Sie. Es war der stärkste Hinweis, den ich hatte.«

Sie waren jetzt beim Auto angekommen und blieben zusammen stehen. Cordelia sagte: »Wir dürfen keine Zeit mehr verlieren, wir müssen die Polizei anrufen. Vielleicht hat jemand den Schuss gehört.«

»Das ist unwahrscheinlich. Wir sind ein ganzes Stück vom Dorf weg. Hören wir ihn jetzt?«

»Ja, wir hören ihn jetzt.«

Nach einer kurzen Pause sagte Cordelia: »Was war das? Es hörte sich wie ein Schuss an.«

»Das kann nicht sein. Es war wahrscheinlich eine Fehlzündung von einem Auto.«

Miss Leaming redete wie eine schlechte Schauspielerin, die Worte waren steif, überzeugten nicht. Aber sie sagte sie; sie würde sie behalten.

»Aber da ist kein Auto. Und es kam eher vom Haus.«

Sie warfen sich einen Blick zu, dann rannten sie durch die offene Tür in die Halle. Miss Leaming blieb kurz stehen und sah Cordelia in die Augen, bevor sie die Tür zum Arbeitszimmer öffnete. Cordelia ging nach ihr hinein.

Miss Leaming sagte: »Er ist erschossen worden! Ich muss die Polizei anrufen.«

Cordelia sagte: »Das würden Sie nicht sagen! Das dürfen Sie nicht einmal denken! Sie würden zuerst zu der Leiche gehen und dann sagen: ›Er hat sich erschossen. Ich muss die Polizei anrufen.‹«

Miss Leaming betrachtete teilnahmslos die Leiche ihres Liebhabers, dann schaute sie sich im Zimmer um.

Ihre Rolle vergessend, fragte sie: »Was haben Sie hier drinnen gemacht? Was ist mit den Fingerabdrücken?«

»Machen Sie sich keine Gedanken. Darum habe ich mich gekümmert. Sie müssen nur daran denken, dass Sie nicht wussten, dass ich eine Pistole besaß, als ich zum ersten Mal ins Garforth House kam; Sie wussten nicht, dass Sir Ronald sie mir wegnahm. Sie haben die Pistole bis zu diesem Augenblick nicht gesehen. Als ich heute Nacht ankam, führten Sie mich ins Arbeitszimmer und begegneten mir wieder, als ich zwei Minuten später herauskam. Wir gingen zusammen zum Auto und unterhielten uns, wie wir gerade geredet haben. Wir hörten den Schuss. Wir verhielten uns, wie wir es gerade getan haben. Vergessen Sie alles andere, was passiert ist. Wenn man Sie vernimmt, schmücken Sie nichts aus, erfinden Sie nichts, haben Sie keine Angst zu sagen, dass Sie sich nicht erinnern können. Und jetzt – rufen Sie die Polizei in Cambridge an.«

Drei Minuten später standen sie zusammen an der offenen Tür und warteten auf die Polizei.

Miss Leaming sagte: »Wir dürfen nicht mehr miteinander reden, sobald sie hier sind. Und danach dürfen wir uns nicht mehr begegnen oder irgendein besonderes Interesse füreinander zeigen. Es ist klar, dass das kein Mord sein kann, wenn wir nicht beide damit zu tun haben. Und warum sollten wir das gemeinsam aushecken, wo wir uns erst einmal vorher getroffen haben, wo wir uns nicht einmal mögen?«

Sie hatte recht, dachte Cordelia. Sie mochten einander

nicht einmal. Es wäre ihr eigentlich gleichgültig, wenn Elizabeth Leaming ins Gefängnis käme; was ihr hingegen etwas ausmachen würde, wäre, wenn Marks Mutter ins Gefängnis käme. Und sie hatte wie Miss Leaming auch ein Interesse daran, dass die Wahrheit über seinen Tod niemals bekannt würde. Die Stärke dieser Entschlossenheit kam Cordelia ganz irrational vor. Es konnte ihm jetzt nichts mehr ausmachen, und er war kein Mensch gewesen, der sich viel darum gekümmert hatte, was die Leute von ihm dachten. Aber Ronald Callender hatte seinen Körper nach dem Tod entweiht, hatte geplant, ihn zum Gegenstand der Verachtung schlimmstenfalls, des Mitleids bestenfalls zu machen. Cordelia hatte sich gegen Ronald Callender gestellt. Sie hatte seinen Tod nicht gewollt, wäre nicht fähig gewesen, selbst den Schuss abzugeben. Aber er war tot, und sie konnte kein Bedauern empfinden noch konnte sie ein Werkzeug der Vergeltung für seine Mörderin sein. Es war zweckmäßig, nichts weiter, dass Miss Leaming nicht bestraft würde. Während sie hinausstarrte in die Sommernacht und auf das Geräusch der Polizeiautos wartete, nahm Cordelia ein für alle Mal die ganze Ungeheuerlichkeit und die Rechtfertigung dessen, was sie getan hatte und was sie noch zu tun gedachte, auf sich. Sie durfte später niemals die kleinste Spur von Bedauern oder von Gewissensbissen spüren.

Miss Leaming sagte: »Es gibt wahrscheinlich noch Dinge, die Sie fragen wollen, Dinge, die zu wissen Sie ein Recht haben, wie ich meine. Wir können uns am ersten Sonntag nach der gerichtlichen Voruntersuchung im Anschluss an den Spätgottesdienst in der Kapelle des King's College treffen. Ich gehe durch den Lettner in den Chor, Sie bleiben im Schiff. Es wird ganz normal aussehen, dass wir uns dort zufällig treffen, das heißt, wenn wir beide noch auf freiem Fuß sind.«

Cordelia bemerkte mit Interesse, dass Miss Leaming die Dinge wieder in die Hand nahm. Sie sagte: »Das werden wir sein. Wenn wir einen klaren Kopf behalten, kann es nicht schiefgehen.«

Einen Augenblick lang herrschte Schweigen.

Dann sagte Miss Leaming: »Sie lassen sich Zeit. Sie müssten doch jetzt eigentlich hier sein?«

»Es wird nicht mehr lange dauern.«

Miss Leaming lachte plötzlich auf und sagte mit verräterischer Bitterkeit: »Wovor haben wir überhaupt Angst? Wir werden es auch nur mit Männern zu tun haben.«

Also warteten sie schweigend zusammen. Sie hörten die sich nähernden Autos, bevor die Scheinwerfer über die Zufahrt huschten und jeden Kieselstein anstrahlten, die kleinen Pflänzchen an den Rändern der Beete erkennen ließen, den blauen Schleier der Glyzinien in Licht badeten, die Augen der Wartenden blendeten. Dann wurden die Scheinwerfer abgeblendet, während die Autos langsam ausrollten und vor dem Haus hielten. Dunkle Schatten tauchten auf und kamen ohne Eile, aber entschlossen auf sie zu. Die Halle war plötzlich voll von großen ruhigen Männern, einige davon in Zivilkleidung. Cordelia zog sich bescheiden in den Hintergrund zurück, während Miss Leaming auf sie zuging, leise mit ihnen sprach und sie ins Arbeitszimmer führte.

Zwei Männer in Uniform blieben in der Halle. Sie unterhielten sich, ohne Cordelia zu beachten. Ihre Kollegen ließen sich Zeit. Sie mussten das Telefon im Arbeitszimmer benutzt haben, weil nach und nach noch mehr Autos und Männer eintrafen. Zuerst kam der Polizeiarzt, den man an seiner Tasche erkannt hätte, auch wenn er nicht mit »Guten Abend, Doktor. Bitte hier herein!« begrüßt worden wäre.

Wie oft musste er diesen Satz gehört haben! Er warf einen kurzen, neugierigen Blick auf Cordelia, als er durch die Halle lief, ein dickes, ungepflegtes Männchen mit einem Gesicht, das zerknittert und unwirsch war wie das eines Kindes, das man aus dem Schlaf gerissen hat. Dann kamen ein Fotograf in Zivil, der seine Kamera, ein Stativ und die Tasche mit seiner Ausrüstung trug, ein Mann von der Spurensicherung, zwei andere in Zivil, in denen Cordelia, von Bernie in der Verfahrensweise unterrichtet, Kriminalbeamte vermutete. Demnach behandelten sie die Sache als einen verdächtigen Todesfall. Warum auch nicht? Er war verdächtig.

Der Hausherr war tot, aber das Haus selbst schien zum Leben erwacht zu sein. Die Polizisten redeten nicht flüsternd miteinander, sondern mit selbstsicheren normalen Stimmen, die sich dem Tod nicht unterwarfen. Sie hatten ihren Beruf und erledigten ihre Aufgabe, drangen in die Geheimnisse des gewaltsamen Todes ein, dessen Opfer bei der vorgeschriebenen Routine nicht mehr so leicht Scheu wecken konnten. Sie waren in diese Dinge eingeweiht worden. Sie hatten zu viele Leichen gesehen: Leichen, die von Landstraßen gekratzt und Stück für Stück in Krankenwagen geladen, mit Haken oder Netz aus Flusstiefen gezogen, verwesend aus der zähen Erde gegraben wurden. Wie Ärzte waren sie freundlich und herablassend liebenswürdig gegenüber den Uneingeweihten und ließen sie nicht an ihr schreckliches Wissen heran. Dieser Körper war, solange er geatmet hatte, wichtiger als andere gewesen. Jetzt war er nicht mehr wichtig, aber er konnte ihnen immer noch Schwierigkeiten machen. Sie würden umso gründlicher sein, umso taktvoller. Aber es war dennoch nicht mehr als ein Fall.

Cordelia saß allein und wartete. Plötzlich wurde sie von Müdigkeit überwältigt. Sie verlangte nichts sehnlicher, als ihren Kopf auf den Tisch in der Halle zu legen und zu schlafen. Sie bemerkte kaum Miss Leaming, die auf dem Weg zum Salon durch die Halle ging, oder den hochgewachsenen Beamten, der sie begleitete. Keiner achtete auf die kleine Gestalt in dem viel zu großen wollenen Pullover, die an der Wand saß. Cordelia zwang sich, wach zu bleiben. Sie wusste, was sie sagen musste; es war alles klar in ihrem Kopf. Wenn sie nur kämen, um sie zu verhören, damit sie endlich schlafen könnte.

Erst als der Fotograf und der Mann von der Spurensicherung ihre Arbeit beendet hatten, kam einer der ranghöheren Beamten zu ihr heraus. Sie konnte sich später sein Gesicht nicht mehr vergegenwärtigen, aber sie erinnerte sich an seine Stimme, eine behutsame, ausdruckslose Stimme, aus der auch der kleinste Anflug einer Gefühlsregung verbannt war. Er hielt ihr die Pistole hin. Sie lag auf seiner offenen Handfläche und war durch ein Taschentuch vor dem Kontakt mit seiner Hand geschützt.

»Erkennen Sie diese Waffe, Miss Gray?«

Cordelia hielt es für eigenartig, dass er das Wort *Waffe* gebrauchte. Warum sagte er nicht einfach Pistole?

»Ich denke schon. Es wird meine sein.«

»Sie sind nicht sicher?«

»Es muss meine sein, wenn Sir Ronald nicht eine vom gleichen Fabrikat hatte. Er nahm sie mir ab, als ich vor vier oder fünf Tagen zum ersten Mal hierherkam. Er versprach, sie mir zurückzugeben, wenn ich morgen früh vorbeikäme, um mein Geld zu holen.«

»Dann sind Sie heute also erst zum zweiten Mal in diesem Haus?«

»Ja.«

»Sind Sie Sir Ronald Callender oder Miss Leaming jemals vorher begegnet?«

»Nein. Erst als Sir Ronald mich rufen ließ, damit ich diesen Fall übernehme.«

Er ging weg. Cordelia lehnte ihren Kopf an die Wand und nickte immer wieder für einen Augenblick ein. Ein anderer Beamter kam. Diesmal hatte er einen Mann in Uniform dabei, der sich Notizen machte. Sie stellten weitere Fragen. Cordelia erzählte ihre vorbereitete Geschichte. Sie schrieben sie ohne eine Bemerkung auf und gingen weg.

Sie musste ein wenig geschlafen haben. Als sie aufwachte, sah sie einen großen Mann in Uniform über sich stehen.

Er sagte: »Miss Leaming ist in der Küche und kocht Tee. Vielleicht möchten Sie ihr gern helfen. Dann haben Sie wenigstens etwas zu tun, nicht wahr?«

Cordelia vermutete, sie würden nun wohl die Leiche wegbringen.

Sie sagte: »Ich weiß nicht, wo die Küche ist.«

Sie sah ein Flackern in seinen Augen. »Ach, tatsächlich, Miss? Sie sind fremd hier, nicht? Na, dann gehen Sie mal da lang.«

Die Küche lag im rückwärtigen Teil des Hauses. Es roch

nach Gewürzen, Öl und Tomatensoße, was sie an Italien und an Mahlzeiten mit ihrem Vater denken ließ. Miss Leaming holte Tassen aus einem geräumigen Küchenschrank. Der Polizeibeamte blieb bei ihnen. Sie durften also nicht allein gelassen werden.

Cordelia fragte: »Kann ich Ihnen helfen?«

Miss Leaming sah sie nicht an. »In der Dose da sind ein paar Kekse. Sie können sie auf ein Tablett legen. Die Milch steht im Kühlschrank.«

Cordelia bewegte sich wie ein Automat. Die Milchflasche war eine Eissäule in ihren Händen, der Deckel der Keksdose sträubte sich gegen ihre müden Finger, und sie brach sich einen Fingernagel ab, als sie ihn hochdrückte. Sie bemerkte flüchtig ein paar Einzelheiten in der Küche – einen Wandkalender mit einem Bild der heiligen Teresa von Ávila, auf dem ihr Gesicht unnatürlich in die Länge gezogen und blass war, sodass sie wie eine geheiligte Miss Leaming aussah; einen Porzellanesel mit zwei Körben voll künstlicher Blumen auf dem Rücken, dessen melancholischer Kopf von einem winzigen Strohhut gekrönt war; eine große blaue Schüssel mit braunen Eiern darin.

Sie bereiteten zwei Tabletts vor. Der Constable nahm Miss Leaming das größere ab und ging in die Halle voraus. Cordelia folgte ihm mit dem zweiten Tablett. Sie hielt es hoch vor der Brust wie ein Kind, das als besondere Auszeichnung der Mutter helfen darf. Die Polizisten scharten sich um sie. Cordelia nahm selbst eine Tasse Tee und kehrte zu ihrem gewohnten Stuhl zurück.

Und jetzt hörte sie noch einmal ein Auto vorfahren. Eine Frau in mittleren Jahren kam mit einem uniformierten Chauffeur herein. Durch den Schleier ihrer Müdigkeit hörte Cordelia eine laute schulmeisternde Stimme.

»Meine liebe Eliza, das ist ja entsetzlich! Du musst heute Nacht mit zu mir kommen. Nein, ich bestehe darauf. Ist der Polizeidirektor hier?«

»Nein, Marjorie, aber die Polizisten sind alle sehr nett gewesen.«

»Lass ihnen den Schlüssel da. Sie schließen das Haus ab, wenn sie fertig sind. Du kannst heute Nacht unmöglich allein hierbleiben.«

Man stellte sich vor, beriet eilends mit den Polizisten, wobei vor allem die Stimme der neu angekommenen Frau herauszuhören war. Miss Leaming ging mit ihrer Besucherin nach oben und erschien nach fünf Minuten wieder mit einem kleinen Koffer und dem Mantel über dem Arm. Sie gingen zusammen weg, begleitet von dem Chauffeur und einem der Polizisten. Keiner in der kleinen Gruppe warf einen Blick auf Cordelia.

Fünf Minuten später kam der Kommissar mit dem Schlüssel in der Hand zu Cordelia. »Wir schließen jetzt das Haus für heute Nacht ab, Miss Gray. Es ist Zeit, dass Sie nach Hause kommen. Haben Sie vor, noch im Gartenhaus zu bleiben?«

»Nur die nächsten paar Tage, falls Major Markland es mir erlaubt.«

»Sie sehen sehr müde aus. Einer meiner Leute fährt Sie in Ihrem eigenen Wagen hin. Ich hätte gern morgen früh eine schriftliche Aussage von Ihnen. Können Sie so bald wie möglich nach dem Frühstück auf die Wache kommen? Sie wissen, wo das ist?«

»Ja, das weiß ich.«

Einer der Streifenwagen fuhr zuerst los, und der Mini folgte ihm. Der Polizist am Steuer fuhr schnell und jagte das kleine Auto durch die Kurven. Cordelias Kopf lehnte müde an der Rücklehne und wurde ab und zu hin und her geworfen. Das Autofenster war offen, und sie spürte die warme Nachtluft über ihr Gesicht wehen, bemerkte die eilenden Wolken, die ersten überraschenden Farben des Tages, die den Himmel im Osten erhellten. Der Weg schien ihr fremd und die Zeit selbst aus den Fugen geraten; sie überlegte, warum das Auto plötzlich angehalten hatte, und es dauerte eine Weile, bis sie die hohe Hecke, die sich wie ein bedrohlicher Schatten über den Weg neigte, und das morsche Gartentor erkannte. Sie war zu Hause.

Der Fahrer sagte: »Ist es hier richtig, Miss?«

»Ja. Aber ich lasse den Mini gewöhnlich weiter unten rechts vom Weg stehen. Dort ist ein Gestrüpp, wo Sie ihn von der Straße fahren können.«

»Geht in Ordnung, Miss.«

Er stieg aus dem Auto, um mit dem anderen Fahrer zu sprechen. Sie fuhren langsam die letzten paar Meter der Strecke weiter. Und jetzt, endlich, war der Streifenwagen weggefahren, und sie stand allein am Tor. Es war anstrengend, es gegen den Druck des Unkrauts aufzustoßen, und sie taumelte wie betrunken um das Gartenhaus herum zur Hintertür. Sie brauchte noch einmal einen Moment, bis sie den Schlüssel ins Schloss gebracht hatte, aber das war die letzte Schwierigkeit. Es gab keine Pistole mehr, die sie verstecken musste; es war nicht mehr nötig, die Klebestreifenversiegelung der Fenster zu überprüfen. Lunn war tot, und sie lebte. Jede Nacht, die Cordelia im Gartenhaus geschlafen hatte, war sie müde nach Hause gekommen, aber kein einziges Mal vorher war sie so müde wie diesmal gewesen. Sie ging wie eine Schlafwandlerin nach oben, kroch einfach unter ihren Schlafsack, da sie zu erschöpft war, den Reißverschluss aufzuziehen, und wusste von nichts mehr.

Und dann – Cordelia kam es wie Monate, nicht Tage des Wartens vor – wurde sie erneut zu einer gerichtlichen Voruntersuchung geladen. Sie ging ebenso gemächlich, ebenso unaufdringlich förmlich wie damals bei Bernie vor sich, aber es gab einen Unterschied. Anstatt einer Handvoll armseliger Zufallsgäste, die sich auf die Hinterbänke – wo es warm war – geschlichen hatten, um Bernies Todesursache zu hören, wimmelte es hier von lauter ernst blickenden Kollegen und Freunden, gedämpften Stimmen, geflüsterten Besprechungen zwischen Anwälten und Polizisten. Die unbestimmte Vorahnung eines besonderen Ereignisses lag in der Luft. Cordelia vermutete, dass der grauhaarige Mann, der Miss Leaming begleitete, ihr Anwalt war. Sie beobachtete ihn bei der Arbeit, freundlich, jedoch nicht unterwürfig gegenüber den ranghöheren Polizisten, auf eine leise Art um seine Klientin bemüht, und bei allem strahlte er die Zuversicht aus, dass sie alle nur mit einer notwendigen, wenn auch ermüdenden Formalität beschäftigt waren, einem Ritual, das genauso wenig beängstigend war wie der sonntägliche Frühgottesdienst.

Miss Leaming sah sehr bleich aus. Sie trug das graue Kostüm, das sie bei der ersten Begegnung mit Cordelia getragen hatte, allerdings mit einem kleinen schwarzen Hut, schwarzen Handschuhen und einem am Hals geknoteten schwarzen Chiffonschal. Die beiden Frauen sahen einander nicht an. Cordelia fand einen Platz am Ende einer Bank und saß allein da, ohne rechtlichen Vertreter. Ein oder zwei jüngere Polizisten lächelten ihr mit aufmunternder, aber mitleidiger Freundlichkeit zu.

Miss Leaming machte mit gefasster Stimme als Erste ihre Aussage. Sie ließ bei der Eidesformel die Berufung auf Gottes Hilfe aus, eine Entscheidung, die ein kurzes, besorgtes Stirnrunzeln bei ihrem Anwalt bewirkte. Aber anschließend lieferte sie ihm keinen weiteren Grund zur Sorge. Sie sagte aus, Sir Ronald sei wegen des Todes seines Sohnes bedrückt gewesen und habe sich, wie sie meinte, Vorwürfe gemacht, weil er sich nicht darum gekümmert hatte, dass Mark irgendetwas quälte. Er habe ihr mitgeteilt, dass er beabsichtige, einen Privatdetektiv hinzuzuziehen, und sie selbst sei es gewesen, die zuerst mit Miss Gray gesprochen und sie ins Garforth House gebracht habe. Miss Leaming sagte, sie sei mit dieser Idee nicht einverstanden gewesen; sie habe keinen Sinn und Nutzen darin gesehen und gemeint, diese oberflächliche und fruchtlose Untersuchung würde Sir Ronald nur an das tragische Geschehen erinnern. Sie habe weder gewusst, dass Miss Gray eine Pistole besaß, noch, dass Sir Ronald sie ihr abgenommen hatte. Sie sei bei dem Vorgespräch der beiden nicht dabei gewesen. Sir Ronald habe Miss Gray begleitet, um ihr das Zimmer seines Sohnes zu zeigen, während sie, Miss Leaming, nach einem Foto von Mr. Callender gesucht habe, um das Miss Gray gebeten hatte.

Dann fragte der Untersuchungsrichter sie freundlich nach der Nacht von Sir Ronalds Tod.

Miss Leaming sagte, Miss Gray sei kurz nach halb elf gekommen, um ihren ersten Bericht abzuliefern. Sie selbst sei gerade durch die Halle gegangen, als das Mädchen auftauchte. Miss Leaming habe sie darauf hingewiesen, dass es spät sei, aber Miss Gray habe gesagt, sie wolle den Fall aufgeben und nach London zurückfahren. Sie habe Miss Gray in das Arbeitszimmer geführt, wo Sir Ronald noch über seiner Arbeit saß. Sie seien, meinte sie, keine zwei Minuten zusammen gewesen. Miss Gray sei dann aus dem Arbeitszimmer gekommen, und sie habe sie zum Auto begleitet; sie hätten nur kurz miteinander gesprochen. Miss Gray habe gesagt, Sir Ronald habe sie gebeten, am Morgen noch einmal wegen der Abrechnung vorbeizukommen. Sie habe nichts von einer Pistole erwähnt.

Sir Ronald habe erst eine halbe Stunde davor einen Anruf von der Polizei erhalten und erfahren, dass sein Laborassistent Christopher Lunn bei einem Autounfall ums Leben gekommen sei. Sie habe Miss Gray die Nachricht über Lunn vor ihrem Gespräch mit Sir Ronald nicht mitgeteilt; es sei ihr nicht in den Sinn gekommen. Sie sagte, sie hätten zusammen am Auto gestanden und geredet, als sie den Schuss hörten. Zuerst habe sie gedacht, es sei eine Fehlzündung bei einem Auto, aber dann habe sie gemerkt, dass es vom Haus gekommen war. Sie seien beide ins Arbeitszimmer gerannt und hätten Sir Ronald über dem Schreibtisch zusammengebrochen vorgefunden. Die Pistole habe unter seiner Hand auf dem Boden gelegen.

Nein, Sir Ronald habe ihr nie einen Anlass gegeben, an die Möglichkeit einer Selbstmordabsicht zu denken. Sie glaube, er sei sehr unglücklich über den Tod von Mr. Lunn gewesen, aber das könne man schwer sagen. Sir Ronald sei kein Mann gewesen, der seine Gefühle zeigte. Er habe in letzter Zeit sehr hart gearbeitet und sei seit dem Tod seines Sohnes nicht mehr derselbe gewesen. Aber Miss Leaming habe keinen Augenblick geglaubt, Sir Ronald sei ein Mann, der seinem Leben selbst ein Ende machen würde.

Nach ihr machten die Polizisten ihre Aussagen, respektvoll, routiniert, wobei es ihnen aber gelang, den Eindruck zu vermitteln, das alles sei nichts Neues für sie; sie hatten dergleichen schon früher gesehen und würden es wieder sehen.

Nach ihnen kamen die Ärzte dran, darunter der Pathologe, der seine Aussage in einer unnötigen Ausführlichkeit machte, als er sich über die Wirkung des Abfeuerns eines Teilmantel-Hohlspitzgeschosses von 5,8 Gramm in das menschliche Gehirn ausließ.

Der Untersuchungsrichter fragte: »Sie haben die Aussage der Polizei gehört, dass Sir Ronalds Daumenabdruck auf dem Abzug der Pistole war und am Griff Spuren von seiner Handfläche gefunden wurden. Was würden Sie daraus schließen?«

Der Pathologe wirkte ein wenig überrascht, dass er gebeten wurde, Schlüsse zu ziehen, doch er sagte, es sei klar, dass Sir Ronald die Pistole mit dem Daumen am Abzug gehalten habe, als er sie auf seinen Kopf richtete. Der Pathologe meinte, das sei die bequemste Art, wenn man die Lage der Eintrittswunde in Betracht ziehe.

Zuletzt wurde Cordelia in den Zeugenstand gerufen und leistete den Eid. Sie hatte sich einige Gedanken über die Richtigkeit ihres Tuns gemacht und überlegt, ob sie nicht Miss Leamings Beispiel folgen sollte. Es gab Augenblicke, gewöhnlich an einem sonnigen Ostermorgen, in denen sie wünschte, sie könne sich aufrichtig als Christin bezeichnen; aber für den Rest des Jahres wusste sie genau, was sie war – eine unverbesserliche Agnostikerin, allerdings anfällig für unvorhersehbare Rückfälle in den Glauben. Dies schien ihr jedoch ein Augenblick zu sein, in dem religiöse Gewissenhaftigkeit ein Luxus war, den sie sich nicht leisten konnte. Die Lügen, die sie jetzt erzählte, würden durch den Beigeschmack von Gotteslästerung nicht noch abscheulicher.

Der Untersuchungsrichter ließ sie ihre Geschichte ohne Unterbrechung erzählen. Sie spürte, dass das Gericht von ihrem Auftreten verwirrt war, aber doch Mitgefühl mit ihr hatte. Dieses eine Mal erwies sich der sorgfältig abgestufte Mittelklasseakzent, den sie in ihren sechs Jahren Klosterschule unbewusst angenommen hatte und der sie bei anderen Leuten oft genauso reizte, wie ihr eigener Tonfall ihren Vater geärgert hatte, als Vorteil. Sie trug ihr Kostüm und hatte sich ein schwarzes Chiffontuch als Kopfbedeckung gekauft. Sie vergaß auch nicht, dass sie den Untersuchungsrichter mit »Sir« anreden musste.

Nachdem sie kurz Miss Leamings Geschichte bestätigt hatte, wie sie zu dem Fall gerufen worden war, sagte der Untersuchungsrichter: »Und würden Sie jetzt, Miss Gray, dem Gericht erklären, was in der Nacht geschah, in der Sir Ronald Callender starb?«

»Ich hatte beschlossen, Sir, dass ich an dem Fall nicht mehr weiterarbeiten wollte. Ich hatte nichts Brauchbares entdeckt, und ich glaubte nicht, dass es etwas Brauchbares zu entdecken gab. Ich hatte in dem Gartenhaus gewohnt, in dem Mark Callender die letzten Wochen seines Lebens verbrachte, und ich war zu dem Schluss gekommen, dass das, was ich tat, nicht recht war, dass ich Geld dafür nahm, meine Nase in sein Privatleben zu stecken. Ich beschloss spontan, Sir Ronald mitzuteilen, dass ich den Fall abschließen wollte, und fuhr zum Garforth House. Ich kam etwa um halb elf dort an. Mir war klar, dass es spät war, aber ich wollte unbedingt am nächsten Morgen nach London zurückfahren. Ich sah Miss Leaming, als sie durch die Halle ging, und sie führte mich gleich in das Arbeitszimmer.«

»Würden Sie bitte dem Gericht beschreiben, wie Sie Sir Ronald antrafen?«

»Er schien müde und zerstreut zu sein. Ich versuchte zu erklären, warum ich den Fall aufgeben wollte, aber ich bin nicht sicher, ob er mir zuhörte. Er sagte, ich solle am nächsten Morgen wiederkommen, um mein Geld zu holen, und ich erwiderte, ich würde vorschlagen, nur meine Unkosten zu berechnen, wolle aber gern meine Pistole zurückhaben. Er tat das einfach mit einer Handbewegung ab und sagte: ›Morgen früh, Miss Gray. Morgen früh.‹«

»Und dann ließen Sie ihn allein?«

»Ja, Sir. Miss Leaming begleitete mich zum Auto, und ich wollte gerade wegfahren, als wir den Schuss hörten.«

»Sie haben die Pistole nicht bei Sir Ronald gesehen, solange Sie bei ihm im Arbeitszimmer waren?«

»Nein, Sir.«

»Er sprach nicht mit Ihnen von Lunns Tod und gab Ihnen keinen Hinweis, dass er an Selbstmord dachte?«

»Nein, Sir.«

Der Untersuchungsrichter kritzelte gedankenlos auf den Schreibblock vor sich. Ohne Cordelia anzusehen, sagte er: »Und würden Sie, Miss Gray, dem Gericht nun bitte erklären, wie Sir Ronald zu Ihrer Pistole kam?«

Das war der schwierige Teil, aber Cordelia hatte ihn geprobt. Die Polizei in Cambridge war sehr gründlich gewesen. Sie hatten dieselben Fragen immer wieder gestellt. Sie wusste genau, wie Sir Ronald zu der Pistole gekommen war. Sie erinnerte sich an ein Stück Dalgliesh'scher Lehre, von dem Bernie berichtet hatte und das ihr damals eher wie ein passender Ratschlag für einen Kriminellen als für einen Detektiv vorgekommen war. »Erzähle nie eine unnötige Lüge; die Wahrheit hat große Gewalt. Die klügsten Mörder sind nicht etwa geschnappt worden, weil sie die eine wesentliche Lüge erzählt haben, sondern weil sie fortwährend bei unwichtigen Kleinigkeiten gelogen haben, wo die Wahrheit ihnen nicht hätte schaden können.«

Sie sagte: »Die Pistole gehörte meinem Partner, Mr. Pryde, und er war sehr stolz darauf. Als er sich umbrachte, war mir klar, dass er sie mir hinterlassen wollte. Deshalb hat er sich die Pulsadern aufgeschnitten, anstatt sich zu erschießen, was schneller und einfacher gewesen wäre.«

Der Untersuchungsrichter sah aufmerksam auf. »Und Sie waren dabei, als er sich umbrachte?«

»Nein, Sir. Aber ich fand die Leiche.«

Ein mitfühlendes Gemurmel ging durch den Gerichtssaal; sie konnte die Anteilnahme spüren.

»Wussten Sie, dass die Pistole nicht angemeldet war?«

»Nein, Sir, aber ich hatte wohl den Verdacht, dass sie es nicht war. Ich nahm sie hierher mit, weil ich sie nicht im Büro lassen wollte und weil es ein beruhigendes Gefühl war. Ich wollte das mit dem Waffenschein nachprüfen, sobald ich zurück sein würde. Ich hatte nicht vor, die Pistole jemals zu benutzen. Ich habe eigentlich gar keine tödliche Waffe in ihr gesehen. Das war nur einfach mein erster Fall, und Bernie hatte sie mir hinterlassen, und ich fühlte mich wohler, wenn ich sie bei mir hatte.«

»Ich verstehe«, sagte der Untersuchungsrichter.

Cordelia hatte den Eindruck, dass er es tatsächlich verstand und die Geschworenen genauso. Es fiel ihnen nicht schwer, ihr zu glauben, weil sie die – wenn auch etwas unwahrscheinliche – Wahrheit erzählte. Jetzt, wo sie im Begriff war zu lügen, würden sie ihr weiter glauben.

»Und würden Sie dem Gericht nun bitte sagen, wie es dazu kam, dass Sir Ronald Ihnen die Pistole wegnahm?«

»Das war bei meinem ersten Besuch im Garforth House, als Sir Ronald mir das Zimmer seines Sohnes zeigte. Er wusste, dass ich die alleinige Inhaberin des Büros war, und er fragte mich, ob es nicht ein schwieriger und ziemlich beängstigender Beruf für eine Frau sei. Ich sagte, ich hätte keine Angst, ich hätte ja Bernies Pistole.

Als er verstand, dass ich sie in meiner Tasche bei mir hatte, verlangte er, dass ich sie ihm gebe. Er sagte, er habe nicht die Absicht, jemanden anzustellen, der eine Gefahr für andere Menschen und für sich selbst werden könnte. Er sagte, diese Verantwortung wolle er nicht übernehmen. Er nahm die Pistole und die Munition an sich.«

»Und was machte er mit der Pistole?«

Cordelia hatte gründlich über diesen Punkt nachgedacht. Es war klar, dass er sie nicht in der Hand nach unten getragen hätte, sonst hätte Miss Leaming sie gesehen. Am liebsten hätte sie gesagt, er habe sie in eine Schublade in Marks Zimmer gelegt, aber sie konnte sich nicht daran erinnern, ob der Nachttisch überhaupt Schubladen hatte. Sie sagte: »Er brachte sie aus dem Zimmer, er sagte mir nicht, wohin. Er war nur einen Augenblick weg, und dann gingen wir zusammen nach unten.«

»Und Sie haben die Pistole nicht mehr wieder zu Gesicht bekommen, bis Sie sie auf dem Boden unter Sir Ronalds Hand sahen, als Sie und Miss Leaming die Leiche fanden?«

»Nein, Sir.«

Cordelia war die letzte Zeugin. Das Urteil war schnell gefällt, ein Urteil, das, wie das Gericht offensichtlich meinte, für Sir Ronalds peinlich genaues wissenschaftliches Denken annehmbar gewesen wäre. Es besagte, dass der Verstorbene sich das Leben genommen hatte, dass es aber keinen Hinweis auf seinen Geisteszustand gab. Der Untersuchungsrichter sprach schließlich die obligatorische Warnung über die Gefährlichkeit von Schusswaffen aus. Schusswaffen, erfuhren die Geschworenen, konnten Menschen töten. Er verstand es, seine Überzeugung deutlich zu machen, dass besonders Waffen ohne den zugehörigen Waffenschein diese Gefahren heraufbeschworen. Er sprach keine Kritik an Cordelia persönlich aus, obwohl man deutlich merkte, dass diese Zurückhaltung ihn einige Anstrengung kostete.

Nachdem der Untersuchungsrichter die Richterbank verlassen hatte, löste sich das Publikum in kleine flüsternde

Gruppen auf. Miss Leaming wurde sofort umringt. Cordelia sah sie Hände schütteln, Beileidsbekundungen entgegennehmen, mit ernstem, zustimmendem Gesicht den ersten zögernden Vorschlägen für einen Gedenkgottesdienst zuhören. Cordelia fragte sich, wie sie nur jemals befürchten konnte, man würde Miss Leaming verdächtigen. Sie selbst stand ein wenig abseits, als Straffällige. Sie wusste, dass die Polizei sie wegen illegalen Waffenbesitzes belangen würde. Das mussten sie auf jeden Fall tun. Gewiss, die Strafe würde mild ausfallen, falls sie überhaupt bestraft würde. Aber für den Rest ihres Lebens bliebe sie das Mädchen, dessen Sorglosigkeit und Naivität England um einen seiner hervorragendsten Naturwissenschaftler gebracht hatte.

Wie Hugo gesagt hatte, waren vielleicht alle Cambridger Selbstmörder hochbegabt. Aber bei diesem konnte es kaum Zweifel geben. Sein Tod würde Sir Ronald wahrscheinlich in den Rang eines Genies erheben.

Fast unbemerkt kam sie allein aus dem Gerichtssaal hinaus auf den Market Hill. Hugo musste gewartet haben; jetzt schloss er sich ihr an.

»Wie ist es gelaufen? Ich muss schon sagen, der Tod scheint Ihnen zu folgen, nicht wahr?«

»Es ist gut gegangen. Aber eher scheine ich dem Tod zu folgen.«

»Ich nehme an, er erschoss sich selbst?«

»Ja. Er erschoss sich selbst.«

»Mit Ihrer Pistole?«

»Wie Sie wohl wissen, wenn Sie im Gericht waren. Ich habe Sie nicht gesehen.«

»Ich war nicht da. Ich hatte ein Seminar, aber die Neuigkeit hat sich tatsächlich herumgesprochen. Ich würde mich darüber nicht aufregen. Ronald Callender war nicht so bedeutend, wie manche Leute in Cambridge vielleicht gern glauben wollen.«

»Sie wissen nichts von ihm. Er war ein Mensch, und er ist tot. Diese Tatsache ist immer wichtig.«

»Ach nein, Cordelia, das ist sie nicht. Der Tod ist das am wenigsten Wichtige an uns. Trösten Sie sich mit Joseph Hall. ›Der Tod grenzt an unsere Geburt, und unsere Wiege steht im Grab.‹ Und er wählte doch selbst die Waffe, selbst den Zeitpunkt. Er hatte genug von sich. Viele Menschen hatten genug von ihm.«

Sie gingen zusammen die St Edward's Passage in Richtung King's Parade hinunter. Cordelia wusste nicht genau, wohin sie eigentlich gingen. Aber im Augenblick wollte sie nur einfach reden, und sie musste sich eingestehen, dass sie ihren Begleiter nicht unangenehm fand.

Sie fragte: »Wo ist Isabelle?«

»Zu Hause in Lyon. Ihr Vater tauchte gestern überraschend auf und fand, dass Mademoiselle nicht genug tat für ihr Geld. Er beschloss, dass die gute Isabelle weniger – oder vielleicht auch mehr – aus ihrer Erziehung in Cambridge machte, als er erwartet hatte. Ich glaube, Sie brauchen sich um sie keine Gedanken zu machen. Isabelle ist jetzt ziemlich sicher. Selbst wenn die Polizei tatsächlich beschließt, es sei den Weg nach Frankreich wert, sie zu verhören – und warum in aller Welt sollte sie das? –, wird es ihnen nichts nützen. Ihr Vater wird sie mit einem Wall von Anwälten umgeben. Er ist im Augenblick nicht in der Stimmung, sich von Engländern irgendwelchen Unsinn bieten zu lassen.«

»Und wie steht es mit Ihnen? Falls Sie jemand fragt, wie Mark starb, werden Sie nie die Wahrheit sagen?«

»Was glauben Sie denn! Sophie, Davie und ich sind absolut verschwiegen. Ich bin zuverlässig, wenn es ums Wesentliche geht.«

Einen Augenblick lang wünschte Cordelia, er wäre auch in weniger wesentlichen Dingen zuverlässig.

Sie fragte: »Tut es Ihnen leid, dass Isabelle weggegangen ist?«

»Ziemlich. Schönheit ist verwirrend; sie sabotiert den gesunden Menschenverstand. Ich konnte nie schlucken, dass Isabelle war, was sie wirklich ist: eine großzügige, träge, sehr zärtliche und dumme junge Frau. Ich dachte, jede so schöne Frau müsse eine natürliche Begabung zum Leben haben, einen Zugang zu irgendeiner geheimen Weisheit, die jenseits von Klugheit liegt. Jedes Mal, wenn sie diesen köstlichen Mund öffnete, erwartete ich, sie würde das Leben erleuchten. Ich glaube, ich hätte mein ganzes Leben damit verbringen können, sie einfach anzusehen und auf das Orakel zu warten. Aber alles, worüber sie reden konnte, waren Kleider.«

»Armer Hugo.«

»Nichts ›Armer Hugo‹. Ich bin nicht unglücklich. Das Geheimnis der Zufriedenheit ist, nie etwas zu wollen, von dem einem die Vernunft sagt, dass man keine Möglichkeit hat, es zu bekommen.«

Cordelia dachte daran, dass er jung war, wohlhabend, klug, wenn vielleicht auch nicht außerordentlich klug, gut aussehend; es gab nicht viel, worauf er unter diesen oder irgendwelchen anderen Gesichtspunkten würde verzichten müssen.

Sie hörte ihn sprechen: »Warum bleiben Sie nicht eine Woche oder so in Cambridge und lassen sich von mir die Stadt zeigen? Sophie würde Ihnen ihr freies Zimmer überlassen.«

»Nein, vielen Dank, Hugo. Ich muss nach London zurück.«

Es wartete in London nichts auf sie, aber Hugo konnte ihr auch nichts bieten in Cambridge. Es gab nur einen Grund, in dieser Stadt zu bleiben. Sie wollte bis Sonntag, bis zu ihrem Treffen mit Miss Leaming, im Gartenhaus wohnen. Danach war, so weit es sie betraf, der Fall Mark Callender für immer abgeschlossen.

Der Spätgottesdienst am Sonntagnachmittag war vorbei, und die Gemeinde, die in respektvoller Stille dem Gesang der Responsorien, Psalmen und Choräle von einem der vorzüglichsten Chöre der Welt gelauscht hatte, erhob sich und sang mit freudiger Hingabe die letzte Hymne mit. Cordelia stand auf und fiel ebenfalls ein. Sie hatte sich an das Ende ihrer Reihe gesetzt, nicht weit vom Lettner mit seinem reichen Schnitzwerk. Von hier aus konnte sie in den Chor sehen. Die Gewänder der Chorsänger leuchteten scharlachrot und weiß auf; die Kerzen flackerten in Muster bildenden Reihen und hohen Kreisen aus goldenem Licht; zwei hohe, schlanke Kerzen standen zu beiden Seiten des Rubens über dem Hochaltar, der in weiches Licht getaucht war und von Weitem wie ein Fleck aus Karminrot, Blau und Gold aussah. Der Segen wurde gesprochen, das letzte Amen tadellos gesungen, und der Chor begann sittsam im Gänsemarsch aus dem Chorraum zu marschieren. Das Südportal wurde geöffnet, und Sonnenlicht flutete in die Kapelle. Die Mitglieder des College, die am Gottesdienst teilgenommen hatten, schlenderten hinter dem Rektor und den Dozenten in zwanglosem Durcheinander hinaus, die vorgeschriebenen Chorhemden hingen unordentlich und schlaff über den in einem fröhlichen Missverhältnis dazu stehenden Cord- und Tweedhosen. Die große Orgel schnaufte und stöhnte wie ein atemholendes Tier, bevor sie ihre herrliche Stimme in einer Bach-Fuge erklingen ließ. Cordelia saß still auf ihrem Platz, lauschte und wartete. Jetzt drängte sich die Gemeinde durch den Mittelgang, kleine Gruppen in leichten, bunten Sommerkleidern, die sich leise unterhielten, ernste junge Männer in feierlichem, sonntäglichem Schwarz, Touristen mit illustrierten Reiseführern in der Hand, fast verlegen wegen ihrer aufdringlichen Fotoapparate, eine Gruppe von Nonnen mit stillen, fröhlichen Gesichtern.

Miss Leaming war eine der Letzten, eine hohe Gestalt in einem grauen Leinenkleid und weißen Handschuhen, ohne Kopfbedeckung, eine weiße Strickjacke gegen die Kühle in der Kapelle hatte sie lose um die Schultern gelegt. Sie war offenbar allein und unbeobachtet, und ihre sorgfältig gespielte Überraschung, als sie Cordelia erkannte, war vermutlich eine überflüssige Vorsichtsmaßnahme. Sie gingen nebeneinander aus der Kapelle.

Auf dem Kiesweg vor der Tür drängten sich die Menschen. Eine kleine Gruppe von Japanern, mit Kameras samt Zubehör behängt, mischte ihr hohes, abgehacktes Geschnatter unter das gedämpfte Sonntagnachmittagsgeplauder. Von hier aus war das Silberband des Cam unsichtbar, aber die halbierten Körper der Bootsfahrer glitten vor dem gegenüberliegenden Ufer wie Marionetten vorbei, hoben die Arme mit der Stake und drehten sich, um sie nach hinten zu stoßen, als nähmen sie an einem rituellen Tanz teil. Der weite Rasen lag schattenlos in der Sonne, ein Inbegriff von Grün, das die duftende Luft färbte. Ein zierlicher älterer Tutor in Talar und Mütze humpelte über das Gras; die Ärmel seines Umhangs fingen einen vereinzelten Luftzug ein und blähten sich, sodass er wie eine riesige, flügellahme Krähe aussah, die mühsam versuchte, sich in die Luft zu erheben.

Miss Leaming sagte, als hätte Cordelia um eine Erklärung gebeten: »Er ist Mitglied des Lehrkörpers. Der geheiligte Rasen wird deshalb von seinen Füßen nicht befleckt.«

Sie gingen schweigend am Gibbs' Building vorbei. Cordelia fragte sich, wann Miss Leaming etwas sagen würde.

Als sie schließlich anfing, kam ihre erste Frage überraschend: »Glauben Sie, Sie können etwas daraus machen?«

Als Sie Cordelias Verwunderung merkte, fügte sie ungeduldig hinzu: »Das Detektivbüro. Glauben Sie, dass Sie es schaffen können?«

»Ich muss es versuchen. Es ist die einzige Arbeit, von der ich etwas verstehe.«

Sie hatte nicht die Absicht, ihre Zuneigung und Treue gegenüber Bernie vor Miss Leaming zu rechtfertigen; es hätte ihr sogar Schwierigkeiten bereitet, es sich selbst zu erklären.

»Ihre laufenden Unkosten sind zu hoch.«

Das war eine Erklärung, die mit dem ganzen Nachdruck eines Urteilsspruchs geäußert wurde.

»Meinen Sie das Büro und den Mini?«, fragte Cordelia.

»Ja. In Ihrem Beruf sehe ich nicht, wie eine einzige Person genügend Einkommen erwirtschaften soll, um die Ausgaben zu decken. Sie können nicht im Büro sitzen, um Aufträge entgegenzunehmen und Briefe zu schreiben, und gleichzeitig draußen sein und Fälle lösen. Auf der anderen Seite glaube ich nicht, dass Sie sich eine Hilfe leisten können.«

»Noch nicht. Ich habe daran gedacht, eine Anrufannahmeagentur zu buchen. Dann gehen mir keine Anfragen verloren, obwohl die Klienten natürlich lieber persönlich ins Büro kommen und ihren Fall besprechen. Wenn ich nur genug Spesen mache, um davon leben zu können, können die Honorare die laufenden Unkosten decken.«

»Falls es Honorare gibt.«

Darauf war nichts zu erwidern, und sie gingen schweigend eine Weile weiter.

Dann sagte Miss Leaming: »Sie bekommen jedenfalls die Spesen für diesen Fall. Das sollte Ihnen wenigstens bei der Geldstrafe wegen unerlaubten Waffenbesitzes helfen. Ich habe die Sache meinem Anwalt übergeben. Sie dürften recht bald einen Scheck erhalten.«

»Ich möchte für diesen Fall kein Geld nehmen.«

»Das kann ich verstehen. Wie Sie Ronald erklärt haben, fällt das unter Ihre Fair-Play-Klausel. Streng genommen haben Sie keinen Rechtsanspruch. Trotzdem meine ich, dass es weniger verdächtig aussieht, wenn Sie sich Ihre Auslagen erstatten lassen. Würden Ihnen dreißig Pfund angemessen erscheinen?«

»Voll und ganz, vielen Dank.«

Sie hatten das Ende des Rasens erreicht und waren in Richtung King's Bridge abgebogen.

Miss Leaming sagte: »Ich werde Ihnen für den Rest meines Lebens zu Dank verpflichtet sein. Das bedeutet für mich eine ungewohnte Demütigung, und ich weiß nicht recht, ob mir das gefällt.«

»Sie brauchen es nicht so zu empfinden. Ich habe an Mark gedacht, nicht an Sie.«

»Ich dachte, Sie hätten vielleicht im Dienst der Gerechtigkeit oder irgendeiner ähnlich abstrakten Sache gehandelt.«

»Ich habe an nichts Abstraktes gedacht. Ich habe an einen Menschen gedacht.«

Sie hatten jetzt die Brücke erreicht. Sie lehnten sich nebeneinander über das Brückengeländer und schauten auf das glitzernde Wasser hinunter. Die Wege, die zu der Brücke führten, waren für ein paar Minuten menschenleer.

Miss Leaming sagte: »Wissen Sie, es ist nicht schwer, eine Schwangerschaft vorzutäuschen. Man braucht dazu nur ein lockeres Korsett und ein geschicktes Polster. Es ist natürlich erniedrigend für eine Frau, fast unanständig, wenn sie zufällig unfruchtbar ist. Aber schwierig ist es nicht, besonders wenn sie nicht ständig beobachtet wird. Das war bei Evelyn nicht der Fall. Sie war immer eine scheue, verschlossene Frau gewesen. Bei ihr rechnete man ohnehin damit, dass sie übertrieben zurückhaltend wäre mit einer Schwangerschaft. In Garforth House gab es nicht die Scharen von Freunden und Verwandten, die Horrorgeschichten über Schwangerschaftsuntersuchungen und -übungen ausgetauscht und ihren Bauch getätschelt hätten. Wir mussten natürlich diese lästige, dumme Nanny Pilbeam loswerden. Ronald sah ihren Weggang als einen zusätzlichen Gewinn der Pseudoschwangerschaft an. Er hatte es satt, dass jemand mit ihm sprach, als wäre er immer noch Ronnie Callender, der aufgeweckte Gymnasiast aus Harrogate.«

Cordelia sagte: »Mrs. Goddard erzählte mir, Mark habe seiner Mutter sehr ähnlich gesehen.«

»So, hat sie das? Sie war genauso sentimental wie dumm.«

Cordelia erwiderte nichts. Nach kurzem Schweigen fuhr Miss Leaming fort: »Ich entdeckte, dass ich von Ronald ein Kind erwartete, ungefähr zur gleichen Zeit, als ein Londoner Spezialist bestätigte, was wir alle drei schon vermutet hatten, dass nämlich eine Empfängnis für Evelyn höchst unwahrscheinlich war. Ich wollte das Kind haben; Ronald wollte unbedingt einen Sohn; Evelyns Vater war von dem Wunsch nach einem Enkelsohn geradezu besessen, und er war bereit, sich von einer halben Million zu trennen, um es zu beweisen. Es war alles so einfach. Ich gab meinen Lehrberuf auf und zog mich in die sichere Anonymität von London zurück, und Evelyn erzählte ihrem Vater, sie sei endlich schwanger. Weder Ronald noch ich hatten ein schlechtes Gewissen, George Bottley zu beschwindeln. Er war ein arroganter, rücksichtsloser, selbstzufriedener Narr, der sich nicht vorstellen konnte, wie die Welt sich ohne einen Nachkommen, der sie überwachte, weiterdrehen sollte. Er finanzierte sogar seine eigene Täuschung. Die Schecks für Evelyn begannen einzutreffen, jeder mit ein paar beschwörenden Worten, sie solle auf ihre Gesundheit achten, die besten Londoner Ärzte aufsuchen, ruhen, Ferien im Süden machen. Sie hatte Italien immer geliebt, und so wurde Italien in den Plan einbezogen. Wir drei trafen uns alle zwei Monate in London und flogen zusammen nach Pisa. Ronald mietete dann eine kleine Villa außerhalb von Florenz, und sobald wir dort waren, wurde ich Mrs. Callender und Evelyn trat an meine Stelle. Wir hatten nur Aushilfspersonal, und die hatten keinen Grund, unsere Pässe zu sehen. Sie gewöhnten sich an unsere Besuche, auch der Arzt dort, den wir zur Überwachung meiner Gesundheit zuzogen. Die Einheimischen hielten es für schmeichelhaft, dass die englische Dame Italien so liebte, dass sie so kurz vor der Entbindung Monat für Monat wiederkam.«

Cordelia fragte: »Aber wie konnte sie das tun, wie konnte sie es ertragen, mit Ihnen dort im Haus zu sein, Sie mit ihrem Mann zu sehen, zu wissen, dass Sie ein Kind von ihm erwarteten?«

»Sie tat es, weil sie Ronald liebte und ihn auf keinen Fall verlieren wollte. Sie war als Ehefrau nicht sehr erfolgreich gewesen. Was wäre ihr noch vom Leben geblieben, wenn sie ihren Mann verloren hätte? Sie hätte nicht zu ihrem Vater zurückgehen können. Außerdem konnten wir sie bestechen. Sie sollte das Kind haben. Wenn sie abgelehnt hätte, dann hätte Ronald sie verlassen und die Scheidung eingereicht, um mich zu heiraten.«

»Ich hätte ihn lieber sitzen lassen und wäre Türschwellen scheuern gegangen.«

»Nicht jeder hat das Talent, Türschwellen zu scheuern, und nicht jeder verfügt über Ihre Fähigkeit zu moralischer Entrüstung. Evelyn war religiös. Sie war deshalb in Selbsttäuschung geübt. Sie redete sich ein, dass alles, was wir taten, zum Besten des Kindes wäre.«

»Und ihr Vater? War er nie misstrauisch?«

»Er verachtete sie wegen ihrer Frömmigkeit. Schon immer. Psychologisch gesehen, konnte er kaum dieser Abneigung nachgeben und sie gleichzeitig für fähig halten, ihn zu täuschen. Außerdem brauchte er dieses Enkelkind unbedingt. Es wäre ihm nie in den Sinn gekommen, dass dieses Kind vielleicht nicht ihres wäre. Und er hatte das Untersuchungsergebnis eines Arztes. Bei unserem dritten Besuch in Italien erzählten wir Dr. Sartori, dass Mrs. Callenders Vater sich Sorgen wegen ihrer Versorgung mache. Auf unsere Bitte schrieb er einen beruhigenden Bericht über den Fortschritt der Schwangerschaft. Wir gingen zwei Wochen vor dem Entbindungstermin zusammen nach Florenz und blieben dort, bis Mark kam. Zum Glück kam er ein paar Tage zu früh. Wir waren so weitsichtig gewesen, das errechnete Datum der Entbindung vorzuverlegen, sodass es ganz natürlich aussah, als habe Evelyn wider Erwarten eine Frühgeburt gehabt. Dr. Sartori erledigte alles Notwendige mit vorzüglicher Sachkenntnis, und wir drei kamen mit dem Baby und einer Geburtsurkunde auf den richtigen Namen nach Hause.«

Cordelia sagte: »Und neun Monate später war Mrs. Callender tot.«

»Er hat sie nicht getötet, falls Sie das gedacht haben. Er war wirklich nicht das Ungeheuer, das Sie sich vorstellen, wenigstens nicht damals. Aber in gewissem Sinne haben wir beide sie zugrunde gerichtet. Sie hätte einen Spezialisten haben müssen, auf jeden Fall einen besseren Arzt als diesen unfähigen Narren Gladwin. Aber wir drei hatten schreckliche Angst, ein kundiger Arzt würde merken, dass sie kein Kind geboren hatte. Evelyn war genauso besorgt wie wir. Sie bestand darauf, dass kein anderer Arzt hinzugezogen würde. Sie hatte das Kind nämlich allmählich lieb gewonnen. Also starb sie und wurde eingeäschert, und wir wähnten uns für immer in Sicherheit.«

»Sie hat Mark eine Nachricht hinterlassen, bevor sie starb, nur ein paar Buchstaben, die sie in ihr Gebetbuch kritzelte. Sie teilte ihm ihre Blutgruppe mit.«

»Wir wussten, dass die Blutgruppen eine Gefahr waren. Ronald hatte Blutproben von uns genommen und die notwendigen Untersuchungen gemacht. Aber nachdem Evelyn tot war, schwand auch diese Sorge.«

Eine Zeit lang herrschte Schweigen. Cordelia sah eine kleine Touristengruppe den Weg zur Brücke herunterkommen.

Dann sagte Miss Leaming: »Die Ironie dabei ist, dass Ronald ihn nie wirklich geliebt hat. Marks Großvater betete ihn an; da gab es keine Schwierigkeiten. Er hinterließ Evelyn sein halbes Vermögen, und es fiel automatisch an ihren Mann. Mark sollte die andere Hälfte an seinem fünfundzwanzigsten Geburtstag bekommen. Aber Ronald machte sich nie etwas aus seinem Sohn. Er stellte fest, dass er ihn nicht lieben konnte, und mir war es nicht erlaubt. Ich sah ihn groß werden und in die Schule gehen. Aber ich durfte ihn nicht lieben. Ich strickte ihm einen Pullover nach dem anderen. Es war fast eine fixe Idee. Die Muster wurden kniffliger und die Wolle dicker, als er größer wurde. Armer Mark, er muss mich für verrückt gehalten haben, eine komische, unzufriedene Frau, ohne die sein Vater nicht auskommen konnte, die er aber nicht heiraten wollte.«

»Im Gartenhaus sind noch ein paar von diesen Strick-sachen. Was soll ich mit ihnen machen, was wäre Ihnen am liebsten?«

»Nehmen Sie sie mit und geben Sie sie jemandem, der sie gebrauchen kann. Oder meinen Sie, ich sollte sie auftrennen und etwas Neues daraus stricken? Glauben Sie, das wäre eine angemessene Geste, als Symbol für vergebliche Mühe, Mitleid, Sinnlosigkeit?«

»Ich werde Verwendung dafür finden. Und seine Bücher?«

»Bringen Sie die auch weg. Ich kann das Gartenhaus nicht mehr betreten. Schaffen Sie alles weg, wenn Sie wollen.«

Die kleine Touristengruppe war jetzt ganz nahe, aber alle schienen ganz von ihren eigenen Gesprächen in Anspruch genommen. Miss Leaming holte einen Umschlag aus der Tasche und überreichte ihn Cordelia.

»Ich habe ein kurzes Geständnis aufgeschrieben. Mark kommt darin nicht vor, nichts über seinen Tod oder was Sie entdeckt haben. Es ist nur eine knappe Aussage, dass ich Ronald Callender, unmittelbar nachdem Sie Garforth House verlassen hatten, erschossen und Sie gezwungen habe, meine Geschichte zu unterstützen. Sie legen es am besten an einen sicheren Ort.«

Cordelia sah, dass der Umschlag an sie selbst adressiert war. Sie öffnete ihn nicht.

Sie sagte: »Jetzt ist es zu spät. Wenn Sie bedauern, was wir getan haben, hätten Sie früher reden müssen. Der Fall ist jetzt abgeschlossen.«

»Ich empfinde keine Reue. Ich bin froh, dass wir so gehandelt haben. Aber es ist vielleicht noch nicht vorbei.«

»Aber natürlich ist es vorbei! Das Gericht hat das Urteil gesprochen.«

»Ronald hatte eine Reihe sehr mächtiger Freunde. Sie verfügen über Einfluss, den sie von Zeit zu Zeit gern geltend machen, und sei es auch nur, um zu zeigen, dass sie ihn noch haben.«

»Aber sie können diesen Fall nicht wieder aufrollen lassen! Es ist doch praktisch ein Parlamentsbeschluss nötig, um den Urteilsspruch eines Untersuchungsrichters aufzuheben.«

»Ich sage nicht, dass sie das versuchen werden. Aber sie stellen vielleicht Fragen. Sie flüstern vielleicht, wie man so schön sagt, ein leises Wort ins richtige Ohr. Und die richtigen Ohren finden die im Allgemeinen immer. Auf diese Art gehen sie vor. Solche Leute sind das.«

Cordelia fragte plötzlich: »Haben Sie ein Feuerzeug?«

Ohne Frage oder Widerspruch öffnete Miss Leaming ihre Handtasche und reichte ihr ein elegantes silbernes Feuerzeug. Cordelia musste es dreimal versuchen, ehe der Docht entflammte. Dann lehnte sie sich über das Brückengeländer und brannte eine Ecke des Umschlags an.

Die weiß glühende Flamme war in dem stärkeren Licht der Sonne unsichtbar. Alles, was Cordelia sehen konnte, war ein schmaler Rand von zuckendem purpurrotem Licht, während die Flamme sich in das Papier fraß und die verkohlten Ränder größer wurden. Der beißende Brandgeruch wurde vom Wind verweht. Erst als die Flamme ihre Finger färbte, ließ Cordelia den immer noch brennenden Umschlag fallen und sah ihm nach, wie er sich drehte und wendete, als er klein und zart wie eine Schneeflocke hinunterschwebte und sich schließlich im

Cam verlor. Sie sagte: »Ihr Geliebter hat sich selbst erschossen. Das ist alles, woran wir uns jetzt und in Zukunft zu erinnern brauchen.«

Sie sprachen nicht mehr weiter von Ronald Callenders Tod, sondern gingen schweigend über den von Ulmen gesäumten Weg auf die Backs zu. Einmal warf Miss Leaming einen Blick auf Cordelia und sagte in einem aufgebrachten, verdrießlichen Ton: »Sie sehen erstaunlich gut aus!«

Cordelia betrachtete diesen kurzen Ausbruch als den Groll der Frau in mittleren Jahren über die Spannkraft der Jungen, die sich so schnell von körperlichen Strapazen erholen konnten. Es hatte nur einer Nacht langen und tiefen Schlafes bedurft, um sie wieder in den Zustand zu versetzen, den Bernie mit aufreizender Sprödigkeit als kläräugig und widerborstig zu beschreiben pflegte. Auch ohne die Wohltat eines heißen Bades war die aufgesprungene Haut an ihren Schultern und am Rücken sauber geheilt. Körperlich hatten die Ereignisse der letzten vierzehn Tage sie unbeschadet gelassen. Bei Miss Leaming war sie da nicht so sicher. Das glatte platinblonde Haar war immer noch makellos um den Kopf gelegt und frisiert; sie trug ihre Kleider immer noch mit kühler Vornehmheit, als sei es wichtig, die tüchtige und unermüdliche Gehilfin eines berühmten Mannes darzustellen. Aber die bleiche Haut zeigte nun einen Anflug von Grau; ihre Augen waren tief umschattet, und die beginnenden Linien an den Mundwinkeln und auf der Stirn waren tiefer geworden, sodass ihr Gesicht zum ersten Mal alt und angestrengt aussah.

Sie gingen durch das King's Gate und wandten sich nach

rechts. Cordelia hatte den Mini ein paar Schritte neben dem Tor geparkt; Miss Leamings Rover stand ein Stück weiter unten an der Queen's Road. Sie gab Cordelia einen kurzen, festen Händedruck und sagte so förmlich Auf Wiedersehen, als wären sie Bekannte, die sich nach einer unerwarteten Begegnung voneinander verabschiedeten. Sie lächelte nicht. Cordelia beobachtete die lange, kantige Gestalt, wie sie den Weg unter den Bäumen auf das John's Gate zuschritt. Sie schaute sich nicht um. Cordelia fragte sich, wann, wenn überhaupt, sie sich wohl wiedersehen würden. Es war nur schwer vorstellbar, dass sie sich bloß viermal begegnet waren. Sie hatten nichts miteinander gemeinsam als ihr Geschlecht; allerdings hatte Cordelia in den Tagen, die auf Ronald Callenders Ermordung gefolgt waren, gemerkt, wie stark diese weibliche Loyalität sein konnte. Und dabei mochten sie einander nicht einmal, wie Miss Leaming selbst gesagt hatte. Aber jede hatte die Sicherheit der anderen in der Hand. Es gab Augenblicke, wo ihr Geheimnis Cordelia in seiner Ungeheuerlichkeit fast entsetzte. Aber diese Augenblicke waren selten und würden noch seltener werden. Die Zeit würde die Bedeutung ihres Geheimnisses unweigerlich mindern. Das Leben ging weiter. Keine von ihnen würde es jemals völlig vergessen, solange die Gehirnzellen lebten, aber sie konnte sich vorstellen, dass einmal der Tag käme, an dem sie einander flüchtig in einem Theater oder Restaurant sehen oder wehrlos von U-Bahn-Rolltreppen aneinander vorbeigetragen würden und sich dann fragten, ob das, woran sich beide im Schock des Wiedererkennens erinnern würden, wirklich irgendwann einmal geschehen war. Bereits jetzt, erst vier Tage nach der gerichtlichen Voruntersuchung, ordnete sich die Ermordung Ronald Callenders allmählich in die Landschaft der Vergangenheit ein.

Es gab nichts mehr, was sie noch länger im Gartenhaus gehalten hätte. Sie verbrachte eine Stunde damit, wie besessen die Zimmer zu säubern und aufzuräumen, die wahrscheinlich für Wochen keiner betreten würde. Sie goss frisches Wasser in den Becher mit Schlüsselblumen auf dem Wohnzimmertisch. In drei Tagen würden sie verwelkt sein, und niemand würde es bemerken, aber sie brachte es nicht übers Herz, die noch frischen Blumen wegzuwerfen. Sie ging hinaus zum Schuppen und betrachtete die Flasche mit saurer Milch und den Rindfleischeintopf. Ihr erster Gedanke war, beides zu nehmen und in die Toilette zu schütten. Aber sie waren ein Teil der Beweisführung. Sie würde diese Beweise nicht mehr brauchen, aber sollten sie vollkommen vernichtet werden? Sie erinnerte sich an Bernies ständig wiederholte Ermahnung: »Vernichte niemals ein Beweisstück.« Der Superintendent hatte viele warnende Geschichten auf Lager gehabt, um die Wichtigkeit dieses Grundsatzes zu unterstreichen. Am Ende beschloss sie, die Stücke zu fotografieren, indem sie sie auf dem Küchentisch aufbaute und genau auf die Belichtungszeit und Lichtverhältnisse achtete. Es schien ihr eine nutzlose, ein wenig lächerliche Übung zu sein, und sie war froh, als sie es erledigt hatte und der widerliche Inhalt von Flasche und Kochtopf beseitigt werden konnte. Danach wusch sie beide Gefäße aus und ließ sie in der Küche.

Zuletzt packte sie ihre Tasche und verstaute ihr Gepäck zusammen mit Marks Pullovern und Büchern im Mini. Als sie die dicken Wollsachen zusammenlegte, dachte sie an Dr. Gladwin, wie er in seinem Garten hinter dem Haus saß, mit seinen ausgetrockneten Adern, die auch die Sonne nicht mehr wärmte. Ihm würden die Pullover nutzen, aber sie konnte sie ihm nicht bringen. Eine solche Geste wäre vielleicht von Mark angenommen worden, aber nicht von ihr.

Sie verschloss die Tür und legte den Schlüssel unter einen Stein. Sie konnte Miss Markland nicht noch einmal gegenübertreten, wollte ihn aber auch keinem anderen Mitglied der Familie aushändigen. Sie würde warten, bis sie in London war, dann einen kurzen Brief an Miss Markland schicken, in dem sie ihr für ihre Freundlichkeit danken und erklären würde, wo der Schlüssel zu finden war. Sie ging zum letzten Mal durch den Garten. Sie war sich nicht im Klaren darüber, welche plötzliche Regung sie zum Brunnen führte, aber als sie hinkam, stockte sie vor Überraschung. Die Erde um den Rand war gejätet und umgegraben und mit einem Kreis von Stiefmütterchen, Gänseblümchen und kleinen Büscheln von Steinkraut und Lobelien bepflanzt worden. Die Pflanzen sahen in ihren feuchten Erdmulden schon gut angewurzelt aus. Die Wirkung war hübsch, aber lächerlich und beunruhigend komisch. Auf diese seltsame Art gefeiert, sah der Brunnen selbst obszön aus. Eine hölzerne Brust, gekrönt von einer riesenhaften Brustwarze. Wie hatte sie den Brunnendeckel als eine unschuldige und fast elegante Spielerei ansehen können?

Cordelia war zwischen Mitleid und Ekel hin- und hergerissen. Das musste Miss Marklands Werk sein. Der Brunnen, der für sie jahrelang ein Gegenstand des Entsetzens, der Gewissensbisse und einer widerwilligen Faszination gewesen war, sollte jetzt als Heiligtum gehütet werden. Es war absurd und bemitleidenswert, und Cordelia wünschte, sie hätte das nicht gesehen. Sie hatte plötzlich Angst, Miss Markland zu begegnen, den beginnenden Wahnsinn in ihren Augen zu sehen. Sie rannte fast aus dem Garten, zog das Tor gegen den Widerstand des Unkrauts zu und fuhr schließlich fort, ohne einen Blick zurückzuwerfen. Der Fall Mark Callender war abgeschlossen.

7. KAPITEL

Am nächsten Morgen ging sie pünktlich ins Büro in der Kingly Street. Das unnatürlich heiße Wetter war endlich umgeschlagen, und als Cordelia das Fenster aufmachte, bewegte ein scharfer Luftzug die Staubschicht auf Schreibtisch und Aktenschrank. Es war nur ein Brief da. Er steckte in einem langen, steifen Umschlag und trug im Kopf Namen und Adresse von Ronald Callenders Anwalt. Er war sehr knapp.

Sehr geehrte Miss Gray,
beiliegend übersende ich Ihnen einen Scheck über 30 £ zur Begleichung Ihrer Auslagen in Zusammenhang mit der Untersuchung, die Sie auf Ersuchen des verstorbenen Sir Ronald Callender zur Klärung des Todes seines Sohnes Mark durchgeführt haben. Falls Sie mit diesem Betrag einverstanden sind, wäre ich Ihnen dankbar, wenn Sie die beigefügte Quittung unterschrieben an mich zurücksenden.

Nun, das würde, wie Miss Leaming gesagt hatte, wenigstens einen Teil ihrer Geldstrafe begleichen. Sie hatte genügend Geld, um das Büro noch einen Monat in Gang zu halten. Falls in der Zwischenzeit keine neuen Fälle hereinkamen, gab es immer noch Miss Feakins und eine andere Arbeit zur Überbrückung. Cordelia dachte ohne Begeisterung an die Bürokräftevermittlung Feakins. Miss Feakins operierte, und das war das passende Wort, von einem kleinen Büro aus, das genauso elend wie Cordelias eigenes war, dem sie aber eine verzweifelte Fröhlichkeit in Form von bunten Wänden, Papierblumen in den verschiedensten urnenartigen Gefäßen, Porzellanfiguren und einem Poster übergestülpt hatte. Das Poster hatte Cordelia immer fasziniert. Eine kurvenreiche Blondine, mit knappen Hotpants bekleidet und hysterisch lachend, machte einen Bocksprung über ihre Schreibmaschine, eine Meisterleistung, bei der sie es schaffte, so ziemlich alles zu zeigen und obendrein noch in jeder Hand ein Bündel Fünf-Pfund-Noten zu halten. Die Aufschrift sagte: »Haben Sie Mut – werden Sie Springer. Wir vermitteln die schönsten Spielwiesen, und die besten Kunden stehen auf unserer Liste.«

Unter diesem Poster saß Miss Feakins, ausgemergelt, unermüdlich fröhlich und herausgeputzt wie ein Weihnachtsbaum, und interviewte eine mutlose Schlange von alten, hässlichen und tatsächlich unbrauchbaren Bewerberinnen. Ihre Milchkühe entkamen selten in eine dauerhafte Anstellung. Miss Feakins pflegte vor den nicht näher bezeichneten Gefahren einer festen Stelle fast so zu warnen, wie viktorianische Mütter vor dem Sex gewarnt hatten. Aber Cordelia konnte sie gut leiden. Miss Feakins wäre froh, wenn sie zurückkäme, ihr

Überlaufen zu Bernie wäre vergessen, und es würde wieder eines dieser heimlichen Telefongespräche mit dem glücklichen Kunden geben, bei denen sie ein strahlendes Auge auf Cordelia ruhen ließe, wie eine Puffmutter, die ihre letzte Neuerwerbung einem ihrer heikleren Gäste empfiehlt. »Ein ganz hervorragendes Mädchen – gute Bildung – sie wird Ihnen gefallen – und sie arbeitet!« Die Betonung auf dem letzten Wort, voll staunender Bewunderung, war berechtigt. Wenige von Miss Feakins' Aushilfskräften, die von entsprechenden Anzeigen verführt worden waren, rechneten ernsthaft damit, arbeiten zu müssen. Es gab andere und tüchtigere Agenturen, aber nur eine Miss Feakins. Da sie Mitleid hatte und sich aufgrund einer sonderbaren Loyalität verpflichtet fühlte, hatte Cordelia kaum Hoffnung, diesem funkelnden Auge zu entgehen. Eine Reihe von Kurzzeit-Jobs bei Miss Feakins' Kunden war vielleicht das Einzige, was ihr blieb. Führte eine Verurteilung wegen illegalen Waffenbesitzes nach Paragraf 1 der Schusswaffenverordnung von 1968 nicht zu einem Eintrag ins Strafregister, der einen für den Rest seines Lebens von sozial verantwortlichen und sicheren Posten im Staatsdienst oder in der Stadtverwaltung ausschloss?

Sie setzte sich an die Schreibmaschine und legte das Branchentelefonbuch bereit, um ihren Rundbrief auch an die letzten zwanzig Anwälte auf ihrer Liste zu senden. Der Brief selbst berührte sie peinlich und deprimierte sie. Er war von Bernie nach einem Dutzend Vorentwürfen ausgedacht und war ihr damals nicht so unsinnig vorgekommen. Aber Bernies Tod und der Fall Callender hatten alles verändert. Die hochtrabenden Wendungen von umfassenden fachmännischen Diensten, unverzüglicher Dienstbereitschaft in jedem beliebigen Teil des

Landes, diskreten und erfahrenen Detektiven und mäßigen Honoraren kamen ihr lächerlich vor, ja sogar gefährlich anmaßend. Gab es nicht einen Paragrafen über unlauteren Wettbewerb in der Gewerbeordnung? Aber die Zusage niedriger Honorare und absoluter Diskretion war jedenfalls begründet. Es war schade, dachte sie zynisch, dass sie kein Empfehlungsschreiben von Miss Leaming bekommen konnte. Wir besorgen Alibis; wohnen gerichtlichen Voruntersuchungen bei; verheimlichen Morde wirksam. Garantierter Meineid zu unseren ganz besonderen Tarifen!

Das heisere Schnarren des Telefons schreckte sie auf. Im Büro war es so still und leise, dass sie sicher gewesen war, es würde niemand anrufen. Sie starrte mit aufgerissenen Augen und plötzlich voller Angst mehrere Sekunden lang auf den Apparat, bevor sie ihre Hand danach ausstreckte.

Die Stimme war ruhig und selbstsicher, höflich, aber bestimmt. Sie äußerte keine Drohung, und doch spürte Cordelia hinter jedem Wort deutlich eine drohende Gefahr.

»Miss Cordelia Gray? Hier ist New Scotland Yard. Könnten Sie es bitte einrichten, irgendwann im Laufe des Tages hier vorbeizukommen? Superintendent Dalgliesh möchte Sie sprechen.«

Zehn Tage später wurde Cordelia zum dritten Mal zum Yard bestellt. Das Bollwerk aus Beton und Glas nahe der Victoria Street war ihr inzwischen recht vertraut, obgleich sie es immer noch mit einem Gefühl betrat, als lege sie vorübergehend einen Teil ihrer Persönlichkeit ab, so wie man Schuhe vor einer Moschee stehen lässt.

Superintendent Dalgliesh hatte seinem Büro kaum eine persönliche Note gegeben. Die Bücher in dem genormten Bücherschrank waren offenbar Gesetzestexte, Sammlungen von Dienstvorschriften und Parlamentsbeschlüssen, Wörterbücher und Nachschlagewerke. Das einzige Bild war ein großes Aquarell des alten Norman-Shaw-Gebäudes am Themseufer, das vom Fluss aus gemalt war, ein ansprechendes Gemälde in Grautönen und weichen Ockerfarben, von denen sich die goldenen Flügel des Denkmals der Königlichen Luftwaffe abhoben. Wie bei Cordelias früheren Besuchen stand auch diesmal eine Vase mit Rosen auf dem Schreibtisch, Gartenrosen mit kräftigen Stielen und wie starke Schnäbel gebogenen Dornen, nicht die verkümmerten, duftlosen Blumen eines Blumenhändlers im Westend.

Bernie hatte Superintendent Dalgliesh nie beschrieben, hatte ihn nur immer in Anspruch genommen für seine eigene verbohrte, unheroische, grobschlächtige Philosophie. Cordelia, die schon der bloße Name anödete, wenn sie ihn nur hörte, hatte nie Fragen gestellt. Aber der Superintendent, den sie sich vorgestellt hatte, unterschied sich sehr von der großen, ernsten Gestalt, die aufgestanden war, um ihr die Hand zu geben, als sie zum ersten Mal in dieses Büro gekommen war, und die Kluft zwischen dem Bild in ihrem Kopf und der Wirklichkeit war verwirrend gewesen. Gegen jede Vernunft hatte sie einen plötzlichen heftigen Ärger auf Bernie verspürt, weil er sie Dalgliesh gegenüber so in den Nachteil gesetzt hatte. Natürlich war er alt, sicher über vierzig, aber nicht so alt, wie sie erwartet hatte. Er war dunkelhaarig, sehr groß und schlaksig, während sie sich ihn blond, untersetzt und stämmig vorgestellt hatte. Er war ernst und sprach mit ihr wie mit einer voll verantwortlichen Erwachsenen, nicht onkelhaft herablassend. Sein Gesicht war sensibel, ohne schwach zu sein, und ihr gefielen seine Stimme und seine Hände und die Art, wie sie seinen Knochenbau unter der Haut erkennen konnte. Er wirkte freundlich und nett, was hinterlistig war, da sie doch wusste, dass er gefährlich und grausam war, und sie musste sich immer wieder selbst daran erinnern, wie er Bernie behandelt hatte. In manchen Augenblicken des Verhörs hatte sie sich tatsächlich gefragt, ob er der Dichter Adam Dalgliesh sein könne.

Sie waren nie allein gewesen. Bei jedem Besuch hatte eine Polizistin, die ihr als Sergeant Mannering vorgestellt worden war, mit ihrem Notizblock an der Schmalseite des Schreibtischs gesessen. Cordelia kam es vor, als würde sie Sergeant Mannering gut kennen, so sehr erinnerte sie sie an ihre Klassensprecherin Teresa Campion-Hook aus der Schule. Die beiden Mädchen hätten Schwestern sein können. Keine Akne hatte jemals ihre strahlend reine Haut verunziert; ihr blondes Haar kräuselte sich genau in der vorgeschriebenen Länge über dem Uniformkragen; ihre Stimmen klangen ruhig. Ehrfurcht einflößend, entschieden heiter, aber nie schrill, strahlten sie ein unsägliches Vertrauen in die Gerechtigkeit und Logik der Welt und die Richtigkeit ihres eigenen Platzes darin aus. Sergeant Mannering hatte Cordelia kurz zugelächelt, als sie hereingekommen war. Ihr Blick war offen, nicht eindeutig freundlich, da ein zu freigebiges Lächeln den Fall beeinflusst hätte, aber auch nicht kritisch. Es war ein Blick, der imstande war, Cordelia zu Unbedachtsamkeit zu verleiten; sie mochte vor diesem sachkundigen, festen Blick nicht wie ein Dummkopf aussehen.

Sie hatte wenigstens vor ihrem ersten Besuch Zeit gehabt, sich für eine Taktik zu entscheiden. Es lag eine große Gefahr darin, Tatsachen zu verheimlichen, die ein kluger Mann leicht herausbekommen konnte. Sie würde aufdecken, dass sie über Mark Callender mit den Tillings und seinem Tutor gesprochen hatte; dass sie Mrs. Goddard ausfindig gemacht und ausgefragt hatte; dass sie Dr. Gladwin besucht hatte. Sie beschloss, nichts über den Anschlag auf ihr Leben und ihren Besuch im Somerset House zu sagen. Sie wusste, welche Tatsachen sie unbedingt verheimlichen musste: Ronald Callenders Ermordung, den Hinweis im Gebetbuch, die Art und Weise, wie Mark tatsächlich gestorben war. Sie nahm sich vor, dass sie sich nicht in eine Erörterung des Falles ziehen lassen, nicht über sich selbst, ihr Leben, ihren Beruf, ihren Ehrgeiz sprechen durfte. Sie erinnerte sich daran, was Bernie ihr gesagt hatte: »Wenn in diesem Land jemand nicht reden will, kannst du nichts machen, um ihn dazu zu bringen, und das ist ein Jammer. Zum Glück für die Polizei können die meisten Leute einfach nicht den Mund halten. Die Intelligenten sind am schlimmsten. Sie müssen einfach zeigen, wie klug sie sind, und wenn du sie einmal dazu gebracht hast, über den Fall zu sprechen, auch nur ganz im Allgemeinen, dann hast du sie an der Angel.« Cordelia rief sich auch den Rat ins Gedächtnis, den sie selbst Elizabeth Leaming gegeben hatte: »Schmücken Sie nichts aus, erfinden Sie nichts, haben Sie keine Angst zu sagen, dass Sie sich nicht erinnern können.«

Dalgliesh sagte: »Haben Sie daran gedacht, sich an einen Anwalt zu wenden, Miss Gray?«

»Ich habe keinen Anwalt.«

»Die Juristenvereinigung kann Ihnen die Namen von einigen sehr zuverlässigen und nützlichen Anwälten nennen. Ich würde an Ihrer Stelle ernsthaft darüber nachdenken.«

»Aber ich müsste ihn doch dann bezahlen? Warum sollte ich einen Anwalt nötig haben, wenn ich die Wahrheit sage?«

»Gerade wenn jemand anfängt, die Wahrheit zu sagen, merkt er am ehesten, wie notwendig ein Anwalt ist.«

»Aber ich habe immer die Wahrheit gesagt. Warum sollte ich lügen?« Die rhetorische Frage war ein Fehler. Er beantwortete sie ernsthaft, als hätte sie es wirklich wissen wollen.

»Nun, damit könnten Sie sich selbst schützen – was ich für unwahrscheinlich halte – oder eine andere Person. Das Motiv dafür könnte Liebe, Angst oder Gerechtigkeitssinn sein. Ich glaube nicht, dass Sie irgendeinen von den Menschen in diesem Fall lang genug gekannt haben, um ihn sehr gernzuhaben, das schließt also Liebe aus, und ich glaube nicht, dass Sie sehr leicht einzuschüchtern sind. Bleibt uns also die Gerechtigkeit. Ein sehr gefährlicher Gedanke, Miss Gray.«

Sie war zuvor schon eingehend verhört worden. Die Cambridger Polizei war sehr gründlich gewesen. Aber das hier war das erste Mal, dass sie von jemandem verhört wurde, der Bescheid wusste, von jemandem, der wusste, dass sie log, wusste, dass Mark Callender nicht Selbstmord begangen hatte, der alles wusste, wie sie verzweifelt spürte, was es zu wissen gab. Nein, sie musste sich zwingen, sich auf die Realität zu verlassen. Er konnte unmöglich sicher sein. Er hatte keinerlei rechtsgültigen Beweis, und er würde nie einen haben. Außer Elizabeth Leaming und ihr selbst gab es niemanden, der ihm die Wahrheit sagen könnte. Und sie hatte nicht die Absicht, sie ihm zu sagen. Dalgliesh konnte mit seiner unerbittlichen Logik, seiner seltsamen Freundlichkeit, seiner Höflichkeit, seiner Geduld gegen ihren Willen ankämpfen. Aber sie würde nicht reden, und in England gab es kein Mittel, mit dem er sie dazu bringen könnte.

Als sie nicht antwortete, sagte er heiter: »Gut, dann wollen wir mal sehen, wie weit wir gekommen sind. Als Ergebnis Ihrer Nachforschungen argwöhnten Sie, Mark Callender sei möglicherweise ermordet worden. Sie haben das mir gegenüber nicht eingestanden, aber Sie ließen Ihre Verdächtigungen durchblicken, als Sie Sergeant Maskell von der Cambridger Polizei aufsuchten. Sie machten daraufhin das alte Kindermädchen seiner Mutter ausfindig und erfuhren von ihr etwas über seine Kinderjahre, über die Heirat der Callenders, über Mrs. Callenders Tod. Dann suchten Sie Dr. Gladwin auf, den praktischen Arzt, der sich um Mrs. Callender gekümmert hat, bevor sie starb. Durch einen einfachen Trick ermittelten Sie Ronald Callenders Blutgruppe. Das war nur sinnvoll, wenn Sie vermuteten, dass Mark nicht das Kind aus der Ehe der Callenders war. Dann taten Sie, was ich an Ihrer Stelle getan hätte, Sie suchten nämlich das Somerset House auf, um Mr. George Bottleys Testament durchzusehen. Das war vernünftig. Wenn man einen Mordverdacht hat, soll man immer erwägen, wer durch den Mord gewinnen kann.«

Demnach hatte er das mit dem Somerset House und dem Anruf bei Dr. Venables herausbekommen. Nun gut, damit hatte man rechnen müssen. Er traute ihr seine eigene Art von Intelligenz zu. Sie hatte sich verhalten, wie er sich verhalten hätte.

Sie schwieg noch immer.

Er sagte: »Sie haben mir nicht von Ihrem Sturz in den Brunnen erzählt. Ich hörte es von Miss Markland.«

»Das war ein Unfall. Ich kann mich an kaum etwas erinnern, aber ich muss beschlossen haben, den Brunnen zu erkunden, und das Gleichgewicht verloren haben. Er hat mich irgendwie immer gelockt.«

»Ich glaube nicht, dass es ein Unfall war, Miss Gray. Sie hätten den Deckel nicht ohne ein Seil wegziehen können. Miss Markland stolperte über ein Seil, aber das lag säuberlich zusammengerollt und halb verborgen im Unterholz. Hätten Sie sich denn überhaupt die Mühe gemacht, es von dem Haken zu lösen, nur um ein bisschen zu forschen?«

»Ich weiß es nicht. Ich erinnere mich nicht daran, was passierte, bevor ich fiel. Meine erste Erinnerung ist, wie ich auf das Wasser auftraf. Und ich verstehe nicht, was das mit Sir Ronald Callenders Tod zu tun hat.«

»Es könnte eine ganze Menge damit zu tun haben. Falls jemand versucht hat, Sie umzubringen, könnte diese Person aus dem Garforth House gekommen sein.«

»Warum?«

»Weil der Anschlag auf Ihr Leben wahrscheinlich mit Ihrer Untersuchung von Mark Callenders Tod verbunden war. Sie waren für irgendjemanden eine Gefahr geworden. Töten ist eine ernste Angelegenheit. Profis tun es nicht gern, wenn es nicht unbedingt notwendig ist, und selbst Amateure morden weniger unbekümmert, als Sie vielleicht denken. Sie müssen für irgendjemanden sehr gefährlich geworden sein. Irgendwer legte den Deckel wieder an seinen Platz, Miss Gray: Sie sind nicht durch festes Holz gefallen.«

Cordelia sagte immer noch nichts.

Eine Weile herrschte Schweigen, dann redete er weiter: »Miss Markland sagte mir, dass sie Sie nach Ihrer Rettung aus dem Brunnen nur ungern allein lassen wollte. Aber Sie bestanden darauf. Sie sagten ihr, Sie hätten keine Angst, allein im Gartenhaus zu bleiben, weil Sie eine Pistole hätten.«

Cordelia war überrascht, wie sehr sie dieser kleine Verrat schmerzte. Doch wie konnte sie Miss Markland Vorwürfe machen? Der Superintendent hatte natürlich ganz genau gewusst, wie er sie anpacken musste, hatte sie wahrscheinlich überzeugt, dass Offenheit in Cordelias eigenem Interesse wäre. Aber gut, nun konnte auch sie Verrat üben. Und diese Erklärung hatte zumindest das Gewicht der Wahrheit.

»Ich wollte sie loswerden. Sie erzählte mir eine schreckliche Geschichte von ihrem unehelichen Kind, das in den Brunnen stürzte und ertrank. Ich war gerade erst selbst gerettet worden. Ich wollte das nicht hören, ich konnte es gerade in diesem Augenblick nicht ertragen. Ich belog sie wegen der Pistole, nur um sie dazu zu bringen, wegzugehen. Ich hatte sie nicht gebeten, sich mir anzuvertrauen, es war einfach nicht anständig. Es war ein Mittel, mich um Hilfe zu bitten, und ich hatte keine zu geben.«

»Wollten Sie sie nicht vielleicht aus einem anderen Grund loswerden? Wussten Sie nicht, dass Ihr Gegner in jener Nacht zurückkommen musste, weil er gezwungen war, den Brunnendeckel wieder wegzuziehen, damit es wie ein Unfall aussah?«

»Wenn ich wirklich geglaubt hätte, in Gefahr zu sein, hätte ich sie gebeten, mich ins Summertrees House mitzunehmen.

Ich hätte nicht allein im Gartenhaus gewartet ohne meine Pistole.«

»Nein, Miss Gray, das glaube ich. Sie hätten in jener Nacht nicht dort allein im Gartenhaus gewartet ohne Ihre Pistole.«

Zum ersten Mal hatte Cordelia schreckliche Angst. Das war kein Spiel. Das war es nie gewesen, obgleich das Verhör durch die Polizei in Cambridge etwas von der Unwirklichkeit eines förmlichen Wettstreits gehabt hatte, in dem das Ergebnis vorhersehbar und nicht aufregend gewesen war, da einer der Gegner nicht einmal gewusst hatte, dass er spielte. Jetzt war es durchaus wirklich. Wenn sie überlistet, überredet, gezwungen würde, ihm die Wahrheit zu sagen, würde sie ins Gefängnis gehen. Sie war eine Helfershelferin. Wie viel Jahre bekam man für die Beihilfe zur Verheimlichung eines Mordes? Sie hatte irgendwo gelesen, dass es in Holloway stank. Man würde ihr die Kleider wegnehmen. Sie würde in eine beängstigend enge Zelle gesperrt werden. Es gab vorzeitige Entlassungen bei guter Führung, aber wie konnte man sich im Gefängnis gut verhalten? Vielleicht würde man sie in ein offenes Gefängnis schicken. Offener Vollzug. Das war ein Widerspruch in sich. Und wie würde sie danach leben? Wie würde sie eine Arbeit finden? Welche tatsächliche persönliche Freiheit konnte es jemals für jene geben, die die Gesellschaft als Straffällige abstempelt?

Sie hatte Angst um Miss Leaming. Wo war sie jetzt? Sie hatte nie gewagt, Dalgliesh zu fragen, und Miss Leamings Name war kaum erwähnt worden. War sie in diesem Augenblick in einem anderen Büro von New Scotland Yard und wurde auf ähnliche Art verhört? Wie verlässlich würde sie unter Druck sein? Planten sie, die zwei Verschwörerinnen einander gegenüberzustellen? Würde die Tür plötzlich aufgehen und Miss Leaming hereingebracht werden, um Entschuldigung bittend, reumütig, widerspenstig? War es nicht die übliche Kriegslist, Komplizen getrennt zu vernehmen, bis der Schwächere zusammenbrach? Und wer von ihnen würde sich als der Schwächere erweisen?

Sie vernahm die Stimme des Superintendent. Sie glaubte, eine Spur von Mitleid aus ihr herauszuhören.

»Wir haben gewisse Hinweise, dass die Pistole in jener Nacht in Ihrem Besitz war. Ein Autofahrer erzählte uns, er habe ungefähr drei Meilen vom Garforth House ein an der Straße geparktes Auto gesehen, und als er angehalten habe, um zu fragen, ob er helfen könne, sei er von einer jungen Frau mit einer Pistole bedroht worden.«

Cordelia erinnerte sich an diesen Augenblick, an die Lieblichkeit und Stille der Sommernacht, als sie plötzlich seinen heißen alkoholisierten Atem gespürt hatte.

»Er muss getrunken haben. Die Polizei hat ihn wohl angehalten und ins Röhrchen pusten lassen, und jetzt hat er beschlossen, mit dieser Geschichte anzukommen. Ich weiß nicht, was er damit erreichen will, aber es ist nicht wahr. Ich hatte keine Pistole bei mir. Sir Ronald hat mir die Pistole an dem ersten Abend im Garforth House abgenommen.«

»Ich denke, er dürfte bei seiner Geschichte bleiben. Er war sehr bestimmt. Natürlich hat er Sie noch nicht identifiziert, aber er konnte das Auto beschreiben. Nach seiner Geschichte glaubte er, Sie hätten Schwierigkeiten damit, und hielt an, um zu helfen. Sie missverstanden seine Motive und bedrohten ihn mit einer Pistole.«

»Ich verstand seine Motive sehr gut. Aber ich bedrohte ihn nicht mit einer Pistole.«

»Was sagten Sie zu ihm, Miss Gray?«

»Verschwinden Sie, oder ich bringe Sie um.«

»Ohne Pistole war das eine leere Drohung.«

»Es wäre in jedem Fall eine leere Drohung gewesen. Aber sie bewirkte, dass er verschwand.«

»Was hat sich genau abgespielt?«

»Ich hatte einen Schraubenschlüssel in dem Fach an der Tür, und als er sein Gesicht durch das Fenster schob, griff ich danach und bedrohte ihn damit. Aber keiner, der seine Sinne beisammenhat, kann einen Schraubenschlüssel mit einer Pistole verwechseln.«

Aber er hatte seine Sinne nicht beisammengehabt. Die einzige Person, die in jener Nacht die Pistole in ihrem Besitz gesehen hatte, war ein Autofahrer, der nicht nüchtern gewesen war. Das, wusste sie, war ein kleiner Sieg. Sie hatte der flüchtigen Versuchung widerstanden, ihre Geschichte zu ändern. Bernie hatte recht gehabt. Sie erinnerte sich an seinen Ratschlag, den Ratschlag des Superintendent: »Wenn du einmal gezwungen bist, eine Ungesetzlichkeit zu begehen, bleibe fest bei deiner ursprünglichen Aussage. Nichts beeindruckt eine Versammlung von Geschworenen mehr als Folgerichtigkeit. Ich habe es erlebt, dass die unwahrscheinlichste Verteidigung erfolgreich war, einfach weil der Angeklagte bei seiner Geschichte blieb. Schließlich steht nur das Wort eines anderen gegen deins; mit einem tüchtigen Anwalt ist das schon der halbe Weg zu einem vernünftigen Freispruch.«

Der Superintendent redete wieder. Cordelia wünschte, sie

könnte sich genauer auf seine Worte konzentrieren. Sie hatte in den letzten zehn Tagen nicht sehr tief geschlafen – vielleicht war das der Grund für diese ständige Müdigkeit.

»Ich glaube, Chris Lunn hat Ihnen in der Nacht, in der er starb, einen Besuch abgestattet. Ich kann keinen anderen Grund entdecken, warum er sonst auf dieser Straße unterwegs gewesen sein sollte. Einer der Unfallzeugen sagte, er sei in dem kleinen Lieferwagen aus dieser Seitenstraße herausgeschossen, als wären alle Teufel der Hölle hinter ihm her. Irgendjemand war hinter ihm her – Sie, Miss Gray.«

»Wir haben uns darüber schon unterhalten. Ich war auf dem Weg, Sir Ronald zu besuchen.«

»Zu dieser Stunde? Und in dieser Eile?«

»Ich wollte ihn dringend sehen, um ihm zu sagen, dass ich beschlossen hatte, den Fall aufzugeben. Ich konnte nicht warten.«

»Aber Sie haben doch gewartet, nicht wahr? Sie schliefen in Ihrem Auto am Straßenrand ein. Deshalb kamen Sie erst fast eine Stunde, nachdem man Sie am Unfallort gesehen hatte, im Garforth House an.«

»Ich musste anhalten. Ich war müde, ich wusste, dass es gefährlich war weiterzufahren.«

»Aber Sie wussten auch, dass Sie ruhig schlafen konnten. Sie wussten, dass die Person, die Sie am meisten fürchteten, tot war.«

Cordelia antwortete nicht. Schweigen breitete sich im Zimmer aus, aber es erschien ihr als geselliges, nicht als anklagendes Schweigen. Sie wünschte sich nur, nicht so müde zu sein. Am allermeisten wünschte sie sich, jemanden zu haben, mit dem sie über den Mord an Ronald Callender hätte sprechen können. Bernie wäre keine Hilfe gewesen. Für ihn wäre das moralische Dilemma im Kern des Verbrechens nicht interessant, nicht stichhaltig gewesen, es wäre ihm nur als bewusste Verwirrung einfacher Fakten erschienen. Sie konnte sich seinen kurzen, derben Kommentar zu Eliza Leamings Verhältnis mit Lunn ausmalen. Aber der Superintendent hätte es vielleicht verstanden. Sie konnte sich vorstellen, mit ihm zu reden. Sie erinnerte sich an die Worte Ronald Callenders, dass Liebe ebenso zerstörerisch wie Hass sei. Würde Dalgliesh dieser freudlosen Philosophie beipflichten? Sie wünschte, sie hätte ihn fragen können. Das war die tatsächliche Gefahr, wie sie erkannte – nicht die Versuchung, ein Geständnis abzulegen, sondern das Verlangen, sich einem Menschen anzuvertrauen. War ihm klar, wie sie sich fühlte? War auch dies Teil seiner Methode?

Es klopfte an der Tür. Ein Polizist in Uniform kam herein und übergab Dalgliesh eine Nachricht. Im Zimmer war es sehr still, während er sie las. Cordelia zwang sich, sein Gesicht anzusehen. Es war ernst und ausdruckslos, und er sah immer noch auf das Papier, lange nachdem er die kurze Botschaft aufgenommen haben musste.

Sie glaubte, er müsse sich über irgendetwas klar werden.

Nach einer Weile sagte er: »Das hier betrifft jemanden, den Sie kennen, Miss Gray. Elizabeth Leaming ist tot. Sie kam vor zwei Tagen ums Leben, als das Auto, das sie fuhr, südlich von Amalfi von der Küstenstraße abkam. Diese Nachricht ist der Identitätsnachweis.«

Cordelia wurde von einer so unsäglichen Erleichterung überwältigt, dass ihr körperlich schlecht wurde. Sie ballte die

Fäuste und spürte den Schweiß auf ihrer Stirn ausbrechen. Sie begann vor Kälte zu zittern. Es kam ihr keinen Moment in den Sinn, dass er vielleicht log. Sie wusste, dass er rücksichtslos und geschickt war, aber sie hatte es immer als selbstverständlich betrachtet, dass er sie nicht belügen würde.

Sie sagte flüsternd: »Darf ich jetzt nach Hause gehen?«

»Ja. Ich glaube nicht, dass es viel Sinn hätte, wenn Sie bleiben, oder was meinen Sie?«

»Sie hat Sir Ronald nicht umgebracht. Er nahm mir die Pistole weg. Er nahm die Pistole ...«

Irgendetwas war anscheinend mit ihrer Kehle nicht in Ordnung. Die Worte wollten nicht mehr kommen.

»Das haben Sie mir die ganze Zeit gesagt. Ich glaube, Sie brauchen sich nicht die Mühe zu machen, es noch einmal zu sagen.«

»Wann muss ich wiederkommen?«

»Ich denke, Sie brauchen nicht mehr zu kommen, es sei denn, Sie gelangen zu dem Schluss, dass Sie mir noch etwas sagen wollen. Sie haben der Polizei geholfen. Vielen Dank.«

Sie hatte gewonnen. Sie war frei. Sie war sicher, und da Miss Leaming tot war, hing diese Sicherheit allein von ihr ab. Sie musste nicht mehr an diesen schrecklichen Ort zurückkehren. Die Erleichterung, so unerwartet und so unglaubhaft, war zu groß, um ertragen zu werden. Cordelia brach in heftiges und hemmungsloses Weinen aus. Sie hörte Sergeant Mannerings leisen, teilnahmsvollen Ausruf und sah ein gefaltetes weißes Taschentuch, das ihr der Superintendent reichte. Sie verbarg ihr Gesicht in dem sauberen, nach Wäscherei riechenden Leinen und ließ ihrem angestauten Schmerz und Zorn freien Lauf. So seltsam es war – und die Seltsamkeit fiel ihr sogar mitten in ihrem Schmerz auf –, ihr ganzes Elend konzentrierte sich auf Bernie. Es war ihr jetzt gleichgültig, was Dalgliesh von ihr dachte. Sie hob ihr von Tränen entstelltes Gesicht und stieß einen letzten sinnlosen Protest hervor: »Und nachdem Sie ihn rausgeschmissen hatten, haben Sie nie mehr gefragt, wie es ihm geht. Sie sind nicht einmal zur Beerdigung gekommen!«

Er hatte einen Stuhl genommen und sich neben sie gesetzt. Er reichte ihr ein Glas Wasser. Sie trank es in kleinen Schlucken und bekam einen leichten Schluckauf. Am liebsten hätte sie deswegen hysterisch gelacht, aber sie beherrschte sich.

Nach ein paar Minuten sagte Dalgliesh: »Es tut mir leid wegen Ihres Freundes. Ich war mir nicht im Klaren darüber, dass Ihr Partner der Bernie Pryde war, der einmal mit mir gearbeitet hat. Tatsächlich ist es sogar noch schlimmer. Ich hatte ihn völlig vergessen. Dieser Fall wäre vielleicht ganz anders ausgegangen, wenn ich ihn nicht vergessen hätte, falls das ein Trost für Sie ist.«

»Sie haben ihn rausgeschmissen. Er wollte nichts anderes, als Detective zu sein, und Sie haben ihm keine Chance gegeben.«

»Die Vorschriften der Londoner Polizei über Einstellung und Entlassung sind nicht ganz so einfach. Es ist richtig, dass er vielleicht immer noch Polizist wäre, wenn ich nicht gewesen wäre. Aber er wäre sicher kein Detective gewesen.«

»So schlecht war er nicht.«

»Doch, das war er. Aber ich frage mich allmählich, ob ich ihn nicht unterschätzt habe.«

Als Cordelia sich ihm zuwandte, um ihm das Glas zu geben, trafen sich ihre Augen. Sie lächelten einander zu. Sie wünschte, Bernie hätte ihn hören können.

Eine halbe Stunde später saß Dalgliesh seinem Vorgesetzten in dessen Büro gegenüber. Die beiden Männer konnten sich nicht ausstehen, aber nur einer von ihnen wusste es, und das war der, für den es keine Rolle spielte. Dalgliesh berichtete, knapp und präzise, ohne auf seine Aufzeichnungen zu sehen. Sein Vorgesetzter hatte das schon immer für unüblich und eingebildet gehalten, und das dachte er auch jetzt.

Dalgliesh schloss: »Wie Sie sich vorstellen können, Sir, gedenke ich nicht, das alles zu Papier zu bringen. Es gibt keinen gültigen Beweis, und eine Ahnung ist ein guter Diener, aber ein schlechter Meister, wie Bernie Pryde uns immer gesagt hat. Gott, wie dieser Mann seine schrecklichen Plattitüden ausspucken konnte! Er war nicht unintelligent, nicht ohne Urteilsvermögen, aber alles, selbst Gedanken, ging in seinen Händen zu Bruch. Er hatte ein Gedächtnis wie ein Polizistennotizbuch. Erinnern Sie sich an den Fall Clandon, Mord durch Erschießen? Das war, glaube ich, 1954.«

»Sollte ich das?«

»Nein. Aber es wäre nützlich gewesen, wenn ich mich daran erinnert hätte.«

»Ich weiß nicht recht, wovon Sie reden, Adam. Aber wenn ich Sie richtig verstehe, haben Sie den Verdacht, dass Ronald Callender seinen Sohn getötet hat. Ronald Callender ist tot. Sie haben den Verdacht, dass Chris Lunn versucht hat, Cordelia Gray zu ermorden. Lunn ist tot. Sie deuten an, dass Elizabeth

Leaming Ronald Callender erschossen hat. Elizabeth Leaming ist tot.«

»Ja, es ist alles hübsch ordentlich.«

»Ich schlage vor, wir belassen es dabei. Der Chef hat übrigens einen Anruf von Dr. Hugh Tilling bekommen, dem Psychiater. Er ist empört darüber, dass seine Sprösslinge wegen Mark Callenders Tod verhört wurden. Wenn Sie es für unbedingt nötig halten, bin ich bereit, Dr. Tilling über seine Bürgerpflichten aufzuklären – seine Rechte kennt er bereits sehr wohl. Aber wird es uns weiterbringen, wenn wir uns die beiden Tillings noch einmal vornehmen?«

»Das glaube ich nicht.«

»Oder wenn wir die Sûreté wegen dieses französischen Mädchens belästigen, von dem Miss Markland behauptet, es habe Mark im Gartenhaus besucht?«

»Ich glaube, wir können uns diese Peinlichkeit sparen. Es gibt jetzt nur eine einzige lebende Person, die die Wahrheit über diese Verbrechen weiß, und sie ist gefeit gegen jede Art von Verhör, die wir anwenden können. Ich kann mich mit dieser Einsicht trösten. Bei den meisten Verdächtigen haben wir einen unschätzbaren Verbündeten, der in ihren verborgensten Gedanken lauert, um sie zu verraten. Aber was für Lügen sie auch immer erzählt haben mag – sie ist völlig frei von Schuld.«

»Meinen Sie, sie hat sich der Illusion hingegeben, dass das alles wahr ist?«

»Ich glaube nicht, dass diese junge Frau sich irgendwelchen Illusionen hingibt. Sie ist mir sympathisch geworden, aber ich bin froh, dass ich sie nicht noch einmal treffen werde. Ich mag es nicht, wenn man mir während eines ganz gewöhnlichen Verhörs das Gefühl gibt, die jungen Leute zu verderben.«

»Dann können wir also dem Minister sagen, dass sein guter Freund von eigener Hand gestorben ist?«

»Sagen Sie ihm, wir sind davon überzeugt, dass kein lebender Finger diesen Abzug betätigt hat. Aber vielleicht besser nicht. Selbst er könnte sich darauf einen Reim machen. Sagen Sie ihm, dass er ruhig den Urteilsspruch der gerichtlichen Voruntersuchung gelten lassen kann.«

»Es hätte viel Zeit und Steuergelder erspart, wenn er ihn von vornherein akzeptiert hätte.«

Sie schwiegen eine Weile.

Dann sagte Dalgliesh: »Cordelia Gray hatte recht. Ich hätte mich erkundigen sollen, was aus Bernie Pryde geworden ist.«

»Das konnte man nicht von Ihnen erwarten. Das gehörte nicht zu Ihren Pflichten.«

»Natürlich nicht. Aber schließlich fallen die schwerwiegenden Unterlassungen selten in den Bereich der eigenen Pflichten. Und ich finde es ironisch und seltsam befriedigend, dass Pryde sich gerächt hat. Was für ein Unheil dieses Kind auch immer in Cambridge angerichtet hat – sie arbeitete nach seiner Anleitung.«

»Sie werden immer philosophischer, Adam.«

»Ach was, nur weniger verbissen oder vielleicht bloß älter. Es ist gut, gelegentlich spüren zu können, dass es Fälle gibt, die man besser ungelöst lässt.«

Das Haus in der Kingly Street sah unverändert aus und es roch unverändert. Aber es gab einen Unterschied. Vor dem Büro wartete ein Mann von mittlerem Alter in einem engen blauen Anzug, mit Schweinsaugen, die scharf wie Kiesel in den fleischigen Falten des Gesichts saßen.

»Miss Gray? Ich hatte fast schon aufgegeben. Mein Name ist Freeling. Ich habe zufällig Ihr Schild gesehen und bin einfach heraufgekommen, wissen Sie.« Seine Augen waren lüstern, gierig. »Also, Sie sind nicht gerade das, was ich erwartet habe, nicht die übliche Art von Privatdetektiv.«

»Kann ich etwas für Sie tun, Mr. Freeling?«

Er sah sich verstohlen auf dem Flur um und fand dessen Schäbigkeit anscheinend ermutigend.

»Es geht um die Dame, mit der ich befreundet bin. Ich habe das Gefühl, dass sie aus der Reihe tanzt. Und ein Mann will gern wissen, woran er ist, wenn Sie verstehen, was ich meine?«

Cordelia steckte den Schlüssel ins Schloss.

»Ich verstehe, Mr. Freeling. Wollen Sie nicht hereinkommen?«

P. D. James, 1920–2014, gelangte mit ihren Kriminalromanen zu Weltruhm und gilt über alle Landesgrenzen hinweg als die unangefochtene Queen of Crime. Da ihr Mann unheilbar krank aus dem Zweiten Weltkrieg zurückkehrte, musste sie als junge Frau für sich und ihre beiden Töchter selbst sorgen und arbeitete zunächst in einer Krankenhausverwaltung. Nebenbei begann sie mit dem Schreiben. Nach dem Tod ihres Mannes wechselte sie in die Kriminalabteilung des britischen Innenministeriums, wo sie viel Inspiration für ihre Romane fand.

Ihre Bücher erreichten Millionenauflagen, und P. D. James wurde mit Preisen überhäuft. 1983 wurde sie von der Queen in den Order of the British Empire aufgenommen und 1991 zum Mitglied des House of Lords ernannt. Nachdem P. D. James als junge Frau darunter gelitten hatte, dass ihre Familie zu arm war, um ihr ein Studium zu ermöglichen, war sie am Ende ihres Lebens von sieben englischen Universitäten zur Ehrenprofessorin ernannt worden.

Wolfdietrich Müller, Jahrgang 1944, studierte Geschichte und Slavistik in Frankfurt, Helsinki und Tübingen. Seit 1978 übersetzt er aus dem Englischen und Schwedischen und hat neben P. D. James u. a. Ed McBain und Tom Holland ins Deutsche übertragen.

Die erste Detektivin der Kriminalliteratur ist zurück!

»P. D. James ist die größte Krimiautorin unserer Zeit.«

Sunday Times

»P. D. James ist eine Legende!«

Focus

P. D. James | Der Tod betritt die Bühne
Kriminalroman | Deutsch von Georg Auerbach
496 Seiten | Gebunden | € 22,– [D] / € 22,70 [A]
ISBN 978-3-85535-062-9

ATRIUM

LChoice App kostenlos laden,
dann Code scannen und jederzeit
die neuesten Atrium-Titel finden.

LChoice
Hier bestellen